suhrkamp taschenbuch 1412

Reinhold Schneider
Gesammelte Werke
Im Auftrag der
Reinhold Schneider-Gesellschaft
herausgegeben von
Edwin Maria Landau

Zweiter Band

Reinhold Schneider, geb. 1903 in Baden-Baden, gest. 1958 in Freiburg/Breisgau, lebte zunächst als kaufmännischer Übersetzer in Dresden. Unter dem Eindruck des spanischen Existenz-Philosophen Miguel de Unamuno unternahm er zwei längere Reisen nach Portugal und Spanien, wo er seine ersten frühen Hauptwerke als historiographischer Schriftsteller konzipierte *(Camoes. Philipp II.).* 1933 bis 1937 arbeitete er als freier Schriftsteller in Potsdam und ab 1938 in Freiburg/Brsg. Gegen Ende des Krieges wurde Schneider, der den Nationalsozialismus aus einer in schwerer Zeit errungenen christlich-humanistischen Position verwarf, wegen Hochverrats angeklagt. 1956 wurde ihm der Friedenspreis des Deutschen Buchhandels verliehen.

Die künstlerische Intention dieses im Sommer 1930 in Madrid konzipierten und dort größtenteils niedergeschriebenen Werks von Reinhold Schneider geht bereits aus der Einteilung hervor. Nach dem »Vorwort« gibt die Einleitung »Spanische Landschaft« in expressiv orchestrierter Sprache den historisch-geographischen Rahmen. Erst danach treten in sechs kunstvoll verflochtenen Teilen die Hauptträger der geschichtlichen »Handlung« hervor: Kaiser Karl V. und sein Sohn Philipp II., die großen spanischen Heiligen der Gegenreformation (Ignatius von Loyola, Teresa von Avila, Johannes vom Kreuz) und schließlich Wilhelm von Oranien, der ebenbürtige Gegenspieler des spanischen Königs. Den Abschluß bildet ein Kapitel über Calderon, den nachgeborenen »Dichter im Verfall der Welt.«

Miguel de Unamuno zählte die Geschichtsdichtung *Philipp II.* – neben *Camoes* – »zum Schönsten, das über das Portugal und das Kastilien des 16. Jahrhunderts und aller Zeiten geschrieben worden ist«.

Reinhold Schneiders Werke in Einzelausgaben erscheinen – basierend auf der Ausgabe Reinhold Schneider, *Gesammelte Werke* (1978) – als suhrkamp taschenbücher in halbjährlichem Abstand.

Reinhold Schneider
Philipp der Zweite oder Religion und Macht

Suhrkamp

Der Text folgt der Ausgabe
Reinhold Schneider, *Gesammelte Werke*,
Insel Verlag, Frankfurt am Main 1977–1982,
Band 1.

suhrkamp taschenbuch 1412
Erste Auflage 1987

Lizenzausgabe mit freundlicher Genehmigung des
Insel Verlags, Frankfurt am Main
Druck: Nomos Verlagsgesellschaft, Baden-Baden
Printed in Germany
Umschlag nach Entwürfen von
Willy Fleckhaus und Rolf Staudt

1 2 3 4 5 6 – 92 91 90 89 88 87

Inhalt

Fichte, vom Regenten:
»... Auf diese Weise ergreift und durchdringt ihn die Idee ganz, durchaus und ohne Rückhalt, und es bleibt nichts übrig von seiner Person und von seinem Lebenslaufe, das nicht ihr als ein immerwährendes Opfer fortbrenne. Und so ist er denn die unmittelbarste Erscheinung Gottes in der Welt.«

Vorwort

Philipp, der Infant, ein Knabe von zwölf Jahren, ritt dem Zuge voraus, der die junge Kaiserin nach Granada in die Familiengruft überführte. Der Kaiser hatte sich in einem Kloster bei Toledo eingeschlossen und den Sohn mit dem Geleite beauftragt. Im Gefolge der Verstummten zog Francisco Borja, der Marques von Lombay, der als Sohn des dritten Herzogs von Gandia und der Johanna von Aragon mit dem Königshause verwandt war. Ihm, als einem bevorzugten Diener Isabels, war es zugefallen, einem alten Brauche gemäß Namen und Ursprung der Toten zu verbürgen. Als aber in der Grabkapelle der katholischen Könige der Sarg geöffnet wurde, und die erschreckten Zeugen und der Schreiber auf den Eid Francisco Borjas warteten, traf diesen der Blick in die Kluft, die Tod und Leben trennt, so furchtbar, daß er nicht wagte, die Übereinstimmung des allen noch gegenwärtigen jugendschönen Bildes mit dem enthüllten Anblick grauenvoller Verwandlung zu beschwören. Er vermochte einzig zu versichern, daß er in Anbetracht der Vorsicht und Sorgfalt, mit denen man den Körper der Kaiserin hergebracht und bewahrt habe, dessen Echtheit für gewiß halte; daß dieser Leib kein anderer sein könne, als der seiner Herrin Isabel.

Das Gefolge ging rasch; der Marques indessen konnte sich nicht trennen von dem Furchtbaren, das ihn erschütterte. Seine lebendigen Augen waren von den einstmals hellen, leuchtenden und nun verdunkelten Augen der Toten gebannt; gefesselt von dem, was ihn zerstörte, begann er ein seltsames Zwiegespräch mit der Stummen: »Wo sind, heilige Majestät, der Glanz und die Freude Eures Gesichts? Wo jener Anstand und jene Schönheit, die nicht ihresgleichen hatten? Seid Ihr jene Donna Isabel? Seid Ihr meine Kaiserin und meine Herrin?« Dann wendete er sich zu seiner eigenen Seele und redete sie an: »Was tun wir, meine Seele? Was suchen wir? Welchen Dingen gehen wir nach? Wenn der Tod auf solche Weise mit der Majestät verfährt und den Höchsten der Erde: welche Heere werden sich ihm dann stellen, welche Macht bietet ihm die Stirn? Wäre es nicht gut, im Leben der Welt zu sterben, um Gott zu leben im Tod?«

Noch erwartete den Marques von Lombay das Vizekönigtum über Catalonien und das Herzogtum seines Vaters. Er hatte das dreißigste Jahr noch nicht erreicht. Unter denen, die entsetzt aus der Kapelle geflohen waren, nachdem er kaum seinen sonderbaren Eid geleistet hatte, war Leonor de Castro, seine Frau. Im vollen Reichtum ihrer Jugend und ihrer Liebe, die nicht davor bangten, sich zu verschwenden, hatte sie ihn mit acht Kindern beglückt. Einige Jahre noch teilte sie, nicht mehr als Gattin, sondern als Schwester, sein Leben und die Würden, mit denen ihn der Kaiser belohnte; als der Herr sie berief, verzichtete der Herzog und trat in die Gesellschaft Jesu ein. In ihr bekleidete er nach dem Tode des Gründers und seines Nachfolgers das höchste Amt als ihr dritter General.

Der Tod ließ keine andere Überwindung zu. Am Sarge seiner Mutter wurde Philipp Zeuge der eindringlichsten Bekehrung seiner Zeit; das Künftige griff, übermächtig bewaffnet mit dem Tod, in den Stromlauf des Tages und wendete ihn um.

Einleitung

SPANISCHE LANDSCHAFT

Das Wasser schichtete das Gestein; die Trümmer, die einstmals getürmt waren in verschollenen Gebirgen, herabgerissen wurden, auf dem Grund der Flüsse schlafend sich bewegten, mußten einer neuen Form gehorchen. Aus zerbröckelten Gestaltungen ferner Landstriche, aus dem Zerfall des scheinbar Unverständlichen wuchs die größte Gestaltung auf: der Montserrat. Zurückgebeugt, in leidenschaftlicher Übersteigerung drängen und überragen sich die steinernen Gestalten; einige lösen sich los und finden eine Geste, die wie ein einzelner Ton zwischen den Intervallen rätselhaft herausfällt aus der Symphonie. Ein Fels neigt sich vor; fast will seine Rundung sich verraten, will seine Bedeutung sprechen; er ist wie von einer Hand gebildet, und das noch nicht ganz entfesselte Licht des Morgens erhöht die Eindringlichkeit seiner Wölbung; doch er bleibt stumm wie der Berg.

Oben auf der Höhe verlieren die Jahreszeiten ihre Gewalt. Das Blatt einer Lilie, die in den Schluchten blüht, wehte herauf; es vergeht auf dem Stein wie ein Schmetterling, der keine Nahrung findet. Noch blinkt der Schnee von den Pyrenäen weiß wie der Schaum des Meeres im Osten; er wird schwinden und wiederkommen; die Macht der Sonne wächst und fällt; unveränderlich bleibt der Fels. Die Kegel und Kuppen fallen langsam, sich entfernend und kleiner werdend, in das braune, durchgeformte Land; doch noch in unzugänglicher Höhe umfängt sie der Raum.

Hart unter der obersten Kuppe gruben sich die Einsiedler ihre Höhlen in den Stein. Sie hatten kaum Platz zu knien, zu beten. In einem Becken sammelte sich das karge Wasser, das der Himmel gewährte; eine Nische schützte die Lampe vorm

Wind. Wie Muscheln sind die Wohnungen der Entrückten in den Felsen gemeißelt; von unten scheinen sie dunkel und tief. Hier saßen sie lauschend; vom Meer, vom Gebirge, von dem unübersehbar geöffneten Land brach sich der Hall in den Schallmuscheln der Ewigkeit. Wo am Aufstieg zur letzten Höhe ein schwach übergrünter, gemilderter Hang zu ruhen erlaubt, höhlten sich die Beter ihr Grab; sie lagen ausgestreckt in der steinernen Truhe, unter Wolken, als Überwinder im Geheimnis des Bergs.

Die Erde drängt zum Montserrat, dem grauen Berg der Verwandlung. Flüsse schafften Kiesel und Geröll herbei; die Gralsritter fanden aus allen Reichen zu ihm durch. Einsiedler wanderten heran, um zu lauschen, zu schlafen und noch tiefer zu lauschen. Hinter den Felsensäulen und sonderbaren Kegeln heben sich noch einmal Linien ab; ein transparenter Zinnenkranz steht hinter dem steinernen.

Alles verwandelnd erhebt sich die Gestalt; sie zerstört, um zu wachsen; nimmt auf, um zu erhöhen, hinüberzurücken, das Gewicht zu entschweren und die dumpfen, rollenden Steine vergänglicher Erde zum Ausdruck des Unerforschlichen zu zwingen. –

Aus dem Meer der Zeit, das über den Tälern, Äckern, Straßen und Rebenhängen steht, tauchen die grauen Kuppen wie unüberspülbare Riffe; am frühesten Morgen schon, als die Königreiche noch schliefen, das Gold der Kronen nicht entdeckt war, und der Feind, dessen Gegnerschaft die Macht erwecken sollte, seine Schiffe noch nicht bewimpelt hatte, war der Berg bewohnt. Aber der Morgen ist wie der Abend; vom Anfang zum Ende spannt sich der Bogen der Ahnung über den Mittag, und die glitzernden, wunderbaren Tropfen fallen in den Staub der Kriege. Der Schein von den Felsentürmen fällt in den Tag, und endlich bringt die Ewigkeit alle Zeit zum Schweigen.

Feindlich steht der Berg im Umkreis der Tat; er fordert und gebietet doch Halt. So droht das Unendliche mitten im

Kampf, es eifert an; dann, am Tag der Entscheidung, reißt es zu sich hinüber, und die Ziele, die eben noch galten, sterben ab. Die Einsiedler, die betend und versunken den Montserrat erstiegen, kehrten nicht zurück. Einmal, als ein Jüngling von kaum zwanzig Jahren, reitet Philipp der Infant hinauf, den die Kronen des mächtigsten Herrschers erwarten, dem andere in Europa und über den Meeren bestimmt sind, die er noch nicht ahnt: auf der Höhe der Macht rührt die Ewigkeit an das Zepter und nimmt ihm seinen Glanz. Denn der König, der den Blick in das Dauernde getan, sieht den Wert seiner Reiche sinken, ohne zu wanken. Er überschritt die Grenze, und wie auch das Schicksal der Herrschaft sich wenden mag, er ist einem neuen Gesetz verpflichtet und mißt die irdische Bahn nicht mehr nach irdischem Maß.

Spanien gipfelt wie dieser Berg: die gewaltsam zusammengetragenen Blöcke seiner Schätze und Reiche steigen über die Welt hinaus in die Wirklichkeit, in den Traum. Die aufs höchste gesteigerte Irdischkeit wird transzendent. Wieder liegen die Einsiedler im Schlaf unter den Felsenwänden des heiligen Berges, den keine Jahreszeit bewegt; der Schein ist entwaffnet; das einzige, wesentliche Sein jedoch, in das alle Bedeutung zielt, bleibt tatlos und stumm.

In der Mitte der Halbinsel geschieht die Tat; die Monotonie fordert am dringendsten die Leistung. Zwischen Madrid und Toledo, auf der Hochebene, über die der Mittag ging, dorren die Stoppeln lang ehe der Herbst beginnt. Die Hügel sind wie gehäufter Staub, der dem Wind überliefert ist. Einige scharen sich; sie sind kegelförmig und tragen verbrannte Grasbüschel auf dem Rücken; andere, einsame, zeichnen die Horizontale der Ebene noch einmal parallel in den Himmel. Aranjuez läßt mit seinen Pappeln und Ulmen einen grünen Fleck zurück, den die Trockenheit aufsaugt. Fern weht ein weißer, vom Licht zerlöster Berg wie eine letzte Wolke über in die flirrende Luft. Die Erde wird rot. Noch immer wandern die Maultiere, von einer Staubwolke verdeckt, um die Wasserräder, die ihre

Feuchtigkeit sinnlos in den Brand der Erde gießen und sich von früh bis spät drehen wie die Zeiger der Uhren in einem verlassenen Schloß.

Es ist die Landschaft des Cid. Hier, bei Castillejo, im Angesicht von Toledo, gewann der Held des Gedichtes seinen ersten Sieg über die Mauren. Er ist der Handelnde schlechthin, der Vertreter einer frühen tätigen Zeit, der noch ganz der Erde vertraut. Seine Eroberungen verdankt er in gleichem Maße seiner Tapferkeit wie seiner List. Nachdem er im Dienst seines Königs als Sieger aus Andalusien heimgekehrt ist, gelingt es seinen Feinden, ihn bei seinem Herrn verdächtig zu machen und seine Verbannung zu bewirken. Da er kein Geld hat, läßt er sich von den Juden von Burgos auf zwei mit Sand gefüllte Truhen ein Darlehen geben. Er hat nicht die Absicht, seine Geldgeber für immer zu betrügen; ebensowenig verbirgt er seine Freude über die gelungene Täuschung.

Der Cid, der zum Ideal der Glaubenskämpfer wird, beginnt den Krieg mit den Mauren aus harter Notwendigkeit. Da er aus seinem Lande vertrieben ist, muß er sich ein Stück Erde erobern, auf dem er leben kann. Er muß das Brot finden, das ihn ernährt. So nimmt er Schlösser ein und verkauft sie wieder an die Mauren, verhandelt und kämpft, wie die ständig wechselnden Gefahren eines Abenteurerlebens es ihm gebieten. Den Christen gewinnt er ebenso unbedenklich seinen Unterhalt ab wie den Anhängern Mohammeds. Nachdem ihn das Schicksal zwischen zwei Reiche gestellt hat, kann er nur durch die geschmeidigste Beweglichkeit, durch Verschlagenheit und den gleichzeitigen unerschrockenen Einsatz seiner Person das eigene Dasein und das der Seinen retten.

Einmal geschieht ein Wunder in diesem ganz vom Gegenständlichen determinierten Leben. In der letzten Nacht, die der Verbannte auf kastilischem Boden zubringt, erscheint ihm der Erzengel Gabriel, um ihn zu trösten. Cid erwacht und bekreuzt sich. Er zieht im Glauben aus, aber nicht, um für den Glauben zu kämpfen. Sobald er seine erste große Beute gemacht hat, erfüllt er sein vor der Kathedrale von Burgos abgelegtes Gelübde; wie frei sein Leben scheint, das sich in den verschiedensten Landstrichen, an den Grenzen fremder Reiche abrollt, so unterliegt er doch stets dem Gebot.

Auf die ungerechteste und undankbarste Weise hat ihn sein König verstoßen; doch der Cid hört niemals auf, in ihm seinen Herrn zu sehen, den señor natural, mit dem er sich versöhnen muß. Ein Zerwürfnis zwischen dem Vasallen und seinem Herrn wiegt nicht leichter als eine tödliche Sünde; ist auch der König im Unrecht, so ist es doch immer Sache des Untergebenen, ihn um Verzeihung zu bitten. Der König bedeutet nicht viel weniger als Gott. So schickt der Sieger Geschenke an Alfons von Castilien; sie werden angenommen, aber die Gnade bleibt ihm versagt. Nachdem er Valencia unterworfen und sich eine fast königliche Macht geschaffen hat, erneuert der Cid seine Bitte, verdreifacht er die Geschenke. Er läßt kein Haar seines Bartes kürzen, bis der König seine Dienste wieder annehmen wird, und der furchtbare Mißklang, der die Ordnung des Daseins stört, verhallt. Vor Toledo endlich, wo der Tajo die grauen Felsen durchschneidet, gewährt Alfons dem Vasallen seinen Anblick. Der Träger beispiellosen Ruhmes stürzt weinend vor seinem König nieder; er nimmt das Gras zwischen die Zähne und küßt die Füße seines Herrn. Bis zum Verhängnis geht die Treue: auf Geheiß des Fürsten gibt der Cid seine beiden Töchter seinen Feinden zu Frauen. Fast bezahlt er seinen Gehorsam mit dem Leben der Kinder. Aus seiner Ergebenheit erwächst ihm nur Unheil; sie ist dennoch nicht zu erschüttern. Das Verhängnis des Vasallentums wird ohne Einschränkung bejaht.

Dieser Zucht bis zum Zerbrechen steht die strenge Ordnung und die tiefe Mächtigkeit des in ihr geltenden Gefühls gegenüber. Wenn die Gatten zusammentreffen, so kniet Ximena vor ihrem Gemahl nieder und küßt ihm die Hände; Cid umarmt sie und drückt die Töchter ans Herz. In seiner Frau und in seinen Kindern hat er »seine Seele und sein Herz«. Er schämt sich nicht, zu weinen, wie man noch niemanden weinen gesehen, wenn er sich von den Seinen trennt; noch haben die Starken ein Recht auf Tränen. Frau und Töchter sollen Tag und Nacht für ihn beten, während er kämpft: das ist ihr Amt. Die Gattin endlich spricht am Altar eines Klosters bei Burgos das gewaltige Glaubensbekenntnis, das aufsteigt wie ein Dom und mit einer Bitte für Cid den Kämpfer gipfelt. (Por mio Cid el Campeador.) Glaube und Tat sind eins.

Noch fällt kein Schatten auf den Glanz des Goldes. Reich zu werden ist das Ideal des Dichters wie das seines Helden. In allen Strophen werden Summen genannt, wird das Silber gezählt, das Gold gewogen, die Beute beziffert, der Gewinn veranschlagt. Was gelten die tausend arabischen Pferde und Kamele? Was gelten die mit Gold betreßten Sättel und was die Zügel? Das Zelt des Königs von Marokko ist unter der Beute. Die Soldaten des Cid werden nicht müde, die Waffen zu sichten, die kostbaren Kleider zu schätzen, zu rechnen und aufzuschreiben. Reichtum ist das oberste Maß, ein Mittel und selbst die Erfüllung; Reichtum bestimmt den Rang. »Wenn du uns verheiratest, so werden wir sehr reich sein«, antworten die Töchter dem Vater; mit dieser Erwartung gehen sie auf den verhängnisvollen Antrag ein.

Reichtum ist Glück. So wird er von allen empfunden, denen der Sieger mit der Geste des großen Herrn reichen Beuteanteil spendet: den Soldaten, die ihn loben und ihm so ergeben sind wie er seinem König; den Frauen, die ihm die Hände küssen. Der Krieg wird begrüßt, weil er die Vermehrung des Besitzes verspricht. In diesen Menschen lebt kein Grausen vor dem Gold und dem Streit, den Verbrechen, die es heraufbeschwört; sie ahnen nichts von dem nordischen Fluch, der den gehäuften, von Generationen umkämpften Schatz endlich in die grüne Tiefe des Stromes zieht.

Aber auch die südliche Entzauberung dämmert noch nicht in ihnen auf; so steht das Gestirn, das in der Nacht regieren wird, allen Augen verdeckt am taghellen Himmel. Der Cid und die Seinen wissen nichts von der Scheinwelt und dem Verblassen der Lichter, dem Verwelken der Farben: was sie halten, besitzen sie wirklich; es genügt, einen Schatz zu erobern, um für immer sein Eigentümer zu sein. Noch ist die Entdeckung nicht gemacht, daß den Fingern das Gold entrinnt, wie sehr sie es umklammern; das Mißtrauen gegen die Welt liegt im Schlaf. Fröhlich nimmt der Cid die Schlacht auf; lachend überrechnet er die Beute. Jener melancholische Ritter, der nach fünfhundert Jahren die spanische Wüste durchzieht, um für vorgestellte Taten sich mit vorgestellten Gütern zu belohnen; der, arm wie ein Bettler, allen Besitz in sich selber trägt, weil im Umkreis der Dinge keine Erfüllung gedeiht, bezeichnet die weiteste Entfernung vom Cid, die erreichbar war. Zwischen den beiden Kämpfern ist der Abgrund unerhörten Leidens geöffnet, den ein Volk auf der Wendung von der Macht zum Verzicht durchmaß.

Mit dem zunehmenden Erfolg und der Ausbreitung des Herrschbezirks tritt die Idee hervor: der Cid setzt den ersten Bischof in Valencia ein und plant einen Feldzug in Marokko. Nun schimmert das Ziel, das immer gebietender wird, je mehr die Macht sich vergrößert, und endlich, wenn die Macht die Spitze ihrer Entwicklungsbahn erflogen hat, allein regieren wird. Aber noch bleiben Reiche zu gewinnen, noch hat das Eroberungswerk kaum begonnen: das transzendente Licht des heiligen Berges wartet auf die Stunde seines Aufgangs. Dann wird Gott an die Stelle des Königs, die Gloriole des Kreuzes an die Stelle des Reichtums und die Bestimmung an die Stelle der Herrschaft treten.

Der Cid steht mitten im christlichen Angriff; in seinem Geiste, mit seiner List, seinem aktiven Glauben, seiner Kampfesfreude und seiner naiven, irdischen Lust am Besitz wurde die Herrschaft des Halbmondes zerschlagen. Auch die arabische Expansion begann in dem Augenblick zu ermatten, da sie ihre größte Ausdehnung erreicht hatte; schon in der ersten Hälfte des achten Jahrhunderts gaben die aufständischen Berber die Berge von Léon, Galicien und Asturien wieder auf, um mit den Arabern in Andalusien zu kämpfen; bald waren auch Burgos, Léon, Zamora frei, so daß die Grenzlinie der maurischen Macht sich von Coimbra über Toledo, Guadalajara und Tudela nach Pamplona zog.

Noch wagten die Christen nicht zu folgen. Im Schutze des nördlichen Gebirges hatten sie drei Lager behauptet: Asturien, das, von der stärksten Energie erfüllt, noch Reste westgotischer Tradition bewahrte und bald den Arabern eine jener sagenhaften und gewaltigen Schlachten lieferte, die am Anfang großer Reiche stehen; Navarra und Barcelona, von den Karolingern gegründete Grenzmarken, die sich zur Selbständigkeit entwickelten. Zwischen den Gegnern lag, wie zwischen mit Elektrizität geladenen Wolken, die noch zögern sich zu berühren, ein Gürtel verlassenen, unbeanspruchten Landes.

Dann schob Asturien sein Zentrum nach Léon vor, dessen Namen es übernahm, und besetzte als Grenzland die Grafschaft Kastilien; Navarra führte den Vortoß gegen Aragon. Im 11. Jahrhundert wurde, nachdem Castilien durch Erbschaft an Navarra gefallen und die leonesische Dynastie erloschen war, von Navarra aus der Zusammenschluß der christlichen Reiche unter einem Geschlechte versucht; eine Teilung zerschlug ihn sofort. Blitzhaft kündigte sich die Tendenz zum ersten Male an.

1085 gewann Alfons VI. von Kastilien, der König des Cid, durch Wortbruch Toledo. Verrat und Zerwürfnisse zerspalteten den maurischen Block; als Feinde und scheinbare Freunde setzten die Christen ihre gefährlichen Werkzeuge in jeder Ritze an. Um die Mitte des 13. Jahrhunderts fallen unter dem Ansturm Ferdinands III., der Kastilien und Léon endgültig vereinigte, die alten mächtigen Kalifate des Südens: die Millionenstadt Cordoba, die größte des Erdteils, stürzt und überschüttet die Sieger mit Gold; Sevilla erliegt. In die phantastischen, dem Licht und der Stille weiter Höfe geöffneten Bogengänge Mohammeds, die beim Spiel der Brunnen und dem hereinfallenden Schimmer des Laubs und reifender Früchte mitten im Diesseits ein erreichbares Jenseits umschließen, zieht der Gott der Überwinder ein. Bald sind diese Bogen, die sich wie Palmzweige wölben, nicht hoch genug; bald werden Mauern und bunte, umwandelnde Scheiben dem Taglicht, dem Schein des Laubes und der Früchte den Eintritt verwehren. Um dieselbe Zeit erobert Aragon, das schon ein Jahrhundert zuvor Katalonien an sich gerissen hatte, Valencia; die Stadt, die der Cid als erster überwand, ist für immer dem Kreuz unterworfen.

In steilem Aufstieg laufen die Entwicklungslinien der christlichen Mächte zusammen, während die maurische Kurve, unaufhaltsam fallend, zu einem wehmütigen Ornament sich verschlingt. Der König von Aragon faßt als Erbe der überwältigten Staufen in Sizilien Fuß; die Balearen verlieren ihre meerumrauschte Freiheit und werden an das Küstenland gekettet. Nachdem jahrhundertelang wechselvolle Kämpfe in Glück und Verhängnis die christliche Herrschaft bestätigten, berühren sich 1469 die Spitzen der Türme: Ferdinand, der Thronfolger von Aragon, heiratet Isabella, die Erbin von Kastilien; doch bleibt jeder der Gatten Herr seines Erbteils; nicht König und Königin: zwei Könige gehen die Ehe ein.

Dieser Gipfel, der schon ein Ende bedeuten könnte, wird wieder zum Anlauf genutzt; nun fällt unter dem Angriff der vereinigten Heere Granada. Doch im selben Augenblick, da die letzte Etappe auf dem Festland erreicht ist, wird von der beispiellos verdichteten Kraft der Sprung über die Meere gewagt; im Jahre des letzten auf dem Festlande möglichen Sieges fährt Columbus aus. Plötzlich, in der entscheidenden, der gefährlichsten Stunde, wird das allzunahe Ziel ins Unermeßliche entfernt; durch einen zauberhaften Griff erschließt sich die noch nicht erschöpfte, ihre Aufgabe fordernde Kraft ein unbegrenztes Feld der Tat.

Doch während der Machtbereich sich so auf eine fast rätselhafte Weise erweitert, hallt der erste tragische Wirbel in den Sieg, das Rauschen der Segel, den Schlag der Ruder: mit ihrer letzten Kraft erreichten sich die beiden Königsgeschlechter. Juan, der glückliche Erbe eines entfalteten Reiches, der noch beneidenswertere Träger eines nicht zu begrenzenden Anspruchs, stirbt in kaum geschlossener, vorzeitiger Ehe, die den Bestand der gefährdeten Dynastie retten soll; in Avila, in unerbittlicher kastilischer Landschaft unter den Stürmen und dem Lichtsturz kahler Höhe, in der Burg der Heiligen, bettet man ihn zum Schlaf.

Die Gewalt fordert ihren Herrn; Spanien, das unter der Führung eigener Herrscher seine Tendenz verwirklichte, den Ring der Einheit schloß, fällt an ein neues, ein fremdes Geschlecht. Philipp I. von Habsburg heiratet die Prinzessin Johanna, die Tochter der Könige. Doch das Schwungrad der Expansion, das nun rücksichtslos kreist, erfährt auch von dem Ende der alten Dynastie einen mächtigen, den gefährlichsten Antrieb: mit dem Antritt des kaiserlichen Hauses beginnt der kühnste Machttraum, der seit dem Sturz der mittelalterlichen Geschlechter in Europa geträumt worden ist, über der Hochebene zu glühn. Spanien und sein überseeischer Besitz dienen der Universalmacht des einen Hauses, des einen Glaubens.

Das erste Paar wird zum Opfer: Philipp I. stirbt früh; Johanna, die Erbin der Reichtümer und Verhängnisse ihres Geschlechtes fällt in Wahnsinn über dem Leichnam des Gatten. Aber inzwischen behauptet Ferdinand von Aragon Neapel, erobert er Navarra. Im Wappen Karls, des Infanten, wird das Vlies Burgunds die Zeichen aller spanischen Königtümer umfassen; einst war jedes einzelne ein selbstherrliches Symbol der Gewalt; nun schießen die Strahlen zur Sonne zusammen. Er wird der erste sein, der sie als einzelner führt.

Toledo, der Sitz der westgotischen Könige, ist die Stadt des Kaisers. An seinen Toren flügeln die breiten Adler aus Stein.

Dynastien erloschen, um Karl zu erhöhen: Burgund und die gefallenen spanischen Herrschaften sind nur Stufen vor seinem Thron. Im Westen, über den Meeren, entreißen Cortes und Pizarro sonderbaren Fürsten und ihren Völkern Länder, für die das Maß des alten Erdteils nicht mehr gilt. In Europa schallt der Sieg. Die Hand des Kaisers umspannt eisern das Bündel der Zepter; sein Blick sucht auch jetzt noch ein neues Ziel. Wird er England sich dienstbar machen, Frankreich ersticken? Wirft Habsburg einmal den letzten Gegner nieder?

Aber die blasse nervige Hand schließt sich nicht mehr mit dem Griff des Cid. Aus der Ebene, deren Monotonie die Taten weckte, steigt die Schwermut, das Ende der Tat. Es kommen Stunden, da der suchende, flammende Blick sich senkt; auf das Schild in den Fängen des Adlers fällt der Schatten einer Frage. Lockt das Kloster schon mehr als der Alkazar? Drängt die Erde mit ihrer ganzen Macht über sich selbst hinaus wie die Felsentürme des Montserrat? Sind Kronen und Reiche nur Bausteine im heiligen Berg: Ausdruck des Übergangs, der Mündung des Unzulänglichen in die Ewigkeit?

Noch stehen Siege bevor: Mailand wird endgültig gesichert; die Schlacht von Mühlberg ist noch nicht geschlagen. Und ob eisige Fremdheit auf die Züge des Kaisers fällt, ihre Entschlossenheit wird um so strenger. Mit dem kühn vermehrten, unbeugsam verteidigten Besitz wird auch jene Frage an Philipp, den Erben, kommen; der unheilvolle Glaubenszwist, den ein Deutscher entfachte, erhöht ihre Bedeutung; Philipp wird sie für die ganze Dauer seiner Herrschaft entscheiden müssen. Tiefer, verheißungsvoller tönt im Ohr des Umdüsterten die jenseitige Verlockung; aber ohne Sprung, ohne den Verlust einer Zacke, mit der ungetrübten Aura einer einmaligen, nicht zu übertreffenden Macht soll Philipp die Krone empfangen.

Das Gewicht der Welt

GLAUBE UND HERRSCHAFT

Philibert von Brüssel, der Präsident des flandrischen Rates, hatte gesprochen, als nach einer Pause der Kaiser, die Linke auf die Schulter Wilhelms von Oranien, seines Lieblings, die Rechte auf einen Stock gestützt, sich mit sichtlicher Anstrengung erhob. Obwohl Philibert, begann er, an die Generalstaaten gewendet, die Gründe schon dargelegt habe, warum er auf die Niederlande verzichte und ihre Regierung seinem Sohn übergebe, so wolle er doch selbst noch einiges Wenige sagen. Man erinnere sich, daß am 5. Februar dieses Jahres 1555 vierzig Jahre vergangen waren, seit sein Großvater, der Kaiser Maximilian ihn an eben dieser Stelle, im Saale zu Brüssel, für mündig erklärt habe. Bald darauf habe man ihm Spanien, dann die Sorge für das Reich übertragen. In der ganzen Zeit seiner Regierung habe er nach bestem Vermögen danach gestrebt, die Interessen seiner Länder zu schützen und die Verpflichtungen zu erfüllen, die seine Geburt ihm auferlegt hatte. Seine höchste Aufgabe aber sei gewesen, über das Christentum zu wachen und es unverletzt zu erhalten unter den Angriffen der Ungläubigen. In diesem Bestreben sei er teilweise gehindert worden durch die Eifersucht seiner Nachbarn und teilweise durch die ketzerischen deutschen Fürsten. Niemals habe er sich, wann es sich um die Erfüllung seiner großen Aufgabe handelte, nach seiner eigenen Bequemlichkeit gerichtet. Und nun türmte er mit ein paar stolzen und zugleich müden Sätzen die Last seines Herrscherlebens auf: »Ich war neunmal in Deutschland, sechsmal in Spanien, siebenmal in Italien; ich kam zehnmal hierher nach Flandern. Ich bin in Kriegs- und Friedenszeiten viermal in Frankreich eingedrungen; ich war zweimal in England und zweimal in Afrika. Das sind vierzig große Unternehmungen. Die kleinen Reisen, die ich gemacht habe, will ich nicht zählen. Ich habe achtmal das Mittelmeer durchquert und dreimal den Ozean, und nun wird es das vierte Mal sein, wenn ich nach Spanien gehe, um mir ein Grab zu suchen.« Dann sprach er von der Krankheit, die seine Kräfte untergraben und davon, daß er schon lange den Entschluß gefaßt habe, sein Amt seinem Sohne zu übergeben, bisher aber noch durch dessen Jugend und geringe Erfahrung daran gehindert worden sei. Mit einer gewissen Leidenschaft fuhr er fort: Da nun dieses Hindernis nicht länger bestände, so habe er keine Entschuldigung vor dem Himmel und vor der Welt, wenn er, unfähig wie er sei und jedes Jahr sichtlich noch unfähiger werdend, die Zügel der Regierung noch länger halten würde. Und für die Klosterstille, die er ersehnte, seinen Stolz und selbst einen Schimmer seines Ansehens opfernd, vielleicht aber auch wieder sich qualvoll an das Unglück seiner letzten Kriege, an Passau oder die Belagerung von Metz erinnernd, fügte er hinzu: diese Unfähigkeit allein sei der Grund, warum er sich seiner Herrschaft begebe. Man habe ihm treu gedient, und er hoffe, man werde seinem Sohn ebenso ergeben sein. Leider habe er den Frieden, um den er sein ganzes Leben lang gekämpft habe, der Welt nicht schenken können. Wenn aber einer der Anwesenden Unrecht von ihm erlitten habe, so möge er wissen, daß es nicht mit Absicht, sondern aus Unwissenheit begangen worden sei, und ihm, dem Kaiser, verzeihn.

Ohne sich von der Wirkung, die diese Worte taten, aufhalten zu lassen, richtete sich Karl V., nur noch mühsam sprechend, an seinen Sohn, der zusammen mit des Kaisers Schwestern: der Königinwitwe Eleonore von Frankreich und der Königin Maria von Ungarn, dem Herzog von Savoyen und dem jungen Wilhelm von Oranien neben ihm auf der Erhöhung stand: »Ehre standhaft die Religion; befestige den katholischen Glauben aufs neue in seiner ganzen Reinheit; betrachte die Gesetze des Landes als heilig und unverletzlich. Und wenn

du es später jemals wünschen solltest, wie ich die Ruhe in der Zurückgezogenheit zu suchen, so wünsche ich dir einen Sohn, dem du das Zepter mit ebensoviel Freude übergeben kannst, wie ich es heute tue.«
Wie ein Träger, der erst zusammenbricht, wenn das erdrükkende Gewicht von seinen Schultern gerollt ist, sank der Kaiser auf seinen Sitz. Das müde Gesicht schimmerte weiß wie das eines Toten über der Trauerkleidung, die er im Gedächtnis an seine Mutter trug. Nur das Vlies leuchtete als einziger Schmuck auf dem schwarzen Tuch. Während die Gewalt seiner letzten Worte, die mächtiger war als der Schall seiner Siege und Eroberungen, als der ihn noch immer umgebende Blitz des Glücks, nun erst ganz auf die versammelten Fürsten und Vertreter der niederländischen Provinzen niederfiel, ließ der Kaiser seine Augen über die bewegte Menge gleiten; und wie ein weit Entfernter, der ohne noch teil an ihnen zu haben, die nachhallende Wirkung seiner Taten sieht, wiederholte er leise, kaum hörbar die Worte: »Gott segne Euch.«
Philipp, der Jüngling von 28 Jahren, dem in diesem Augenblick mit der Sorge für ein Reich eine Aufgabe auferlegt worden war, die weit über alle Reiche hinaus ihren Lohn und selbst ihre Erfüllung in anderen Bezirken suchte, kniete weinend nieder und küßte die schon von der Gicht verbildete Hand des angebeteten Vaters. Dann stand er auf, gekleidet in das goldschimmernde Gewand eines Königs; denn das Schwarz, das der Vater trug, war nur dem Verzichtenden, nicht dem Empfangenden erlaubt. Des Kaisers Stimme, die nun verklungen war, hatte sich mühelos französischer Laute bedient; die ersten Worte des neuen Herrn sind eine Entschuldigung, des Französischen nicht genügend mächtig zu sein, um zu sagen, welchen Anteil er an allen Interessen der Niederlande nehme, wie sehr er sie und ihre Bevölkerung liebe. Er beginnt unbeholfen in schlechter, schwerverständlicher Aussprache: »Je souhaiterais avoir appris à parler le français suffisamment . . .« Er ist schon das zweite Mal in Flandern,

er war in Deutschland, er kommt eben aus England, aber er spricht nur spanisch, wenn er es nicht vorzieht, zu schweigen.

Von Philipp beauftragt, richtet nun Granvella, der Bischof von Arras, das Wort an den flämischen Adel. Er ist der Sohn des Kanzlers und wie Alba, wie Egmont, Oranien vom Kaiser selbst für Politik und Krieg erzogen worden; denn mit der Herrschaft übergab Karl dem Sohn auch die Pfeiler, die sie stützen sollten. Granvella spricht geläufig und wortreich und sagt alles das, was man in dieser Stunde erwarten darf. Philipp steht stumm neben ihm; er hat versichert, daß der Redner seine Gefühle kenne, daß man ihn selbst sprechen höre durch den Bischof. Aber hört man in diesen klugen glatten Worten wirklich Philipp? Er ist nicht das erste Mal in Flandern, doch man kennt ihn nicht.

Der Adel gelobt Philipp Treue. Die Königin Maria von Ungarn, die 25 Jahre lang für ihren Bruder die Regentschaft über die Niederlande geführt hatte, dankt ebenfalls ab. Zusammen mit ihrer Schwester Eleonore, der Witwe Franz I. von Frankreich, wird sie den Bruder in die Stille begleiten. Beide lebten für Habsburg, für die Macht ihres Hauses, die sie auf fremden Thronen zu befestigen suchten; sie opferten und sind, wie der Bruder, aller Herrschaft müde. Sollte nicht im Glauben noch eine größere Verlockung sein?

Der Glaube scheidet sich von der Herrschaft; Gebet und Befehl tönen nicht mehr aus demselben Mund. Wird es Philipp, dem Erben, gelingen, sie zu vereinen? Er ist jung, schön und ernst. Schon sein Bild, von Tizian gemalt, genügte, um in der spröden Königin Mary von England Liebe zu erwecken. Im Turnier, in dem die Fürsten zu dieser Zeit nicht zarter behandelt werden als die Ritter, behauptete er sich gegen den Grafen Mansfeld und gewann den Preis. Fast bedauert man es in Spanien, daß man seinen Großvater, den Sohn Maximilians, schon den Schönen nannte: Philipp verdient diesen Namen ebenso gut.

Aber er liebt das Turnier nicht; er hat sich schon bei seinem ersten Aufenthalt in Flandern keine Zuneigung erworben, weil er den üppigen flämischen Festen, an denen der Vater, zeitweilig aus seiner Verdüsterung erwachend, noch Gefallen fand, fern blieb. Karl pflegte den Edelleuten, die ihn zum Palaste geleiteten, zu danken und ihnen die Hand zu reichen; Philipp schritt stumm, ohne sich umzuwenden, die Treppe hinauf. Zur Teilnahme an großen Tafeln und Gelagen kann er sich nicht überwinden; er liebt es nicht, viel zu trinken, und hat sich in Augsburg unter den derben, lärmenden deutschen Fürsten nur Widersacher gemacht, obwohl er sich mühte, doppelt so viel zu trinken, als er gewohnt ist. War des Vaters Blick auf ein bestimmtes festes Ziel in der Ferne gerichtet, so neigt sich das Haupt des neuen Herrn unter dem Zwang einer immerwährenden Überlegung. Sein Blick geht nach innen, und von innen, scheint es, muß ihm auch die Antwort auf alle Fragen kommen.

Drei Tage, bevor er Herr der Niederlande wurde, am 22. Oktober 1555, hatte ihm der Kaiser die Großmeisterschaft des Goldenen Vlieses übertragen, dessen Kette der von allen Würden befreite Pilger noch mitnahm in seine letzte Zuflucht. Drei Monate später, am 16. Januar 1556, verzichtet Karl zugunsten seines Sohnes auf die Königreiche Kastilien und Aragon und die von ihnen abhängenden Provinzen. Wieder, und bald noch ein viertes Mal, wenn Karl auch die Kaiserliche Gewalt niederlegt, erbebt die Welt von einem beispiellosen Verzicht. Noch hallt die Renaissance nach, noch glaubt man an ihre Versprechungen und wiederholt das »Ja«, das sie vor dem Erdenglück wagte. Wenn aber der am meisten Beneidete, der der Glücklichste sein müßte, weil er am reichsten ist an irdischem Gut, freiwillig auf alle Güter verzichtet: ändert sich dann nicht ihr Wert? Sind die Entsagung, die Buße, das Leiden doch nicht überwunden? Versagt zuletzt die Erde mit allen ihren Versprechungen doch? Ein Schritt wie dieser, der seinesgleichen nicht mehr fand, konnte nur getan werden, während die Welt eine entscheidende Kurve durchlief. Auf Philipp häuft sich die Macht. Er ist König von Kastilien, Léon, Aragon, Navarra, Mallorca und Minorca, König von Neapel, Sizilien und Sardinien; er ist Herzog von Mailand, von Burgund, Lothringen, Brabant, Limburg, Luxemburg und Geldern; Graf von Flandern, Artois, Holland, Zeeland, Namur und Zütphen; Erzherzog von Österreich, Graf von Habsburg; er darf sich mit den vielen niederländischen Herren- und Prinzennamen wie von Utrecht, Overysel, Groeningen und Zwave schmücken und sich Markgraf des heiligen römischen Reiches nennen; doch noch viel mehr: seit seiner Verheiratung mit der Königin Mary Tudor führt er den Titel eines Königs von England und kann, wenn auch nicht mit der Obergewalt über das Inselreich, so doch mit dessen Mitteln und Streitkräften rechnen. Doch was ist Europa allein? Der Wall, der es abschloß, ist längst zersprengt; in noch nicht zum Stillstand gekommenem Angriff dringt seine gestaute Kraft in das Unbegrenzte vor. Längst wehen auf dem Kap Verde und den Canarischen Inseln, in Tunis und an der Küste der Berberei die Farben, die noch vor einem Jahrhundert nur im kastilischen Hochland, in den Bergen und steinigen Ebenen Aragons und den ihnen angegliederten Provinzen sich Hoheit erzwangen; Westindien stieg aus dem Nichts und ward unterworfen; der spanische Befehl gilt auf den Gewürzinseln und den Philippinen, dem unendlich fernen Grabe des Magellan. Und auch für diesen Besitz finden sich mittelalterliche Titel: Philipp ist König der indischen Inseln und des ozeanischen Festlandes; Herr in Asien und Afrika. Mexiko, Peru sind erobert, aber der Anspruch auf die neuen Kontinente erkennt keine Schranken an, und das Reich des spanischen Königs wächst, ohne daß er es weiß, ins Gigantische fort.

Dem neuen Herrn dient eine Fußarmee, die an Stärke und Ruhm keine Rivalin findet in Europa; und so sicher seine Macht auf dem Lande gegründet ist, so sicher hält sie sich auf dem Meer: die spanische wie die flandrische Flotte gehorchen ihm zu einer Zeit, da England kaum vierzig Kriegsschiffe aufbringt. Mit den Waffen besitzt er die Männer, die sie zu führen verstehen: eine vom Kaiser ausgewählte und in allen Wechselfällen des Glücks erprobte und erzogene Schar.

Ohne Widerspruch zu finden tritt Philipp seine Herrschaft an. Längst ist die Macht des spanischen Adels und die noch gefährlichere der spanischen Städte gebrochen, die Karl V. in wilder Rebellion empfangen hatten, als er die Kaiserkrone nach Spanien brachte. Auch die Cortes, die es einst wagten, dem König offen die geforderten Mittel zu verweigern, haben keine Macht, auf die sie sich stützen können; die einzelnen spanischen Königreiche besitzen ebenfalls nur Privilegien ohne die Mittel, sie zu schützen. Der spanische Individualismus ist gebrochen; Philipp, den man überdies nach einem in früher Jugend unternommenen, glücklich verlaufenen Zuge nach Perpignan in Spanien liebt, gebietet über ein ihm unbedingt ergebenes Reich. Er ist Herr und braucht sich zum mindesten im Innern jenen Kompromissen nicht zu bequemen, denen sein Vater nur schwer entgehen konnte. Niemals löst sich der Kampf vom Besitz. Um so sonderbarer ist es, daß die großen Eroberer den Frieden als ihr höchstes Ziel bezeichneten. Auch Karl pflegte, wie es scheint, diesen Wunschtraum. Um dem Sohne nicht zugleich mit der Macht das ganze Gewicht ihrer Verhängnisse auf die Schultern zu werfen, schloß der Kaiser, der noch im Kriege mit Frankreich lag, einen Waffenstillstand. Beide Mächte sollten im Besitz ihrer Eroberungen bleiben; da aber Karl, der sich der Welt im Innern mehr und mehr entzog, auch kein Glück mehr hatte im Erfassen ihrer Güter und Triumphe, so war der Frieden für Spanien nicht günstig. Philipp sollte Zeit haben, sich an den unumschränkten Befehl zu gewöhnen; vielleicht auch nur sich vorbereiten auf den Krieg, den er zugleich mit dem Besitz erbte und annehmen mußte. Aber während der Kaiser, der sich selbst entthront hatte, mit seiner letzten Kraft die Geschäfte des Reiches von sich abwälzte und seinem Bruder übertrug, brach der kaum geschlossene Friede wie ein schlecht gebautes Haus wieder ein. Im Haß verbrennen alle Verträge. Und der Kardinal Caraffa, der im Jahre 1555, im Alter von 79 Jahren, zum Papst gewählt wurde, haßte stark genug, um Verträge nicht zu beachten.

Er war in Neapel geboren worden; Vittoria, seine Mutter, hatte wenige Tage, ehe sie sich niederlegte, verkündet, daß sie den Papst im Leibe trage. Bis zur Erfüllung dieser Prophezeiung verging ein Leben voll Verzicht, Leidenschaft, sich ständig steigernder Spannung, die sich endlich, als sie die Grenze der Zeit schon streifte, entlud. Die Caraffas waren Feinde der spanischen Herrschaft in Unteritalien. Schon als Mitglied des Rates von Neapel suchte der spätere Kardinal den Papst Paul III. zu veranlassen, für den heiligen Stuhl Ansprüche auf das Königreich zu erheben. Karl V. hörte davon und verwies ihn aus dem Rat. Nun erfaßte Caraffa mit Leidenschaft den Gedanken der Kirchenreform; er zog sich zurück, um ganz der Religion zu leben. Aus einer kleinen Gemeinschaft, die sich um ihn bildete, erwuchsen die Theatiner. Aber der Kampf mit dem Kaiser war nicht beendet; 1536 wählte man Caraffa zum Kardinal von Neapel; Karl, der die alte Feindschaft ebensowenig vergessen hatte, wollte ihn nicht anerkennen und suchte mit allen Mitteln die Einziehung der bischöflichen Einkünfte in Neapel zu hintertreiben. In dem Neapolitaner, der in seiner eigenen Vaterstadt auf diese Weise behindert wurde, wuchs der Haß.

Nun ist er Papst. Er lebte bisher streng, ohne Aufwand; da er aber die Macht in seinen Händen fühlt, die Macht, auf die er länger wartete, als sonst die glühendsten Wünsche der Erkaltung und dem Verlöschen widerstehen, ändert er sich. Der Papst steht über jedem König; er steht über dem Kaiser; er ist der Erste auf Erden. Wenn der neue Papst zu Mittag speist, so sitzen die Kardinäle in seiner Nähe, um ihn zu unterhalten, aber keiner sitzt mit ihm am Tisch. Fragt man ihn nach seinen Wünschen, so antwortet er kurz: er wolle bedient sein wie ein Fürst. Fünfundzwanzig Platten tragen die Diener zur Tafel des einstigen Asketen; in seinem Glase steigt und fällt der Wein, der so dick ist, daß man ihn zerschneiden könnte, wie ein Gesandter sagt: es ist der schwarze Wein aus Neapel.

Und an Neapel allein denkt der Herrscher von Rom. Denn er sitzt nicht am Tisch, um zu genießen, in der Fülle zu erschlaffen: die Gedanken, die Pläne jagen durch seinen Kopf, getrieben von seinem Haß. Er haßt die Spanier, er haßt Habsburg, den Kaiser und seinen Sohn. Früher, ruft er aus, waren die Spanier in Italien Köche und Stallknechte; heute sind sie Herren. Und ohne sich darum zu kümmern, ob unter seinen Kardinälen Spanier sind, bricht er hemmungslos in Schimpfworte aus: die Spanier sind die Hefe der Welt, der Same der Juden, ein Auswurf. Dann entwickelt er seinen großen Plan: die Zeit sei gekommen, da die Spanier die Strafe für ihre Sünden erleiden und ihre Staaten verlieren müßten, da Italien wieder frei werde von fremder Herrschaft.

Er brennt, er fiebert. Er arbeitet eine Nacht durch und kommt am andern Tage spät aus seinem Schlafzimmer; dann wieder ruft er überraschend früh nach seinen Sekretären. Seine Tage laufen in wildem Zickzack von Extrem zu Extrem. Von innerer Aktivität bebend und zitternd scheint er »nur noch Nerv« zu sein. Der Schritt des Achtzigjährigen berührt kaum den Boden, wenn er durch die Säle hastet.

Der Bundesgenosse, auf den er rechnen darf, ist Frankreich. Denn die Feindschaften vererben sich. Auch der vierte Krieg Karls V. mit Franz I. hatte die Spannung zwischen den beiden größten Mächten Europas nicht gelöst; so oft sich die beiden Herrscher versöhnt hatten, so oft wurden sie wieder Feinde. Der Streit um Neapel, Mailand, Navarra war kaum mehr als ein Vorwand: Franz erstrebte die Macht, die Karl besaß. Die eigentliche Bedeutung von Annexionen liegt darin, daß sie

Symbole sind für die Verschiebung der Macht. Es war derselbe Ehrgeiz, der in beiden Fürsten brannte, der sie einander ähnlich und zu Feinden machte. Franz hatte Karls Schwester Leonore zur Frau; gelegentlich behandelten sie einander mit Großmut; ja, einmal hatten sie sogar eine sehr persönliche Zusammenkunft in Aigues Mortes, jener verlassenen mittelalterlichen Stadt am Rande der Camargue, zwischen Sümpfen und Meer, wo die Forderungen und Versprechungen der Welt vergehen. Ein Jahr darauf aber brach der vierte Krieg aus. Nach Franzens Tod fiel sein Sohn Heinrich II. in den Ländern des Kaisers ein; nach Karls Abdankung muß Philipp bereit sein, den Schlag aufzufangen.

Im Dezember 1555 schließt Paul IV. einen Geheimvertrag mit Frankreich gegen Spanien, der vom Waffenstillstand Karls V. im Februar des folgenden Jahres durchkreuzt wird. Diese Wendung Frankreichs trifft den Papst hart; er überwindet den Schlag, indem er sein Ziel noch entschiedener verfolgt. Zunächst gewinnt er den Herzog von Guise, der Karl V. gezwungen hatte, die Belagerung von Metz aufzugeben, und nach neuen Feldzügen und neuem Kriegsruhm verlangt; bald ist auch Heinrich II. auf Versprechungen und unter dem Einfluß von Frauen bereit, den kaum geschlossenen Vertrag zu brechen. Im Juli 1556 verbündet er sich aufs neue mit dem Papst gegen Spanien.

Aber man fühlt sich noch nicht sicher genug. Spanien hat noch einen Feind, und wenn es auch etwas bedenklich scheint, sich mit ihm zu vereinen, so schreckt man doch nicht davor zurück: es ist der Türke. Sein Ansturm auf Europa ist noch nicht gebrochen; er wird um so leichter bereit sein, den Kampf wieder aufzunehmen, als der Kaiser, der gefürchtete Verteidiger Europas, Zepter und Feldherrnstab aus der Hand gelegt hat. Freilich verbündet sich nicht der Papst mit dem Sultan, aber Frankreich tut es, und Frankreich ist der Verbündete des Papstes. Im Frühjahr 1558 plündern auch in der Tat die Schiffe des Sultans die kalabrische Küste.

Doch der Riß, der durch Europa geht, reicht noch weiter. Denn Spanien und England sind durch die Ehe ihrer Herrscher verknüpft. Diese Heirat, die letzte unter den vielen, durch die Karl die habsburgische Macht immer vorgerücktere Posten besetzen ließ – hatte er auf diese Weise doch selbst Verbindungen mit Ungarn und Dänemark geschaffen –, ist auch eine der sonderbarsten. Sie schloß zwei Länder zusammen, die mit der ganzen Energie ihrer Entwicklung auseinanderstrebten, und zwei Menschen, die durch die Tragik ungleichen Alters und der Krankheit voneinander geschieden waren.

Mary Tudor, die Tochter Heinrichs VIII. und der Catharina von Aragon, war 1554, in ihrem neununddreißigsten Jahr, als der siebenundzwanzigjährige Prinz von Spanien nach England fuhr, um sich mit ihr zu vermählen, keine schöne Frau. Die venetianischen Gesandten, die wußten, daß die Politik wenigstens ebensosehr vom Menschen gemacht wird wie von wirtschaftlichen Konstellationen und deshalb mit unermüdlichem Spürsinn das Menschliche suchten, geben Mary in ihrer Jugend den Preis der Schönheit. Aber inzwischen waren die Kämpfe um einen Thron über sie hinweggegangen, hatte sie die Verstoßung der Mutter erlebt und es ertragen gemußt, daß ihr eigener Vater sie öffentlich zum Bastard erklärte. Mehr noch: sie galt als Braut des Kaisers, der aber längst, ehe sie erwachsen war, die Portugiesin Isabel geheiratet hatte.

Auch sie hat, wie ihre kluge Halbschwester Elisabeth, das Ideal der Jungfräulichkeit. Aber es ist verbunden mit tiefer Religiosität. Sie ist einsam; wenn ihre Pflichten es ihr erlauben, treibt sie Sprachen, übersetzt den Erasmus, musiziert. Für die Kämpfe ihres Lebens entschädigt sie der Glaube, den in England in seiner reinsten Form wieder zu begründen ihr heißester Wunsch ist. Oft erklärt sie sich bereit, ein Märtyrerschicksal aufzunehmen, und mit dieser Furchtlosigkeit gewaffnet hält sie, ob sie auch mehr und mehr die Gunst des Volkes verliert, auf der rebellierenden Insel die Fahne Roms. Niemals hat sie das gefühlt, »was andere Liebe nennen«.

Da bietet ihr der Kaiser, der nach einem niemals eingelösten Versprechen ihr Gatte hätte werden sollen, durch den Grafen Egmont die Hand seines Sohnes. Die Königin von Ungarn schickt ihr jenes Bild Philipps von Tizian, das den Mann darstellt, wie ihn Europa zu dieser Zeit zu sehen wünscht: blond, mit hellen Augen, weißer Haut und vollen Lippen, ein ernstes, stolzes Gesicht auf einem fast zierlichen Körper von edlen Verhältnissen, das verjüngte Ebenbild des großen Kaisers. Mit diesem Werber lockt zugleich eine Aufgabe (und wie sehr sucht die Frau in Marys Alter eine Aufgabe in der Liebe!): in der Allianz mit Spanien wird das katholische England das protestantische besiegen, und Glaube und Herrschaft werden sich nach furchtbarer Verwirrung wieder vereinigen. Ist der Frau, der Herrscherin, die zuweilen die Märtyrer um ihr Schicksal beneidet, das Opfer der Jungfräulichkeit für diesen Preis zu groß?

Man fürchtet sich vor ihrer Stimme, die einen männlichen Ton hat und schon auf eine gewisse Entfernung die Sprecherin verrät; man fürchtet sich auch vor ihren Augen, denen die Kurzsichtigkeit nichts von ihrer Gewalt genommen hat. Als sie das Parlament von der beabsichtigten Heirat unterrichtete, wagte niemand, ihr zu widersprechen.

Philipp landete mit 100 Segeln und einer Begleitung von 4000 Mann im Juli 1554 in Southampton; der Lärm der Begrüßung täuschte über die feindliche Stimmung der Bevölkerung nicht hinweg; doch waren die Spanier, sicher auf Veranlassung des Kaisers, so vorsichtig, Rüstungen unter ihren prächtigen Mänteln zu tragen. Auf dem Ritt nach Winchester, wo Philipp die königliche Braut zum ersten Mal sehen soll, ereignet sich ein Mißverständnis. Es regnet in Strömen, da sprengt den Spaniern, die schon völlig durchnäßt sind, ein englischer Adliger entgegen. Er überbringt einen Ring von der Königin und ihre Bitte, sich an diesem Tage dem Unwetter nicht auszusetzen. Doch Philipp versteht nicht englisch; vorsichtig und mißtrauisch zugleich, wie er schon in frühester Jugend war, glaubt er, Mary wolle ihn vor einem Überfall warnen. Unschlüssig zieht er sich mit Alba zurück; er ist, auch als Bräutigam der Königin, in einem feindlichen Land. Da klärt einer seiner Begleiter noch den Irrtum zur rechten Zeit auf, und natürlich reitet nun Philipp, der es besonders in England an Galanterie nicht fehlen läßt, trotz des Regens nach Winchester.

Mary liebt überreiche Kleider und die volle Last des Schmukkes auf dem Haupt und um den Nacken, oft auch einen etwas männlichen Schritt. Sie ist blaß; die Falten auf ihrer Stirn lassen sich nicht mehr glätten. Um ihre Augen liegen die Schatten einer grenzenlosen Melancholie, Spuren der Monate, die sie krank und einsam in ihren Zimmern verbringt, ausgeliefert ihren Sorgen, dem Untergang ihrer Hoffnungen, dem unaufhaltsamen Verblühen ihrer Weiblichkeit. Sie streift an die Vierzig; seit mehr als zehn Jahren weiß sie, was Altern ist, muß sie sich daran gewöhnen, Zuschauerin dieses Verblühens zu sein, das sich nach einem kurzen, kaum gefühlten Aufstieg endlos ins Leben breitet und keine Hoffnung läßt.

Nach dem Tod seiner ersten Frau, der Infantin Maria von Portugal, die nach einer Ehe von kaum einem Jahr ihr Leben hingegeben hatte für den Erben Don Carlos, hatte sich Philipp wieder eine Portugiesin zur Frau gewünscht. Aber der Plan des Vaters, England mit Spanien zu verknüpfen, die Religion im Norden wieder zu befestigen, das habsburgische Einflußgebiet selbst auf die Insel auszudehnen, kann in ihm keinen Widerspruch aufkommen lassen. Die Absichten des Vaters sind die seinen; er ist der opferbereite Träger der Tradition. So wird diese Ehe geschlossen auf dem Hintergrund großer Ideen. Einige halten sie für glücklich, andere für unglücklich, wie ihre eigenen Wünsche es ihnen befehlen. Gewiß ist, daß Mary, der der Mann so spät entgegentrat, auf die Art ihrer Mutter hingebend liebte, und daß sie litt. – Zunächst erlebt sie einen Triumph: bald nach der Hochzeit kommt der Kardinal Pole nach England und bringt die Absolution des Papstes für alle nach dem Abfall von der Kirche gegen diese begangenen Verfehlungen. Die eingezogenen Klostergüter bleiben ihren neuen Besitzern. Damit ist das schwerste Hindernis gegen die Umkehr beseitigt: das englische Parlament empfängt kniend, unter den Anzeichen tiefer Frömmigkeit und Reue, den päpstlichen Segen. Dann folgt es seinem spanischen König in die Kapelle, um Gott zu danken. England wird wieder katholisch, und Philipp selbst schreibt umständliche Berichte über die Bekehrung an den Papst und seine Schwester Juana.

Nun setzen auch sofort die Verfolgungen ein, die Mary den Namen der »Blutigen« eingetragen haben, und über die in ruhiger Form zu berichten jener wildbewegten Zeit so wenig gegeben war wie einer spätern. Philipp suchte sie zu mildern, hielt sich im übrigen zurück und übte nur einen mittelbaren Einfluß auf die Regierung Englands aus. Vielleicht fühlt Mary Eifersucht auf ihre Halbschwester Elisabeth, die gewandt, blitzenden Geistes, verlockend und doch unnahbar den jungen König zu fesseln weiß. Ihre Stellung als Gattin eines in England völlig unpopulären Fürsten einer niemals verstandenen fremden Nation erschwert sich mehr und mehr, da verbreitet sich eines Tages die Kunde, daß ein Erbe zu erwarten sei. Das Parlament empfängt offiziell diese Mitteilung; man hofft auf eine neue Dynastie, und im Volk, das immer bereit ist, aus seinen Wünschen eine Realität zu zimmern, entsteht plötzlich die Gewißheit: der Thronerbe Englands ist schon geboren. Glocken läuten; Böller krachen; ein königstreuer Prediger schildert schon das Kind: wie schön es sei, wie edel gebildet; niemals in seinem Leben habe er ein schöneres Kind gesehen. Doch der Erbe wurde nicht geboren. Endlich muß sich der Hof zu dem Geständnis bereit finden, daß man sich über den Zustand der Königin getäuscht und erst jetzt erkannt habe, daß sie an der Wassersucht leidet.

Es ist keine Hoffnung auf die englisch-spanische, auf die katholische Dynastie auf dem englischen Thron. Bald darauf erhält Philipp von seinem Vater die Aufforderung, nach Brüssel zu kommen, um die Last der Kronen zu übernehmen. Vergebens bittet ihn Mary, nur noch wenige Wochen zu bleiben: die ihn erwartenden Geschäfte sind eine zu gute Entschuldigung, eine Frau zu verlassen, die selbst in ihrem Frauentum enttäuscht hatte und gescheitert war.

Im Kampf der Religionen, gegensätzlicher Ideen, spielen sich die menschlichen Tragödien als kleine Entscheidungen ab: Einzelkämpfe, deren Verlauf den Gang der Schlacht reflektiert und enthält. Es scheint, daß es der katholischen Macht nicht mehr gegeben war, Leben auf der nordischen Insel zu erwecken, schaffend sich aufs neue zu begründen; daß diese Insel dieses Leben nicht mehr empfangen wollte. Der große schützende Mantel der katholischen Religion gleitet langsam vom Norden ab; die Machtsphären verschieben sich wie die Lichtkreise ziehender Gestirne, und über der zerrissenen Landschaft, die nun offen unterm Himmel liegt, streiten sich die wechselnden, grellen Lichter.

Zunächst freilich hat Philipp noch England zum Bundesgenossen; doch seine Gewalt weckt Widerspruch: Frankreich, im Süden, Osten, Norden und, durch die englische Allianz, im Westen und an der Küste – denn Calais ist um diese Zeit noch englisch –, eisern umschlossen, muß den Ring zersprengen, bevor es erstickt.

Inzwischen kann Philipp über die Absichten des Papstes nicht mehr im Zweifel sein; man hat ihm längst berichtet, in welchem Tone der Heilige Vater sich bei seinen Mahlzeiten über die Spanier und die spanische Herrschaft in Italien zu äußern pflegt. Schon macht Paul IV. in aller Öffentlichkeit dem spanischen König einen Prozeß, dessen Ergebnis den Wünschen des Klägers entspricht: Philipp wird zur Rückgabe Neapels verurteilt, das er widerrechtlich besitzt. Der Papst immer rascher handelnd, und nur noch das eine Ziel vor

Augen, sammelt Streitkräfte, läßt den spanischen Gesandten ins Gefängnis werfen. Zu dieser Zeit ist Herzog Alba Vizekönig von Neapel; er weiß, um das ihm anvertraute Königreich seinem Herrn zu erhalten, kein anderes Mittel als einen raschen Einfall in die päpstlichen Länder.

Den ernsten Blicken des jungen Königs zeigt sich die Welt in ihrer ganzen heillosen Verwirrung. Noch klingen die Worte des Vaters in seinen Ohren, des Mannes, der als Mahner zur Tradition wie als Vorbild, rückwärts und eben damit vorwärts weisend, als einziger eine unbegrenzte Gewalt hat über sein Leben: Ehre standhaft die Religion; befestige den katholischen Glauben aufs neue in seiner ganzen Reinheit. Mit diesem Auftrag wurde er Herrscher.

Es gibt für Philipp wie für seine Vorfahren keinen höheren Titel als den eines katholischen Königs, und nun, nachdem er kaum seine Herrschaft angetreten hat, soll er die Waffen erheben gegen den Papst. Aber der Papst, der die höchste Verantwortung trägt für das Christentum, steht im Bunde mit dem Türken, dem Erzfeinde des Glaubens, dessen wieder sich sammelnder Angriff das Abendland bedroht. Als Verteidiger des Abendlandes steht der spanische König gegen den Papst. Dies eben war die Mission seiner Väter, solange ihr Thron stand, auf sie war ihr Thron und ihr Recht, zu herrschen, gegründet: Europa, das Christentum, gegen die Ungläubigen zu verteidigen. Nun fällt die Aufgabe zusammen mit dem Kampf gegen Rom.

Noch mehr: eben hat Philipp England für den Glauben zurückgewonnen, indem er mit dem gering scheinenden Opfer persönlichen Glücks den spanischen mit dem englischen Thron vereinigte, und eben dieses Bündnis zwingt den französischen König, der mit demselben Eifer, aber geringerer Resonanz, den Anspruch auf das Glaubensrittertum erhebt, zum Kampf gegen Spanien. Alle Mächte haben lutherische deutsche Landsknechte in ihrem Sold: der Papst, der glühende Eiferer für die Inquisition und die Reinigung des Glaubens, muß es sich gefallen lassen, daß diese unter seinen Augen die katholischen Zeremonien auf das schmählichste verspotten.

Dennoch ist Philipp der Einzige, dessen Stellung, so angreifbar sie scheint, einer Verteidigung des Glaubens am nächsten kommt. Auch in dieser Konstellation behält Spanien seinen Erbfeind: den Heiden, den Bedroher Europas.

So sind, um die Mitte des 16. Jahrhunderts, die europäischen Fürsten in einen unlösbaren Widerspruch verwickelt: die Erhaltung des Besitzes läßt sich nicht vereinbaren mit der überweltlichen Aufgabe. Soll der Besitz der Religion, soll die Religion dem Besitz geopfert werden? Es gab in der Tat Epochen, da beide Forderungen sich vereinten, da die Ausdehnung des Glaubens einer Ausdehnung des Besitzes, einer Ausdehnung Europas gleichkam. In den Kreuzzügen, in den Maurenkämpfen eroberten die Herrscher ihr Land für die Religion. Dieses Ideal, das im spanischen König noch lebt, findet keine Realität mehr vor, auf die es wirken kann. Mehr und mehr weicht die Religion als Staaten bildende und erhaltende Kraft zurück, und Länder und Völker stoßen mit der ganzen Energie ihres Lebenswillens zusammen, ohne noch einen gemeinsamen Himmel über sich zu wissen. Die alte Religion verliert Führung und Thron; die neue, die aus Deutschland heraufkommt, mit Notwendigkeit geboren aus dem Innersten eines Menschen, wird ihre Tragik darin finden, daß sie nicht mehr Führerin, sondern Dienerin politischer Bestrebungen ist. Das Überweltliche, das Bewußtsein von der Endlichkeit der Erde und vom doppelten Sinn unseres Tuns wird sich bald aus den Sälen der Herrscher, von den Tischen der Regierungen, aus den Schlössern der Gewaltigen in die Kammern und auf die Wege der Einsamen flüchten, deren Macht ihre Machtlosigkeit ist.

Über Philipp, der mit ganzer Inbrunst dem alten Ideale dient, sammeln sich die Wolken einer Zeit, deren Stürme und Wetter jene Glut verlöschen wollen, vor der es bald vielleicht keinen andern Schutz gibt als die Flucht. Er steht in einem klaffenden

Gegensatz zu seinem Jahrhundert; er könnte mit Kompromissen diese Schlucht überbrücken, aber er verlöre damit die Rechtfertigung vor sich selbst, sein eigenes Gesetz.

Zunächst weiß er sich ohne Einbuße an Würde aus dem Zwiespalt zu befreien; denn der Vorwurf blinder Ergebenheit vor dem päpstlichen Stuhl trifft weder ihn, noch seinen Vater, noch den Herzog Alba, noch irgendeinen andern spanischen Repräsentanten der Zeit. Ließ der Papst von seinen Juristen einen Prozeß gegen den spanischen König führen, so beruft nun dieser die Theologen von Salamanca, Alcalá, Valladolid und legt ihnen die Frage vor, ob er ein Recht habe, gegen den Heiligen Vater ins Feld zu ziehen. Die Antwort rechtfertigt Philipp; nun erst fühlt er sich frei, hat er zugleich das Bewußtsein, den Streitfall auf das genaueste erwogen zu haben.

Auch jetzt setzt man die Verteidigung noch vorsichtig ins Werk; es gibt keine Übereilungen unter Philipps Regierung. Schwer, wie völlig ausgereifte Früchte fallen seine Entschlüsse; ja, sie verspäten sich eher, als daß sie sich verfrühen. Er ist niemals jung; so sehr er dem Vater gleicht, so sehr er ihm nachstrebt, er ließ sich niemals von Karls raschem Feuer verführen. Schon jetzt sitzt er einsam in seinem Zimmer, die Papiere allein überprüfend, seine Befehle schriftlich gebend, Stunde um Stunde schreibend. Die aus England gesandten Berichte der Parlamentssitzungen versieht er in seiner großen Handschrift mit einem Kommentar, der so umfangreich ist, wie die Berichte selbst. Niemals vergißt er es, in seinen Berechnungen unbekannte Kräfte mit großen Werten einzusetzen. Ebenso vorsichtig wie sein Herr ist Alba, der Vizekönig. Noch einmal warnt er den Papst: er sei nur der Verteidiger der Länder seines Herrn, für die er einstehen werde bis zuletzt. Die Verantwortung treffe den Papst. Dieser, in maßlosem Zorn darüber, daß ein Neapolitaner ihm eine solche Botschaft überbringt, läßt den Boten ins Gefängnis werfen, dann foltern.

Alba marschiert in den päpstlichen Ländern ein; der Krieg wird mit allen jenen Grausamkeiten geführt, die der Leib der

Menschheit in jedem Jahrhundert ertrug, vernarben läßt und wieder vergißt. Leiden und Tod werden ausgelöscht, und das Schwert trifft wieder auf dieselbe Stelle. Pontecorvo, Tivoli ergeben sich; Anagni wird beschossen, gestürmt und geplündert. Offenbar übereilte sich der Papst mit Prozeß und Drohung; denn er hat keine Mittel, sie durchzusetzen. Seine hastige Leidenschaft trifft auf die Ruhe und Sicherheit der Spanier und unterliegt. Doch es ist gefährlich, mit dem Heiligen Stuhl zu kämpfen. Alba will nicht erobern. So zieht er in den eingenommenen Städten nicht die spanische Fahne, sondern die des Konziliums auf: die Städte wurden in dessen Namen besetzt, bis ein neuer Papst gewählt ist.

Bald belagert Alba Ostia und schickt seine Reiter bis vor die Tore der Heiligen Stadt. Der Triumph wäre leicht, doch Alba ist zu klug, um ihn zu genießen. Da es ihm an Proviant mangelt, schließt er mit dem bedrängten Papst einen Waffenstillstand, behält die gewonnenen Städte besetzt und kehrt triumphierend nach Neapel zurück.

Inzwischen ist der Herzog von Guise mit der französischen Armee durch das Piemont in Italien einmarschiert, um dem Papst zu Hilfe zu kommen und in Neapel einzufallen. Er entreißt der spanischen Besatzung ihre Eroberungen; schon schwelgt Paul IV. in Siegerstimmung, als der Zug des französischen Feldherrn vor Civitella zum Stillstand kommt. Unterdessen ist Alba wieder in Neapel aufgebrochen; die beiden Heere liegen sich gegenüber; wie Alba eine Bewegung ausführen läßt, um dem Feinde näher zu rücken, weicht dieser zurück. Auch jetzt setzt Alba das Kriegsglück nicht aufs Spiel; er läßt den Feind ziehen ohne Kampf; denn in jeder Schlacht, und wäre es selbst im Kampf mit einem abziehenden Feind, spielen Zufälle mit, die man ohne Notwendigkeit nicht herausfordern soll. Er rechnet wie sein Herr.

Währenddem tobt auch der Kampf in Frankreich; Guise wird zur Verstärkung abberufen und geht gern. Paul IV. muß ihn ziehen lassen, wenn auch unter den Ausbrüchen seines Zornes, und sieht, da Alba in einer Regennacht wieder vor Rom steht, keine andere Hilfe als den Frieden. Nun geht eine Veränderung in ihm vor. Sein Spiel ist verloren; sein Ziel entschwunden. Er besinnt sich auf sein Amt. Ist er auch selbst gescheitert, das Papsttum soll unbefleckt bleiben. Er verlangt, daß Alba ihn um Verzeihung bittet, weil er die Waffen gegen den Heiligen Stuhl erhoben hat, und ist entschlossen, diese Forderung aufrecht zu erhalten, mag auch die ganze Welt darüber zugrunde gehen.

Widerwillig, nicht ohne entschiedenen Widerspruch, unterwirft sich Alba dem Wunsche seines Königs. Er zieht in Rom ein, kniet im Vatikan vor dem Papste nieder, erbittet seine Verzeihung und genießt dafür die beispiellose Ehre, mit dem Heiligen Vater am selben Tische sitzen zu dürfen. Die Herzogin von Alba empfängt die goldene Rose, um die sie Fürstinnen beneiden.

Doch schon vorher, während im Süden der Kampf im Gange ist und sich im Norden die Heere sammeln, verläßt der Kaiser den verwirrten Schauplatz der Welt. In Brüssel verabschiedet er sich bewegt von dem Sohn, dem er noch mehr zurückläßt als Kronen und die Anwartschaft auf Meere und Kontinente: sich selbst. Denn das Bild des Vaters, der den Namen seines Geschlechtes mit einem noch niemals erreichten Glanz umgab, steigt vor Philipp langsam zu fast heiligmäßigem Rang empor. Ihm ähnlich zu werden, des Vaters Laufbahn Schritt für Schritt zu wiederholen, ist Philipps glühendster Wunsch. Seine Natur zielt nach dem Vergangenen, Vergehenden; wie nun der Vater langsam entschwindet, wie er sich freiwillig der Erde entzieht und doch den Schatten des Scheidenmüssens auf seinem blassen Antlitz trägt, muß er den Sohn zur Nachfolge verlocken. Denn eben das Versinkende, der Erde nicht mehr Gehörende, das erste schwermütige Versprechen der Freiheit hält Philipp im Bann; ihm antwortet seine tiefste Natur. Er erbte des Vaters Reiche, seine Feindschaften, Konflikte, seinen Glauben, seine Gedanken, Ziele, Erfahrungen, Einsichten, die er ihm in geheimem Unterricht vertraute; seine Pläne, seine

Feldherren, Ratgeber und seine Hoffnungen. In ungeheurer, vierzigjähriger Anstrengung hatte Karl seine Umwelt geformt; so fiel sie in Philipps Hand, der in ihr das Werk des Meisters achtete. Aber stärker noch als die Bewunderung wirkte die Wesensverbundenheit, die einmal aufblühen durfte im grellen Lichte des Thrones. Philipps Leben ist durch den Vater entschieden; über ihn hat statt der mütterlichen Bindung, deren Wirkung eine viel allgemeinere ist, die väterliche ihre volle Gewalt.

Die Haare des Kaisers sind grau, er geht gebeugt, auf seinen Begleiter gestützt, die Füße versagen ihm den Dienst. Da es ihm zu beschwerlich ist, auf ein Pferd zu steigen, reitet er auf einer Eselin. Oft trägt er ein Kreuz in der Hand, das ihn schon in seinen Schlachten begleitet hatte. Von den 760 Personen seiner Hofhaltung wählt er sich hundertfünfzig aus. Seine beiden Schwestern begleiten ihn, doch auch sie halten sich meist zurück. Am 17. September 1556 besteigt er in Vlissingen das Schiff, um das Land zu verlassen, wo auch sein letzter Vertrag wieder gebrochen wurde. Wenn er allein ist in seiner dunkeln Kammer, hört er die Stimme seiner Mutter Johanna, der armen Wahnsinnigen, die vor einem Jahre starb. Fast fünfzig Jahre hatte sie vergessen in Tordesillas gelebt, dem Titel nach noch immer Königin des Reiches, dessen sie sich kaum erinnerte. Sie trug ihren Titel, ohne zu besitzen; auch er, der Kaiser, trug Titel und blieb ein Fremder in seinen Reichen. Aber endlich gewinnen die Besitzlosen das Reich, und der Glaube verwirklicht sich erst, wenn das Gesetz der Erde nicht mehr gilt. Die Stimme der Mutter zieht ihn über das Meer; unerreichbar für die Verwirrung, hinter dem Gleichnis der Unendlichkeit, wartet das Grab und die Hoffnung, in der kein irdischer Stoff mehr treibt. Die Welt zieht endlich ab von der Welt; und die Mutter, die gebar, lockt auch ins Grab, in das andere Reich.

Indessen umflicht Philipps jungen Namen der Sieg. Der vom französischen König seines Landes beraubte Herzog Philibert

Emanuel von Savoyen führt den Befehl über die spanischen Truppen; mit eiserner Anspannung, Tag und Nacht im Harnisch, kämpft und sorgt er für die Sache seines Herrn, die seine eigene ist. In der Pikardie einfallend, um dem französischen Heer den Zugang in die Niederlande zu versperren, zieht er vor St. Quentin, das er belagert, seine Streitkräfte zusammen. Coligni, dem später der Tod seine kalte Gloriole verleiht, verteidigt die Festung; Montmorency, der französische Konnestabel, rückt mit 18 000 Mann zum Entsatz heran. Bei dem Versuch, die Somme zu überschreiten, wird er von der leichten Reiterei aufgehalten; währenddem ist es Egmont mit seiner Kavallerie gelungen, den Franzosen in die Flanke zu fallen. Der kühne Angriff kommt überraschend; Montmorency selbst verliert die Fassung und fragt, seinen Stolz vergessend, einen seiner Hauptleute um Rat. Doch auch dieser kann ihm nur antworten, daß es zu spät zum Raten ist.
So sinkt die schönste Kraft des französischen Heeres in leidenschaftlicher Gegenwehr hin: zehntausend liegen tot auf dem Schlachtfeld; der Konnestabel selbst wird gefangen. Der Widerhall des Sieges ist ungeheuer; glänzender schlug auch der Kaiser in seiner besten Jugend seine Feinde nicht. Zugleich läuft die Nachricht von den Siegen über den Papst durch Europa; kaum hat Philipp die Regierung angetreten, so ist auch schon das Ansehen seines Namens, über den man sich im Ungewissen war, gegründet. Schon trägt ihn der Erfolg, und eine schimmernde Bahn, auf der Triumph neben Triumph erglänzt wie nächtlich erleuchtete Städte, die ein Reiter durchjagt, scheint sich ihm zu eröffnen.
Aber am 11. August 1557, am Tag nach der Schlacht, schreibt er dem Vater, dem er sofort eigenhändig den Sieg meldet, wie sehr er es bedaure, nicht selbst in der Schlacht gewesen zu sein. Und in der Tat, welcher Zufall ihn auch verhindert haben mochte: dieses Fehlen ist durchaus bezeichnend für ihn. Er betreibt mit der größten Umsicht die Werbung der Truppen, die Beschaffung der Mittel; er beschäftigt sich auf das

eingehendste mit der Verwaltung seiner Armee. Täglich empfängt er in Cambrai, wo er sich aufhält, detaillierte Nachrichten vom Herzog und schickt ihm seine Befehle zurück. Vor seinen Augen wird der Schlachtplan entwickelt, und er selbst teilt den Feldherren und Hauptleuten ihre Rollen zu. Über Plänen, Papieren, schreibend, mit andern sich beratend, aber allein überlegend und sich entschließend, entfaltet er seine zähe Aktivität. Die Entscheidungen fallen in ihm, während er sich abwendet; er ist immer dem Lärm des Geschehens entrückt, gegenwärtig nur durch den Befehl.

Erst zwölf Tage später fällt die von Coligni auch noch nach der Niederlage verteidigte Stadt. Der Admiral hielt sich ohne Hoffnung und ohne Schwäche. Auch dieses Mal läßt sich die Plünderung nicht unterdrücken. Die Frauen und Kinder flüchten sich in die Keller, aber die Soldaten auf ihrer Suche nach toter und lebender Beute erspüren sie doch. Da reitet Philipp in die Stadt ein. Zum erstenmal sieht er den Krieg. Er läßt die Brände löschen, verbietet Ausschreitungen bei Todesstrafe. Den Kirchen, den Priestern und vor allem den Reliquien darf nichts geschehen. Denn es gibt nichts Kostbareres in den Städten als die armen, zerstäubenden Reste der Heiligen, diese Zeichen dafür, daß auch die Unerreichbaren einmal hindurchgingen durch den irdischen Stoff.

Ebensowenig wie sein Feldherr nimmt der König die Hauptstadt seines Feindes: den Vorschlag, nach dem glänzenden Sieg nach Paris zu marschieren, weist er ab. Doch besetzt er noch einige Städte der Pikardie, die sich leicht ergeben. Bald aber beginnen sich die Verwirrungen der Zeit, die widerspruchsvollen Bündnisse der Völker auch im spanischen Lager auszuwirken. Die deutschen Schwarzen Reiter lassen sich von Heinrich II. kaufen. Die Engländer wollen nicht länger die Schlachten Spaniens fechten. Philipp, der nichts mehr fürchtet als die Vertiefung des Konfliktes zwischen seinen beiden Völkern, läßt sie ziehen und führt seine geschwächte Armee in die Winterquartiere.

Auch jetzt wird die Katastrophe für Frankreich zum großen Anstoß; denn die Niederlage ist fruchtbarer als der Sieg. Was in erfolgreichen Kriegen nicht gelang, das gelingt nach dem Schlage von St. Quentin. Die Verwundeten sammeln und wehren sich mit zäherer Kraft. Überraschend steht eines Tages der Herzog von Guise vor Calais. Die schwache Besatzung in zerfallenem Mauerwerk genügt nicht, die Stadt zu halten; Calais fällt und bleibt französisch. Vergebens macht Philipp den Engländern den Vorschlag, Calais mit gemeinsamer Kraft zurückzuerobern: man traut in England den Angeboten des spanischen Königs nicht. Auch schon früher, als Philipp die gefährdete Lage der Stadt erkannte, schlug man seinen Rat in den Wind.

Frankreich ist wieder frei von englischer Herrschaft; der Nachhall dieses Ereignisses verstärkt seinen Widerstand. Ob auch Egmont bei Gravellingen noch einmal siegt – der Herzog von Guise, der, um die Pikardie zu schützen, an die Somme marschiert, befehligt ein so glänzendes Heer, daß die Spanier nicht anzugreifen wagen. Bei Dourlens liegen sich die Heere mit ihren Königen gegenüber. Sie sind gleich stark. Da kommt die Stunde der Besinnung in diesem merkwürdigen Krieg.

Man erinnert sich der Religion, und es scheint, als ob sie noch einmal die Führung bekommen sollte in dem chaotischen Gedränge der Ereignisse. Schon im Frühjahr 1558 hörte Philipp, daß in Valladolid und Sevilla lutherische Gemeinschaften beständen, die mit den nach London, Genua oder Antwerpen geflüchteten oder verbannten Spaniern in Verbindung stehen sollten. Ketzerische Bücher wurden in eingeführten Weintonnen mit doppeltem Boden entdeckt. Härter konnte den spanischen König keine Nachricht treffen: er sieht sein eigenes Land in höchster Gefahr, sieht das zeitliche und ewige Heil seines Volkes bedroht, sich selbst auf das entschiedenste zur Erfüllung seiner Aufgabe nicht nur in Europa, sondern im bisher ungefährdeten Stammland aufgerufen.

Inzwischen steht er einem katholischen Heere gegenüber. Denn Heinrich II. fühlt einen ähnlichen Eifer wie Philipp; auch er will den Glauben wieder befestigen, und auch er sieht sich auf das bedenklichste angegriffen von den immer stärker werdenden Hugenotten. Nun gewinnt auch der Papst das Ansehen seines Amtes zurück: er selbst sendet an die beiden Könige, die er zum Kriege getrieben, deren einen er selbst zum Vertragsbruch überredet hatte, Boten mit der Bitte, sich nicht länger zu bekämpfen und in dieser Zeit der Gefahr allein für den Glauben sich einzusetzen.

Im Oktober 1558 beginnen die feindlichen Mächte zu verhandeln. Am schwierigsten ist es, über Calais sich zu einigen. Da stirbt im November Mary. Nach dem Siege von St. Quentin hatte ihr Philipp sein Bild geschickt: in dunkler schimmernder Rüstung mit ernstem Blick auf der früh erreichten Höhe des Sieges. Einmal noch sah sie Philipp selbst, als er während des Krieges nach England kam, um Verstärkung zu holen, die sie ihm sofort gewährte. Aber einen Erben konnte sie ihm und England nicht gebären; alles, was sie tat, blieb unfruchtbar, und schon mußte sie ahnen, daß auch ihr Kampf für den Glauben sein Ziel verfehlen werde.

Mehr und mehr entfremdet sich ihr das Volk. Elisabeth steigt: sie ist schön, jung und klug; der neue Glaube wird sie tragen, oder wird sie sich nur tragen lassen, um zu regieren, auf die Art der Frauen? Ihr selbst blieb diese Kunst immer fremd: regierte sie, so regierte sie nicht als Frau; und wenn sie Frau war, so ergab sie sich und gehorchte. Was kann der neue Glaube anderes sein als ein Mittel, ein verworfenes Mittel? Aber liebte sie etwa England nicht? Sie liebte den Glauben und das Land; ließ sich diese Liebe nicht mehr vereinigen? Sollte Gott die Kirche nicht mehr schützen, die anderthalb Jahrtausende unter seinem Schutze bestanden hatte?

Und Philipp? Was für ein sonderbares Schicksal, daß sie lieben mußte, wo sie sich kühl, ohne den mindesten Schauer des Blutes opfern wollte auf dem Altar des Glaubens! Weil sie sich mit Philipp verband, entfernte sich das Volk noch mehr von ihr, stieg Elisabeth. Aber die Krankheit stand längst auf ihrem Gesicht, hatte ihren Körper zerrüttet, ließ sie endlich jene namenlose Schmach der Lächerlichkeit erleben, als ihr glühender Wunsch nach einem Erben ihr vorspiegelte, dieser Erbe sei schon da. Konnte Philipp sie lieben? In all den Jahren, die sie trennten, während er kaum schon ein Knabe war, hatte sie schon erfahren, was Zeit und Vergänglichkeit ist. Unerbittlich ist die Zeit, das Alter; so wächst das Kind im Leib der Mutter und tötet sie bei der Geburt. Die Menschen wachsen, sie wachsen zusammen, aber das Wachstum dauert fort, und so müßten sie wieder auseinander. Nichts liegt schwerer und erkältender auf dem Herzen als des andern Vorsprung zum Tod. So viel Weisheit, so viel Erfahrung, so viel Kummer und Einsamkeit bauen vor dem Jüngern die Schranke; er kann sie allein überwinden mit der Zeit, doch wie er sich der Zeit überläßt, trennt sie ihn noch mehr. Denn der andere ist unter dem Fall der Blätter und Früchte immer voraus.

Aber England! England! Ihre Verbindung mit Philipp hat sie in den französischen Krieg gezwungen, den sie mit Calais bezahlen mußte. »Wenn ich sterbe«, ruft sie aus, »so wird man Calais in meinem Herzen geschrieben finden.« Für den Glauben hat sie den Besitz, die Herrschaft geopfert, aber der Glaube wurde nicht gerettet. Verliert der Glaube seine Macht? Wo ist sein Reich? – Der Kummer um Calais überliefert sie ihrer Kankheit. Noch empfängt sie mit Freude Philipps Briefe, doch ihre Augen sind zu schwach, um sie zu lesen. Die schweren Schriftzüge der Welt, in denen zwischen Pflichten und Geboten kaum noch Raum bleibt für ein Wort der Liebe und noch weniger für ein Versprechen des Glücks, löschen vor den erschöpften Augen aus. –

Elisabeth besteigt den Thron; ihre Vorgängerin war eine Fremde, mehr Spanierin als Engländerin; die neue Königin

wird, wie Philipp, Repräsentantin ihrer Nation. Man einigt sich über Calais; es bleibt vorerst unter französischer Hoheit, wird aber auch später nicht zurückgewonnen.
Auch die andern Kämpfer treten ab; keiner sah seine Hoffnungen erfüllt. Der Papst Paul IV. scheiterte ebenso wie Mary an dem Konflikt zwischen Nation und Religion, die beide ihre Forderungen stellen und beide die Nichtachtung ihres Gebotes auf das härteste bestrafen. »Was immer andere fühlen mögen«, sagt er gegen Ende seines Lebens, »ich wenigstens will für mein Vaterland sorgen; und wenn man schon auf meine Ratschläge nicht hören will, so werde ich doch den Trost haben, daß ich dieses Sinnes war, und daß man eines Tages sagen wird, ein alter Italiener habe, statt in der Nachbarschaft des Todes zu ruhen und seine Sünden zu beweinen, so viele hohe Pläne gehabt.«
Seine unerfüllbaren Absichten werden zum Symbol; endlich geschieht auch in ihm der Bruch mit der Welt, und der Eifer für das kommende Reich verzehrt ihn. Am spätesten Abend zieht er noch einmal aus, das bisher vernachlässigte Feld zu bestellen. Mit ganzer Kraft widmet er sich der Inquisition, der Erneuerung des Glaubens. Und wie er alles mit Leidenschaft und Heftigkeit tut, so macht er sich auch bald durch seine Strenge verhaßt. Schon während er auf dem Totenbett liegt, erhebt sich das Volk, reißt das Wappen der Caraffas von den öffentlichen Gebäuden, brennt den Inquisitionspalast nieder. Die Statue des Papstes wird gestürzt; die Aufrührer schlagen ihr den Kopf ab, rollen sie durch die Stadt und werfen sie in den Tiber. Unter Aufruhr und Verwirrung endet das Leben dieses Mannes, der sein Amt einsetzte für sein Ziel und mit der Macht, die ihm der Glaube verliehen, ein irdisches Reich errichten wollte. Zwischen Neapel und Rom, dem Diesseits und Jenseits schwankend, unterlag er seinem Temperament.
In diesem Jahre, 1559, wird der Friede zwischen Spanien und Frankreich geschlossen. Um ihn zu feiern, hält man große Turniere ab, in denen König Heinrich II. selbst erfolgreich

kämpft. Unersättlich an diesen Spielen fordert er eines Abends den schottischen Grafen Montgomery, der sich stolz und etwas prahlerisch an seine noch nicht zerbrochene Lanze lehnt, zum Kampf. Montgomery weist ab; der König dringt auf seine Forderung. Endlich ist Montgomery bereit; da der König die Ablehnung nicht annahm, so soll der Kampf rücksichtslos ausgetragen werden. Der Schotte richtet die Lanze auf des Königs Kopf; die Reiter prallen zusammen. Doch die Wucht des Zusammenstoßes ist so furchtbar, daß Heinrichs Visier nachgibt, Montgomerys Lanze splittert und ein Stück in des Königs Schläfe dringt. Noch zehn Tage liegt Heinrich II. im Todeskampf, dann verläßt er sein Reich, in dem er eben begonnen hatte, die Hugenotten zu verdrängen, den Glauben zu stärken. Aus dem Spiel ersteht der Tod und entzieht ihn dem spät ergriffenen Dienst.

Philipp ist der Sieger im Krieg; der einzige der kämpfenden Fürsten, der ihn überlebt. In den Verhandlungen ist er mehr noch als im Feld allen seinen Gegnern überlegen: für die fünf Plätze, die er in der Pikardie besetzt hielt und bereit ist, frei zu geben, gewinnt er mehr als 200 Städte. Er gibt fünf Städte frei und erhält ebensoviel Provinzen. Nach dem Tode Marys läßt Philipp, noch immer in der Hoffnung, England für den Glauben zurückzuerobern, um Elisabeth werben. Von Anfang an stellt er eine sehr entschiedene Bedingung: Elisabeth muß katholisch werden. Sie nimmt die Werbung mit sehr schmeichelhaften Worten auf, verschanzt sich jedoch hinter dem Parlament, von dem sie abhängig sei. Dessen Entscheidung ist weder zweifelhaft, noch wird sie Elisabeths Wünschen entgegenstehen. Es sei keine Schande für einen Mann, meint der König, in einer Sache abgewiesen zu werden, die er nicht seiner selbst, sondern Gottes wegen unternommen habe.

Schon vier Wochen später wirbt er um die vierzehnjährige Elisabeth von Valois, die Tochter Heinrichs II. und der Katharina von Medici, um das Bündnis mit Frankreich zu befestigen. Sie wird ihm gewährt; Alba holt die Braut ab und wird mit ihr, als Stellvertreter Philipps, symbolisch vermählt. Die jungfräuliche Königin jedoch ist verletzt: es könne Philipp nicht ernst gewesen sein mit seiner Werbung, wenn er so schnell und ehe noch eine klare Antwort erfolgt sei, sich für eine andere Frau entscheide. So kreuzen die Herrscher der beiden Reiche, die mehr und mehr in ein polares Verhältnis zueinander rücken, einmal, am Anfang von Elisabeths Regierung, als Mann und Weib die Waffen. Eben erst bog England vom Mittelalter und von Europa ab: noch hat es kaum vierzig Kriegsschiffe; noch ist das englische Landheer der Seemacht weit überlegen; noch ist in England der Bogen wie zu den Zeiten Robin Hoods oder im hundertjährigen Krieg die am besten gehandhabte und gefürchtetste Waffe. Aber schon ist dic englische Königin stark genug, die Hand des mächtigsten Herrschers des Festlandes auszuschlagen; denn England hat eine neue Bahn betreten, die sich auf das entschiedenste von der nun zum erstenmal als südlich-romanisch empfundenen katholischen Glaubenswelt entfernt. In dieser Abspaltung vielmehr als einer schöpferischen Tat ist die Wirkung der Reformation in England begründet. Denn nicht die Religion bestimmt, sondern die Politik unter Zuhilfenahme der Religion.

Aber während das Siegeslied tönt, liegt schon das andere Blatt bereit, auf dem, noch stumm und geheimnisvoll, die dunklen Zeichen des Umschwungs und Untergangs stehen; es sind dieselben schmetternden Instrumente, die sie spielen werden. Dennoch ist der Sieg deshalb nicht weniger Sieg: nichts ist unwichtiger als die Dauer.

Philipp steht auf dem Kamm der Woge. In kaum zwei Jahren zersprengte er den Ring der Feinde, dabei selbst noch über den Papst mit einem höheren Ziel, einer reineren Mission triumphierend. Die Waffen, die zuletzt in der erschlafften Hand des Kaisers ihr Ziel verfehlten, erwecken wieder die alte Furcht; der Thron über das gewaltige Reich ist gefestigt; dieses Reich selbst noch bedeutend vergrößert. Ihm selbst scheint ein persönliches Glück sich zu nähern: nachdem die erste Gattin dem Erben ihr Leben geopfert hat, die zweite in die Schatten versunken ist, die vom ersten Tag ihrer Verbindung über ihnen beiden lagen, kommt dem an Erfahrung unendlich Gealterten die schlanke, fast noch kindliche Französin entgegen; Jugend betritt den Kerker der Mission.

Aber im Sieg ist mehr Trauer als Glück. Denn in die Fanfaren tönte die dünne Totenglocke von Yuste. Mußte es nicht Philipps höchster Lohn sein, des gealterten Kaisers müde Schlachten durch seine Siege wieder ausgeglichen, seinen Namen gerächt, das von ihm Verlorene zurückerobert zu haben? Der Kaiser erlebte noch St. Quentin; ein Jahr später, im September 1558, wird für ihn die Stille von Yuste zur ewigen Stille.

Unerreichbar ist der Schatten des Vaters. Er hat die Erfahrungen des Krieges vorweggenommen; er verzichtete zugunsten des Glaubens, ehe der Kampf begann. Allein in dem verlassenen Kloster zwischen den Bergen erfüllte sich die menschliche Bestimmung, wurde das Diesseits rein für das Jenseits gelebt. Denn einmal darf es sich auch ein König gestehen: alle Pflichten und Ämter der Erde verlieren ihr Recht vor dem Leben in Gott. Wenn das Jenseits so tief in den Menschen eingreift, daß er ihm hier schon ganz gehört, ist es dann nicht töricht, von ihm noch Taten zu fordern? Ist dann nicht das Ziel erreicht? Und das Ziel ist, keinen Teil mehr zu haben an der Erde.

Philipp kennt Yuste; im Auftrag des Vaters war er dort, ehe er zum erstenmal nach England reiste. Er sollte das Kloster prüfen, ob es den Frieden der letzten entrückten Abendstunde umschließen könne. Diesen Auftrag, den persönlichsten und wichtigsten, den er noch zu vergeben hatte, übertrug der Vater dem Sohn.

Wie im Leben, so ist der Vater auch im Tod voraus. Zu leben wie der Vater, um dann des Vaters Tod zu sterben, dieser Wunsch steigt als ein neues Ziel vor dem Sohne auf. Denn die Krönung des Lebens ist ihm der Tod. Ist Philipp der Herrschaft schon müde? Er empfindet sie ganz als das Amt und

hofft auf den Tag, da dieses Amt von ihm genommen wird. Lag nicht in Karls Worten selbst eine Hoffnung, ein Versprechen für sehr ferne Zeit, das bestimmt war, einer Erwartung in ihm zu begegnen? »Und wenn du es später jemals wünschen solltest, wie ich die Ruhe in der Zurückgezogenheit zu suchen, so wünsche ich dir einen Sohn, dem du das Zepter mit ebensoviel Freude übergeben kannst, wie ich es heute tue.« Schimmerte aus diesen Worten nicht zum erstenmal die Erfüllung?
Auf das Reich, das der Sohn beherrscht, hat der Vater, der Schöpfer und Verteidiger dieses Reiches, verzichtet; es verlor seinen Wert in demselben Augenblick, da es Philipp empfing. Nur die göttliche Aufgabe blieb. Es blieb nur die Last, der Dienst. Jener große schwermütige Feiertag, der eben in Yuste verdämmert war, läßt für den Sohn einen letzten, niemals schwindenden Schimmer am Himmel zurück. Unter der Überlast der Pflichten plant der soeben vom Sieg und von raschen Erfolgen Gekrönte schon ein Werk, das bestimmt ist, auch ihm einmal diesen Feiertag zu gewähren.
Bei der Belagerung von St. Quentin mußte die spanische Artillerie ein Kloster zerstören, das dem heiligen Laurentius gewidmet war. Ehe die Beschießung einsetzte, ließ Philipp die Mönche mit dem Sakrament und allen Heiligtümern das Kloster verlassen. Dann legten die Geschütze das Gebäude und den hinter ihm laufenden Wall nieder und öffneten damit eine Bresche in die Stadt. Dem Heiligen, dessen Haus zerschossen wurde, gelobte Philipp, ein neues in Spanien zu errichten. Da aber der Tag der Schlacht auch der Tag des Heiligen war, so schrieb der fromme König seinem Beistand den Sieg zu. Nichts entscheidet sich auf der Erde; sie ist immer dem Ewigen geöffnet und nimmt seine leitenden Ströme auf. Sie empfängt nur und verwandelt. Nun verbinden sich die beiden Pläne: der Vater, dem er nachfolgen will, starb im Kloster, und ein Kloster will Philipp bauen. Wenn er dieses Kloster baute, um selbst darin zu wohnen, und nicht nur im Alter, nein, bald, um unter der Wucht seines Amtes immer die Nähe des Ewigen zu

spüren, der es ihm übertragen? Mildert sich so das Gewicht der Welt? Ist er sich so ganz seines Dienstes und der zeitlichen Begrenztheit dieses Dienstes bewußt? Die Erlösung und die große Freiheit nach dem Dienst, sind sie so am nächsten?

Quentin und Yuste; der Sieg und der Tod; der vom Himmel verliehene Triumph und das Ende aller irdischen Herrlichkeit; die Erfüllung des Amtes und die Erlösung vom Amt sollen in *einem* Bau gestaltet werden. Im Lärm des Krieges, im schleppenden Gang der Vertragsschlüsse formen sich vor dem Einsamen zum erstenmal die strengen Linien des Escorial, der zum tiefsten Ausdruck seiner Hoffnungen und seines Wesens werden soll. Im Bauwerk verrät sich der Mensch, der sich ausdrückt, um, ganz umgeben von seiner eigensten Art, von seinem zum Raum gewordenen Innern, sich zu vollenden. Der Krieg ist zu Ende; er ist der einzige, an dem Philipp teilgenommen hat, doch auch in diesem stand er niemals im Gedränge der Schlacht. Margarete von Parma, seine Halbschwester, übernimmt die Regentschaft der Niederlande. Fünf Jahre war Philipp im Norden, drei Jahre in Flandern, doch er spricht auch jetzt nur spanisch und ist nur von Spaniern umgeben. Mit zweiunddreißig Jahren kehrt er auf die Halbinsel zurück, um sie nie mehr zu verlassen. Die Nachricht, daß das Luthertum in Spanien eingedrungen ist, hat ihn auf das heftigste erregt. Wiederholt ruft er auf dem Schiffe aus, daß er lieber alle seine Länder verlieren als über Ketzer regieren wolle. Vielleicht muß er in der Tat verlieren, um den Glauben zu erhalten; vielleicht verwirklicht sich der Glaube »in seiner ganzen Reinheit« auf Erden nicht – oder nicht mehr.

Die Küste der Niederlande versinkt; Philipp fährt auf demselben Meer, das drei Jahre früher der Kaiser befuhr; wieder ist ihm der Vater voraus. Wie ein steinernes Gebirge türmt sich seine Aufgabe; aber am Fuß des Berges sieht er den Bau, in dem er sie bewältigen wird. Durch die langen Gänge geht der Schatten des Vaters; das Bild des Kaisers, der endlich verzichtete, wird ihm den Weg weisen auf der Erde und über die Erde hinaus. Das Leben und der Tod in Yuste sollen noch einmal verwirklicht werden.

YUSTE

Der Unbekannte, der aus Andalusien zu kommen schien, bat die Mönche auf das dringendste, vor den Kaiser gelassen zu werden. Er habe eine Nachricht von höchster Wichtigkeit zu überbringen, von der das Geschick der Welt abhänge. Nur dem Kaiser selbst könne er seinen Auftrag bestellen; lasse man ihn aber nicht vor, so würden entsetzliche Dinge geschehen. Einer der Mönche ging. Doch nach einiger Zeit erschien Karls V. Beichtvater Juan de Regla, der dem Aufgeregten erklärte, er sei vom Kaiser angewiesen, mit ihm zu sprechen. Der Fremde solle ihm an Stelle des Monarchen sein Geheimnis vertrauen; er werde es auf das genaueste übermitteln.
Wie, der Kaiser gewähre keine Audienz? – Der Kaiser spreche mit keinem Fremden mehr. – Der Unbekannte war völlig verzweifelt. Er wankte und stürzte mit dem Rücken gegen die Wand des kleinen Empfangsraums; dann sprang er wieder auf, wütete mit den Fäusten gegen seinen Kopf, schlug die Hände zusammen, schrie, weinte, seufzte erschöpft und brach gleich darauf von neuem in Klagen und Prophezeiungen aus. Nun sei die Welt nicht mehr zu retten; allein in der Macht des Kaisers habe es gelegen, zu helfen; das Unheil komme; er müsse es mit ansehen, wissend, daß es zu verhindern war und nicht verhindert wurde.
Unbeweglich hörten die Mönche seine Drohungen an. Als er einsah, daß seine Worte und seine Schmerzen, wie heftig er sich auch gebärdete, nur in den Steinen Widerhall fanden, machte er sich endlich gebrochen auf. Noch schickte der langsam in den grünenden Garten und von dort den Gebirgspfad

hinunter Steigende seine Warnungen und Seufzer zurück, die den Schatten eines gewissen Verhängnisses über den Berg und das kleine, in voller Sonne brütende Kloster breiten sollten; dann verhallte endlich die drohende verzweifelte Stimme. Die Mönche zogen sich wieder in die Kühle zurück; die Tür wurde von innen geschlossen. Über Yuste wechselten die Gestirne, aber es geschah nichts. –

Der einstmals Gewaltige, der mit solcher Ruhe den verwirrten Hilferuf der ewig geängstigten, widerstrebend und unwiderstehlich von Unheil zu Unheil stürzenden Welt von sich abwies, hatte selbst die Anweisungen für den Bau seiner letzten Wohnung gegeben. Sie war für einen Müden bestimmt, der sich für den Schlaf bereitete, einen Verwundeten, der bald die Kraft nicht mehr haben werde zu gehen; ihr Mittelpunkt war nicht ein Saal, sondern das Bett. Vom Bett aus sah der Kaiser, wenn er sich nach rechts wendete, durch die von zwei Fenstern durchbrochene anschließende Garderobe auf den Hochaltar der Klosterkirche; wenn seine Kräfte ihn verließen, so wohnte er doch noch dem Opfer bei; richtete er seinen Blick nach links, so erreichte er, gleichfalls durch ein Fenster, wieder einen Altar, der in dem Saal neben der Schlafkammer errichtet war. Das Fenster vor ihm aber öffnete sich auf den neuen, breiten Klosterhof, wo um ein Brunnenbecken die Orangen, Cidren, Zitronen und Bergamotten reiften. Auch in seinem Rücken nahm in einem zweiten Hof eine klare Wasserfläche den Widerschein sich rundender, heller und tiefgoldner Früchte auf. Um das Kloster entfalteten sich die Bäume so üppig, daß sie es wagten, an zitternden Zweigen ihren Reichtum durch die Fenster hereinzuhalten, um ihn den Vorübergehenden anzubieten und ihnen den zerstreuenden Weg in den Garten zu ersparen. Von dem Berge San Salvador, wo eine uralte Eremitage stand, rauschten zwei Flüsse nieder: der Yuste und sein kleinerer Bruder, der im Garten gefangen wurde und die Bäume und Sträucher begießen mußte. Drunten an den Hängen sprangen wieder Quellen hervor; soweit der Blick reichte, schwankten die Wipfel der Kastanienbäume, verknotete sich der Weinstock, sammelten die Gärten dunklen Schatten unter ihrem Laub. Yuste, wo in vielen Tagen kein Wanderer vorüberkam, wo selbst die Armen nicht mehr erscheinen durften, um ihre Almosen zu empfangen, wo die Boten sich verirrten, war das Gefängnis aller, die noch am Menschen hingen, und das Paradies der Überwinder.

Auf der anderen Seite der Kirche lag die neugebaute Wohnung des Kaisers; sie war nur aus Holz gezimmert, aber dennoch geräumig und kühl. An sie schloß ein Gang sich an, der das volle Licht der Sonne aufnahm. Hier saß der Kranke oft und ließ die stille Gewalt der Strahlen auf die schmerzenden Glieder wirken. Das Kloster war gegen Süden gerichtet; der Winter dauerte nicht länger als einen Monat. Auch von den Wohnräumen leitete ein Fenster das Auge auf den Hochaltar. In keinem der Gemächer duldete der Kaiser ein Wappen oder die Zeichen der vergangenen Herrschaft.

Der Uhrenmeister war der erste, der morgens die Kammer des Kaisers betrat, um die Uhr aufzuziehen, die nach Karls Willen auf dem Büfett stand. Galt auch in Yuste die Zeit? War es der Schmerz im Pendelschlag, der ihr Eingang verschaffte? Die Stunden sollten ziehen nach dem festen gewohnten Maß, ohne sich zu überhasten oder zu verzögern; während der Zeiger tausend- und tausendmal seinen kleinen Kreis beschrieb, wurde eine Krone schal, ein Zepter zunichte. Er soll weiter, bis sich die Vergänglichkeit in steter Wiederholung erschöpft und der noch immer nicht besiegte Schmerz zum Schweigen gezwungen wird.

Mit der Erinnerung an die Zeit begann der Tag; streng gemessen rollte er ab. Dem Uhrenmeister folgte der Beichtvater, der mit dem Kaiser betete. Dann kamen die Barbiere, die seine kranken Gliedmaßen behandelten, und die Kämmerlinge, die ihn ankleideten. In Begleitung seiner Dienerschaft ging Karl zur Messe. – Während des Essens disputierten der Arzt und ein Edelmann über Feldzüge und die großen Taten der Geschichte. Nannte man die Schlachten, die Siege dessen, der schweigend am Tische saß? Hörte der Kaiser den Berichten seiner Taten wie einer Sage zu? Aber die Strategie des Mächtigen galt nichts mehr vor dem Dienst des Verzichters an seiner Seele. Denn oft ließ Karl bei Tische aus frommen Büchern vorlesen; nach der Mahlzeit hörte er die Predigt an.

Wenn die Boten mit Briefen des Königs anlangten, erwachte das Temperament des Cäsaren. Heftige Schmähworte auf Alba fielen, der den italienischen Krieg zu lau führte und einen vorzeitigen Frieden schloß mit dem Papst. Warum nutzte Philipp seine Siege nicht? Warum war er nicht selbst in der Schlacht von St. Quentin? Er, der Kaiser, hätte gewiß den Kampf und den Triumph nicht versäumt.

Aber drückender noch war die Sorge um die Religion. Das Aufkommen der Ketzerei in Sevilla, im eigenen Land, ließ den Herrscher, der sich seines Thrones begeben hatte, noch einmal jene einzige Verantwortung fühlen, von der weder er selbst noch irgendeine irdische Macht ihn befreien konnte. Indessen, ihm blieb keine Gewalt. Auch das Nächste und Dringlichste konnte er nur dem Sohne vorstellen, dem König von Spanien. So diktierte er einen Brief an Philipp nach Flandern: er möge die spanischen Lutheraner auf das härteste bestrafen lassen; so unbedeutend die Bewegung sei, so sei sie doch ein Anfang. Wenn er, der Kaiser, selbst imstande wäre, dies zu tun, so würde er sich nicht mit Worten begnügen. Doch der Brief schien ihm noch nicht eindringlich genug, und so fügte die von der Krankheit verkrüppelte, eines Dienstes kaum mehr mächtige Hand noch eine Mahnung an: Sohn, dieses schwarze Geschäft hat mich so empört, wie Ihr es Euch denken und vorstellen könnt. Ihr müßt schreiben und die Sache von der Wurzel angreifen mit großer Strenge und schärfster Bestrafung. –

Hatte er nicht Stunden, in denen er seine frühere Autorität entbehrte? Als er angekommen war in Yuste, hatte ihn der Abt, der nicht wußte, ob er einen Mönch oder einen Kaiser vor sich hatte, mit »Paternidad« angeredet; das Wort verwundete so sichtbar, daß ein Dabeistehender den Verwirrten rasch aufmerksam machte und dieser sich mit der Anrede »Majestad« korrigierte. Aber die Reise von der Küste nach Yuste, im Regen, fast ohne Begleitung und ohne Geld, konnte sie überwunden werden? Seine Ankunft war nicht gemeldet worden; niemand glaubte daran, daß er kam. Die Ärzte fehlten, die ihn behandeln, die Priester, die die Messe zelebrieren sollten. Er konnte seine Leute nicht entlohnen; der Empfang, den man in den überraschten Städten dem Machtlosen übereilt und ratlos bereitete, ekelte ihn an. Was war er? Sprach er nicht dieselben Worte wie sonst? Und doch hatten sie plötzlich keinen Hall. Warum war das Geld nicht bereit? Die Umkehr, die er geglaubt hatte, selbst in Händen zu haben, begann ihn schon zu vergewaltigen. Auf der schlechten Straße, vom Wetter gepeinigt, von der Krankheit gequält, vom Glanz schon verlassen, durchlitt er die Bitterkeit seines Verzichts.

Aber dann befreundete er sich mit den Mönchen. Er lud sich selbst zu Gast ins Refektorium, ob er auch kaum am Tisch sitzen und das Gerät gebrauchen konnte. Die Speisen waren ohne Rücksicht auf den Gast nach den Gewohnheiten des Ordens zubereitet, und der Kaiser lobte sie sehr. Bald erfuhren die Brüder, wie sehr sich der Fremde über die Erdbeeren freute, die sie ihm pflückten. Er behielt sie in seinem Zimmer und achtete streng darauf, daß keine verlorenging und niemand davon aß.

Vor einem der nach Süden gerichteten Fenster spielten die Forellen in einem Teich, der mit glitzernden Azulejos ausgelegt war. Auf dem Balkon auf einem Stuhle sitzend fand der Sieger von Pavia Gefallen daran zu warten, bis einer der schmalen eigenwilligen Fische seiner Angelrute verfiel. Er fühlte die Wohltat der Sonne auf seinem gemarterten Leib, die Mönche mieden den Garten, niemand wagte es, die kreisende gleitende Bahn der Fische zu stören, von denen das Glück und die Freude eines Tages abhängig waren.

Die Äbte der umliegenden Klöster besuchten den Einsiedler; auch die Adligen kamen, um ihm die Hände zu küssen. Einmal trat eine Frau, gefolgt von einem blonden Knaben, durch die Tür des Oratoriums in die Gemächer des Kaisers ein. Der Knabe, den niemand kannte, war von aristokratischen Maßen, und es schien, daß der alte gebrochene Mann einen besonderen Trost finde in seinem Anblick, denn er ließ ihn öfters zu sich kommen. Dennoch verriet er lebend das Geheimnis nicht, daß die Mutter des kleinen Gironimo, eine Deutsche, in Regensburg, als seine Straße sich schon senkte, für ein paar flüchtige Stunden seine Schwermut gelichtet hatte.
Geschenke wurden gebracht; jede Woche trug ein Bote des Priors von Guadalupe Früchte und Wildbret herauf; die Prinzessin Juana, des Kaisers Tochter, schickte Porzellan. Dem Einsamen machte es Freude, mit einem Papagei und einer kleinen Katze sich zu unterhalten, die ihm die Königin von Portugal, seine Schwester, aus Lissabon gesandt hatte. Das unermüdliche, sinnlose Geplauder des grünen Vogels erlöste endlich von den schallenden Worten der Menschen; in den geschickten Schlägen und Griffen der weichen, mit Krallen besetzten Pfoten, denen die des Zepters entledigte Hand den Stock oder den Zipfel des Mantels hinhielt, wurde aller Ernst zum Spiel.

Auf den Tag des Apostels Matthias fiel das größte Fest in Yuste. Er war der Geburtstag des Kaisers; an diesem Tag war er gekrönt worden, hatte er den Sieg von Pavia gewonnen. Die Kirche wurde geschmückt; aus weiter Ferne kam das Landvolk, um den Monarchen zu sehen. Endlich trat er aus der Tür des Oratoriums zwischen seinem Hausmeister und einem Edelmann, die ihn stützten. Ein schmuckloses, völlig schwarzes Gewand floß über die gebrochene Gestalt; nur das Vlies schimmerte um den Nacken. Langsam, mit unendlicher Mühe bewegte er sich auf den Altar zu. »Ist das der Kaiser?« wagte ein Enttäuschter zu fragen. Mit Hilfe seiner Begleiter kniete Karl nieder, um so viel Taler zu opfern, als ihm Lebensjahre geschenkt worden waren, und noch einen dazu für ein neues, vielleicht schon nicht mehr erwünschtes Jahr. Dann richtete er sich in den Armen der Helfenden wieder auf und schleppte sich erschöpft aus der Kirche, wo die Menge, von einer furchtbaren Fremdheit und einem unbegreiflichen Schicksal berührt, schweigend zurückblieb.

Unveränderlich wie der Stundenschlag der genau geregelten Uhren, hallten die Gebete für die Lebenden und Toten in Yuste. Jeden Tag wurden zwei Messen für die Eltern des Kaisers, die dritte für seine Gattin, die Kaiserin Isabel, die vierte für ihn selbst gelesen. Donnerstags wurde eine feierliche Messe mit Musik für das Haus Habsburg zelebriert. Messen begleiteten die Ereignisse der Zeit: Philipps Schlachten, die Taten der Könige und Päpste, den Tod der Ritter vom Goldenen Vlies. Die Anordnung der Gebete und Opfer wurde zur letzten Form des Regierens.

Der Tag, an dem die Nachricht von den deutschen Kurfürsten eintraf, daß nach Karls Willen sein Bruder Ferdinand zum Kaiser gekrönt worden sei, war einer der dunkelsten in Yuste. Der Kaiser rief seinen Beichtvater: von heute an solle man ihn in den Gebeten nicht mehr Kaiser nennen und an die Stelle seines Namens den seines Bruders setzen. »Für mich ist es mehr als genug, wenn ihr mich Carlos nennt; denn nun bin ich nichts mehr.« Dann befahl er, alle seine Diener in sein Zimmer zu schicken, um ihnen den Brief der Kurfürsten vorlesen zu lassen. Als der Hausmeister geendet hatte, wiederholte der Entthronte noch einmal das tödliche Wort: »Ja, nun bin ich nichts mehr.«

Der Gärtner, der einen Topf besonders schöner Nelken mit den Insignien des Heiligen Römischen Reiches verziert hatte, mußte erfahren, daß der Gast das Geschenk nicht annehmen wollte. Dann aber, als die Krone entfernt war und die Blüten duftend und rein im Zimmer standen, so wie sie an einer besonderen Stelle am Fuß des Gebirges gewachsen waren,

beugte sich der Einsame beglückt darüber und glaubte, Gott zu spüren in der ungetrübten Schönheit seiner Blumen.
Aber dieses Leben, das die Mönche liebevoll und ehrfürchtig betrachteten, war nur der von durchleuchteten Wellen gemilderte Widerschein der Tiefe. Derselbe, der morgens in seinem Bette mit leiser, noch immer tönender Stimme den Gesang aus der Kirche begleitete, hatte Stunden, da dieser Gesang ihm zur Marter wurde. Nachts klatschte in der Kammer die Geißel auf blutendes Fleisch. –
Rief ihn die Mutter nicht? Stand nicht am Anfang der Macht eine furchtbare Schuld? Wurde Johanna, die Wahnsinnige, in deren Namen er regiert hatte, die als ein Schatten fast während der ganzen Zeit seiner Herrschaft noch den königlichen Namen trug und heimlich Kastilien besaß, nicht geopfert? Philipp I., sein Vater, hielt sie wie eine Gefangene in Brüssel. Sie liebte den Gatten bis zum Wahnsinn; er betrog sie; ihre Eifersucht machte sie krank. Vor einem Heer von zehntausend Soldaten ritt sie an seiner Seite, ohne eine einzige Frau als Begleiterin zu dulden; sie bediente sich selbst; er sollte keine Frau neben ihr sehen. Hing sich so Kastilien mit seiner letzten, leidenschaftlichen Kraft an Habsburg, an das neue Geschlecht? Und wie bemaß Habsburg seinen Dank?
Gewiß, Philipp I. hatte Grund zu fürchten, daß seine Feinde Johanna als Mittel gebrauchen könnten, um ihm sein Heiratsgut zu entreißen. Sie war als Tochter ebenso ergeben wie als Frau; Ferdinand, der alte König von Aragon, der den Habsburgern Spanien nicht gönnte, konnte sie nutzen. Aber war Philipp I. nicht gerade deshalb zum mindesten der Anschein ihrer Krankheit erwünscht? Der schönste Fürst seiner Zeit war kalt, zynisch vielleicht. Johanna war ein Mittel, ein verachtetes Mittel.
Und dann, als er plötzlich starb, noch vor seinem dreißigsten Jahr, brach die Krankheit, die vielleicht erwünschte Krankheit aus. Und sonderbar! Nicht der Haß, nicht die Schmach konnten sie wecken, sondern einzig die Liebe. Vor dem Leich-

nam dessen, der sie vielleicht geschlagen, wie eine Gefangene behandelt, öffentlich mißachtet hatte, fiel diese Frau, in einem Übermaß von Leidenschaft die blauen Lippen, die starren Füße küssend, in Wahnsinn.

Der Büßer in seiner Zelle leidet noch immer an den untragbaren Bedingungen seiner Macht, seiner Tat. Denn nun erst geschah das Grauenhafteste. Die Frau, die noch über vierzig Jahre in dem einem Gefängnis gleichkommenden Schloß von Tordesillas ihren Mißhandler beklagte, die von ihrem Fenster auf den bleiernen Sarg hinuntersah und sich nur mit Gewalt von ihm trennen ließ, widersprach jeden Tag dem habsburgischen Gedanken. Ihr war die Herrschaft zu danken; sie war die Mutter des Kaisers und Glaubensverteidigers – und sie selbst glaubte nicht. Brachte man sie wider ihren Willen in die Messe, so schloß sie die Augen, wenn der Priester die Hostie erhob; am Weihnachtstage riß sie das Gerät vom Altar, vor dem ihre Tochter betete. Gelang es ihr einmal, dem dunklen Zimmer zu entfliehen, in dem man sie gefangen hielt, so rief sie den Wachsoldaten zu, sie sollten sich gegenseitig töten. Sie warf mit Krügen nach ihren Frauen; sie wollte Selbstmord begehen. Vergebens schickte man ihr die erlesensten Priester der Zeit; auch Francisco Borja, der Herzog, den der Tod ins Kloster getrieben, vermochte nichts. Johanna, die Königin von Kastilien, haßte die Religion. Mitten im Gebäude des Reiches klaffte dieser höllische Widerspruch. Der Kaiser, der die furchtbaren Edikte gegen die niederländischen Ketzer erließ, hätte seine eigene Mutter den von ihm angeordneten Strafen unterwerfen müssen. –

In den letzten Jahren gebrauchten die Wärter Gewalt; man glaubte, die Rasende durch körperliche Strafen bekehren zu können. Vergeblich. Die Anschuldigung schwieg nicht. Aber das Opfer sollte nicht nur für das Diesseits gebracht werden; denn Johanna starb, ohne das Sakrament empfangen zu haben. In Ewigkeit blieb das Opfer der Mission verdammt.

Wieder sieht der Einsame in den Abgrund der Tat. Ehe er es

übernahm, war sein Zepter entwertet; er mußte es dennoch führen, aber kein Leiden und keines der Werke, die notwendig geschahen, befreien von der Schuld. Die Forderung wurde erfüllt, und in der Forderung selbst lag die Verfehlung. Vor der Stimme der Geopferten aber kann keine Verheißung schützen. Eines Tages, als er sich wohler fühlte als sonst, ordnete Karl die Totenfeiern für seine Eltern und für die Kaiserin an. Täglich erschien er in der Kirche hinter einem Pagen, der eine brennende Kerze trug. Während der Gebete verharrte er in tiefer Andacht neben dem Altar, ein armes, abgegriffenes Stundenbuch in der Hand. Als die Messen vorüber waren und er damit den letzten Dienst der Dankbarkeit getan hatte, rief er den Beichtvater zu sich: »Scheint es Euch nicht gut, Bruder Juan, daß jetzt, nachdem die Messen für meine Eltern gelesen sind, auch die meine gehalten wird, damit ich sehe, was so bald für mich geschehen wird?« – Juan de Regla wollte ihn ablenken. – »Meint Ihr nicht, daß dies meiner Seele nützen könnte?« beharrte Karl. – »Doch, Herr.« – »Gut, so laßt alles vorbereiten und beginnt bald.«

Vor dem Altar, im Kreis brennender Lichter, stand der Sarg. In tiefer Trauerkleidung ließ sich der Kaiser hereinführen; alle seine Diener folgten ihm in Schwarz. Die Messe begann. In der Halle erwachte Schluchzen, das zu heftigem Weinen wurde. Der Kaiser sah fest auf den verhüllten Schrein, der ihn, den Lebendigen, umschloß. Schweigsam, unter den Gesängen und dem sich verbrauchenden Licht lag er selbst, seines Daseins schon völlig entäußert und diesem Leben als ein Vorausgeschrittener entrückt in die grundlose Nacht. Er, ein wesenloser Schatten, betete für diesen Toten, dankte Gott für die Gnaden, die er ihm erwiesen hatte, weinte um ihn und sein Schicksal. Am Ende gab er dem Priester seine Kerze wie jener Tote Gott seine Seele übergeben hatte. Der Tote allein blieb wirklich und wahr; die Gestalt, die sich endlich von seinem Sarge trennte wie Rauch vom Feuer, war ein Trugbild, ein Mensch, ein Nichts.

Am Abend desselben Tages ließ sich der Kaiser in den Teil des Gartens bringen, der gegen Untergang gelegen war. Der Klosteruhr gegenüber setzte er sich nieder. Noch einmal verlangte er das Bild der Kaiserin Isabel. Die schmale blonde Portugiesin, die einzige, mit der er seinen Thron geteilt, sah ihn jugendlich und unverändert an. Auf ihrem Gesicht lag jene Schönheit höchster Art, die nur den Frühesterbenden als ein Widerschein und eine dunkle Voraussage verliehen wird. – Karl legte das Bild aus den Händen und erbat ein zweites, das Christus im Gebet auf dem Ölberg darstellte. Mit diesem verweilte er noch länger. – Dann wünschte er ein drittes: das letzte Gericht. Auf seinem Antlitz flackerte die Erschütterung; seine Augen wurden nicht mehr frei; wie einer der Mönche, die oben in den Bergen wohnten, versank er in Meditation. Endlich warnte ihn der Arzt. Der alte Mann mit dem weißen zitternden Bart sah auf: »Malo me siento.« Schauernd hüllte er sich in den schwarzen Mantel, und in der kühlen, vom Gebirge niederrinnenden Luft ließ er sich eilig in das Gebäude bringen, an dessen Wand die sorgfältig überwachte Uhr ihre Zeiger sicher weiterschob.

Der Kaiser stand nicht mehr auf. Sobald das Fieber einsetzte, ließ er sich sein Testament vorlesen, um es noch einmal zu prüfen. Die Sakramente brachten ihm Trost. Bis zuletzt verließen ihn das Bewußtsein und die Fähigkeit zu sprechen nicht. Er wurde nicht müde, den Mönchen zu sagen, welchen Psalm sie ihm lesen, welches Gebet sie mit ihm sprechen sollten. Als er den Schatten auf sich fühlte, sagte er ruhig: »Es ist Zeit.« Mit seiner Rechten ergriff er das Kreuz, mit dem Isabel, die junge Kaiserin, gestorben war, und führte es an die Lippen. In der Linken hielt er eine geweihte Kerze für die lange dunkle Fahrt.

Die Mönche, die der rätselhafte Gast so rasch wieder verlassen hatte, erlebten wunderbare Dinge. Im Zimmer des Kaisers grünten zwei Lilienstengel; sie waren gleich groß gediehen, und jeder trug eine Knospe. Der eine entfaltete in der Todes-

nacht eine strahlend weiße, duftende Blüte, aber der andere erschloß sich nicht. Er verdorrte und verging, ohne daß sein Kelch sich geöffnet hatte. So war die Seele des großen Verzichters aus der Dürre der Vergänglichkeit errettet worden vom Herrn.
Am Tage nach des Kaisers Tod setzte sich ein Vogel, der so groß war wie ein Pfau, auf das Kreuz der Kapelle; und der sonderbare Schrei des Vogels ertönte wieder, als einige Tage darauf die Königin von Ungarn aus Schmerz über den Tod des Bruders starb.

DER SPANISCHE KÖNIG

Auf der Heimfahrt nach Spanien gerät die Flotte in einen Sturm; viele Schiffe fallen ihm zum Opfer. Die Schätze, die Karl V. gesammelt und Philipp anvertraut hatte, versinken im Golf von Gascogne. Aber nicht nur die Schätze, auch die Krone des Kaisers ist versunken; kein spanischer König wird sie mehr tragen. Nach dem höchsten Reif, der die Stirn des Vaters schmückte, greift Philipp nicht.
Als er in Deutschland war, sprach er Latein, die Sprache Roms; es war nicht schwer vorauszusehen, daß man im Lande Luthers von einem Kaiser nichts wissen wollte, der sich mühevoll auf lateinisch mit den Fürsten unterhielt und froh war, sobald er diesen den Rücken kehren und mit seiner Umgebung wieder spanisch sprechen konnte. Philipp machte keinen Versuch, diese Schwierigkeit zu überwinden, im Norden weniger fremd zu erscheinen. Er ist dort fremd, er will es bleiben, und selbst der Wunsch des Vaters ändert an dieser Haltung nichts.
Er ist des Kaisers Sohn; der Kaiser aber war König von Spanien. Von Karl wurde der spanische Thron für alle Zeit auf die höchste Stufe gehoben. Philipp behält den Titel »Ma-

jestad« als Sohn des Kaisers für sich allein; er gewährt ihn in seinen Briefen nicht einmal dem neuen Kaiser Ferdinand, seinem Oheim, und später der Kaiserin Maria, seiner Schwester, die er nur »Alteza« nennt. Denn das Reich verlor als Herd des Aufruhrs gegen die Kirche in seinen Augen die Würde. In den österreichischen Landen kommt auf 30 Bewohner kaum ein Katholik; in Wien, der Stadt, die sich am entschiedensten der Wandlung ergab, wurde seit einem Jahrzehnt kein Priester geweiht. Von nun an wird Madrid die Hauptstadt der Habsburger, ist Philipp das Haupt der Familie. Er trägt die Verantwortung für das Schicksal des Geschlechtes. Rudolf, der künftige Kaiser, Maximilian, der die Niederlande regieren wird, Wenzeslaus, der im Orden des heiligen Johannes zum Großprior von Kastilien wird, Albert, der künftige Gouverneur der Niederlande, sie alle werden in Spanien, unter der wachsamen Leitung Philipps II. und durch den persönlichen Umgang mit ihm erzogen und zu Herrschern gebildet. Spanien ist die Schule der Könige; spanische Religiosität, spanische Weltbetrachtung werden von ihrem strengsten Vertreter der neuen Generation gelehrt zu einer Zeit, da die regierenden Glieder des Hauses auf eine gefährliche, wenn auch noch undurchsichtige Weise sich zum Neuen neigen. Aus spanischem Lebensgefühl heraus geht an Habsburg in Jahren der Gefahr die Mahnung an die Tradition.

Gewiß lag es kaum in den engen Grenzen von Philipps Anpassungsfähigkeit, sich dem Norden zu bequemen; ihm und seinem Stammland konnte jedoch diese Begrenzung durchaus nicht als Nachteil erscheinen: mehr als die Kaiserkrone wiegt der Titel eines katholischen Königs, und bald ist es nur noch der Beherrscher Spaniens, der ihn mit Recht führen darf. Während die Zeit alle Werte zu verwandeln scheint, betont Philipp mit der ganzen Entschiedenheit seiner Person und seiner Macht die unveränderliche Geltung dieses Titels; er wurde geprägt in der Verteidigung der Kirche, und die Kirche erkennt keine zeitliche Umwertung an. Mag der Boden aller irdischen Lebensbedingungen schwanken; mögen im Wechseln, Fallen und Fluten der Lebensströme die beweglichen Bilder der Welt, die sich die Menschen formen, sich verfärben, auflösen, nach einer neuen Rundung und Geschlossenheit suchen, oder selbst die Beziehungen zwischen den Menschen und Geschlechtern in unablässigen Krisen endlich ihre Vorzeichen vertauschen: die Kirche, soweit sie den Anspruch erhebt, Verwalterin des Ewigen zu sein, lehnt jede Anpassung an die Verwandlungen ihrer Umwelt ab. Nur so kann sie ihr Recht dartun, ihre Gründe rechtfertigen.

In dieser Perspektive erscheint Karls Verzicht als ein letzter machtvoller Akt der Verteidigung, ein Protest gegen das Neue, eine eigentlich spanische Tat: auch in seiner Abdankungsrede gedenkt er der ketzerischen deutschen Fürsten, die seine Pläne durchkreuzt hatten. Vor der Umkehr nach Spanien repräsentierte Karl im Saale zu Brüssel Spanien noch einmal auf das nachdrücklichste vor der Welt. Die katholische Weltherrschaft ist gescheitert; der aber, der sie als letzter besaß, legt die Krone freiwillig nieder, um nun ganz der unverrückbaren katholischen Glaubenswahrheit zu leben. In dem Augenblick, da aus dem geschlossenen Machtbezirk des Glaubens ein gewaltiges Sprengstück sich löst, wird er im Innern, in den Klostermauern der Versenkung, um so tiefer durchlebt und verwirklicht. Was der Glaube an äußerer Macht verliert, das gewinnt er bald an innerem Reichtum; unwidersprechlich aber gilt von nun an das Gesetz, daß Glaube und Herrschaft sich nicht mehr decken, daß dem inneren Reich die äußere Gestalt versagt bleiben wird. Es gilt auch dann, wenn es nicht erkannt wird. Unermeßlich ist die Seele, unzulänglich die Welt. Bald verzehren sich die edelsten Kräfte der Nation im Kampf um das Jenseits, und fast nur noch Schurken und Verbrecher fahren übers Meer, um zu erobern oder zu verwalten. Während die heldenhafte Schar von Mystikern und Heiligen sich in den Gründen der Seele verliert, die das Dunkel der Gottheit erfüllt, verspielen, verschachern, vergeuden die verlotterten Beamten und Abenteurer Stück um Stück des irdischen Besitzes.

Der Kaiser kehrte zurück, um zu beten und zu sterben; Philipp, sein Sohn, kehrt zurück, um nie mehr die Halbinsel zu verlassen; es ist, als würden die Türen und Fenster des Hauses geschlossen, damit im Innern, beim Schein der Kerzen, von dem kaum noch ein Schimmer durch die Ritzen fällt, das neue, das wesentliche Leben beginne.

Unter der brennenden Sonne des Kaisertums welkten die Schätze, die Kräfte hin; Spanien wurde arm für sein Ansehen, vergeudete sich in Europa, um den Kaisertitel seines Königs zu bezahlen. Obwohl es Kolonien besitzt, deren Umfang niemand bekannt ist, und in ihnen Schätze, die erst der Spürsinn von Jahrhunderten entschleiert, fehlen, solange Philipp regiert, ungeachtet verzweifelter Versuche, die Not zu beheben, die wichtigsten Mittel.

Nun aber, da der Kaiserglanz erloschen ist und die große Dämmerung beginnt, unter der Regierung des ernsten, schweigsamen, unbeweglichen Königs findet Spanien seine Form; nun sagt es der Welt sein tiefstes, sein eigenstes Wort. Jener Exzeß der Innerlichkeit, jene rücksichtslose Verachtung der Realität, die in solcher Entschiedenheit und Konsequenz nicht mehr gewagt worden sind, verwirklichen sich jetzt. Wenn Philipp schwerfällig und abweisend an deutschen Tafeln sitzt; wenn er die Hand nur flüchtig ausstreckt nach der deutschen Krone; wenn er selbst in den Niederlanden sich zu keiner Konzession bereit finden kann, so vertritt er sein Volk und das Vermächtnis, das Spanien der Welt zu übergeben hat. Dieses Versagen im Norden ist der Grundstein der Vollendung. Als Karl V. nach seiner Krönung aus den Niederlanden zurückkam, stieß er auf Aufruhr, mußte er harte Kämpfe führen mit seinen eigenen Untertanen und Gericht über sie halten; wie Philipp kommt, jubelt man ihm zu. Schon jetzt wird sein Name mit größerer Liebe genannt als der des

Vaters; er ist von Spaniern umgeben, wie er mit Spaniern auszog; er strebte nach keinem fremden Titel. Für ihn gibt es keine höhere Würde als die des Königs von Spanien: des katholischen Königs.

In den vierzig Jahren, die er nun regiert, und selbst noch unter der Herrschaft seiner Nachfolger, die mit schwachen und unfähigen Händen das verhängnisvolle Erbe eines Großen zu verwalten suchen – ein Erbe, das sich nicht vererben ließ –, lebt Spanien sich selbst; es lebt seinem Innern, das wie die Welt auf jenem wunderbaren Bilde des Bosch im sphärischen Nebelgebild aus dem schweren Schlaf seiner Formen erwacht; es lebt seinem Kampf um Gott. Während dem Verhängnis zufolge, das aller Vollendung innewohnt, die Schicksalsbahn erst langsam, dann schneller zu steilem Sturze sich senkt, bauen sich die Bogengänge des inneren Lebens fort; auch hier zerbricht einmal die Form, aber nur um das Unvergängliche zu befreien. Wenn es gewiß ist, daß das uns Bekannte nicht die letzte Form des Daseins ist, so kann eine Nation kein Vorwurf treffen, die für das Künftige lebt; damit, daß sie ihre Kraft verbraucht, um das Ewige in der ihr allein gewährten, einmaligen Form zu erfahren und zu übermitteln, rechtfertigt sie sich für immer. Denn mehr ist innerhalb der Begrenzung nicht erlaubt, als das Unbegrenzte in irdische Sprache zu fassen: das tiefste Eigentum in seiner reinsten Gestalt mit dem Ewigen zu verknüpfen. Ignatius von Loyola findet die Lebensform; die heilige Teresa, San Juan de la Cruz, Cervantes und, als ein letztes Erglühen weißer Gipfel in der Ferne, Calderon sprechen die Worte, denen notwendig Stummsein folgt. Tödlich bekämpfen sich Geist und Welt, Herz und Besitz; Seele und Herrschaft. Die Erscheinung des Ewigen hat ein Zerbrechen zur Bedingung. So öffnet sich über dem blutend hingestreckten Heiligen der Himmel; so macht sein Tod erst den Helden unsterblich; so hebt sich zu oberster Hoheit das tragische Gesetz aus jeder Zertrümmerung. Der Untergang ist die Bedingung des Sieges.

Es ist, als hielte Philipp, mit der höchsten Verantwortung betraut, die Hände über das Vollendungswerk seines Volkes. (Daß diese Vollendung nur durch wenige geschieht, im schneidenden Gegensatz zu ihrer Umwelt, und daß diese wenigen die Entscheidenden sind, versteht sich von selbst.) Alle Kriege, die Philipp führt, dienen der Verteidigung der Kirche und Spaniens; die beiden Ziele fallen zusammen. Nur der portugiesische Krieg trägt die Fahnen der Expansion, um eine große und zugleich gefährliche Idee zu verwirklichen, in der sich gleichfalls Religion und Politik vereinen. Die Politik ist nur ein Exponent der Religion und wird in allen ihren Bewegungen und Absichten stets von der Religion gelenkt. Hier vermag selbst die Renaissance nichts.

Nun, in der Verteidigung, unter der Voraussetzung des Verzichtes, gelingt es Philipp, die doppelte Aufgabe zu lösen. Um die Festung laufen Gräben; in den Zinnen droht Geschütz; Tag und Nacht wacht Philipp, der Kommandant, während im Innern das große Werk in tiefer Stille reift. So steht Spanien zu Philipps Zeit: eine Festung, aus der kein Ausfall gewagt wird; sie ist bewaffnet, verteidigt, getrennt. Aber wie in spanischen Häusern blüht das Leben im Innern, im Hof. Kein Fenster leitet von der Straße den Blick herein; doch aus der freien Höhe in der Mitte strömt das volle überklare Licht des Himmels.

Philipp läßt die Feinde des katholischen Glaubens über seine Absichten nicht im Zweifel. Unmittelbar nach seiner Ankunft in Valladolid, am 8. Oktober 1559, wird ein Inquisitionsgericht gehalten. Drei Lutheraner werden lebendig verbrannt. Von den Zeitgenossen, die das Inquisitionsgericht von Valladolid ausführlich beschreiben, erwähnt nicht einer die Anwesenheit des Königs; unter den Betrachtern aus späteren Jahrhunderten erwähnt sie kaum einer nicht. Schon hier beginnt jene Unklarheit über Philipps Verhältnis zur Inquisition, die beweist, in welchem Maße die Geschichtsschreibung und Geschichtsbetrachtung Ausdruck von Persönlichkeit und Weltanschauung ist, ohne jemals den Anspruch auf Objektivität aufgeben zu wollen. Nur bei vier Autodafés konnte der sorgfältigste und entsagungsvollste Forscher die Anwesenheit des Königs feststellen *.

Philipp trägt keinerlei Verlangen, diesen Gerichten beizuwohnen; auch das Volk drängt sich nicht zu ihnen hin. Ist doch nur die Urteilsverkündigung ein feierlicher Akt, der oft auf den Hauptplätzen der Städte vollzogen wird, während die Hinrichtung vor der Stadt an einem abgelegenen Orte erfolgt. Warum aber wohnte er jenen wenigen unter den zahlreichen Gerichten bei?

Auch hierzu bestimmt ihn zunächst sein Amt. Der Unterdrükkung des irrigen Glaubens will er das Ansehen seines eigenen Namens und das Gewicht seiner Persönlichkeit geben; denn er kennt keine höhere Aufgabe als die Reinhaltung der Religion. Aber unter der Härte dieser Pflicht bangt eine Frage, lockt eine Hoffnung. Unbeweglich blickt er nach der Stätte des Gerichts. Das Holz ist geschichtet; die Eisenringe, die man den Verurteilten um den Hals schließt, um sie zu erwürgen, ehe man sie verbrennt, sind bereit: Werkzeuge, dieser teuflischen Verstocktheit zu begegnen, letzte Mittel zur Rettung.

Während man den Unglücklichen über den Platz führt; während man ihn ein letztes Mal ermahnt und er, totenblaß, den Kopf schüttelt, als fühle er eine Gewißheit in sich, die ihn auch jetzt noch nicht verlassen könne, jetzt nicht und niemals; während man ihn an den Pfahl fesselt, und nun die Flamme plötzlich schrecklich aufzuckt und herfällt über das Holz, weicht der Blick des Königs von dem Unseligen nicht: geschieht nicht doch noch im letzten Augenblick das Wunder; wird der Gefesselte, um den schon der Rauch weht, nicht nach dem gespannt wartenden Priester verlangen; wird er nicht wenigstens sterben mit einem einzigen Wort des alten Glaubens auf den Lippen, das ihm den steinern verschlossenen Himmel öffnet?

* Carlos Bratli.

In solchen Augenblicken fällt auf den bleichen stummen König in seinem schwarzen Kleid der tragischste Schatten. Was hier geschieht, kann er nicht verstehen. Für ihn gibt es keinen Zweifel; nicht ein einziges Mal wird er sich fragen, ob er recht daran tut, diese Menschen verbrennen zu lassen; ebensogut könnte er an der Wahrheit des von Gott selbst geoffenbarten Glaubens zweifeln. Wenn aber im Norden, in Deutschland, den Niederlanden, Tausende und Abertausende sich fänden, die ebenso bereit wären zu sterben, für die es ebenfalls keine Rettung gäbe? In welche Zeiten hat ihn Gott geschickt; welche Taten will Gott von ihm?

Das Leben ist das Höchste nicht; die Erde ist eine Straße, die nur wichtig ist wegen ihres Ziels. Auch das Leiden, die Folter, Verlust der Güter, Gefangenschaft auf Galeeren, Krankheit wiegen gering in dieser unerbittlichen Welt. Von der Forderung, die an die Erde gestellt ist, können alle Qualen nicht befreien. Was sind Brandwunden, Schreie und Tränen? Christus starb; er wurde gegeißelt, verspottet, am Kreuz mit Essig getränkt. Er stirbt aufs neue; er leidet wieder, wenn der Gewinn seiner Opfertat verlorengeht. Soll die Furcht vor der Not des Fleisches als Entschuldigung gelten vor dem Gesetz?

Philipp glaubt; es ist vielleicht schwer zu verstehen, was Glaube ist, eine Zeit zu begreifen, in der noch das Absolute gilt. Denn von Geburt an sind wir an viele Wahrheiten gewöhnt. Mit dem Nebeneinander der Religionen beginnt das Nebeneinander berechtigter Überzeugungen; nun bildet sich das Ideal der Universalität, des alle Weiten umfassenden Blicks. Mit gleichem Recht und Unrecht treten für uns alle Gedanken und Religionen auf; alle haben, worüber wir längst übereingekommen sind, nicht ganz recht. Aber die Vielfalt der geistigen Welt und die Fruchtbarkeit der Konflikte zwischen gleichwertigen Vertretern haben wir uns längst stillschweigend entschlossen, mit der Wahrheit zu bezahlen. Jene Vertreter alle sind ja nur Schauspieler in einem pantragischen Drama. Wir suchen den Reichtum und die Weite; das Spanien

Philipps sucht die Eindeutigkeit und die Tiefe. In dem *einen* Schacht, wenn er tief genug getrieben wird, offenbart sich das Unsichtbare in seiner Fülle.

Was begegnet dem König im Auge des Ketzers? Ist es diese neue Zeit? Aber für Philipp gibt es keine Zeit. Er hätte es niemals verstanden, daß der oszillierende Strom sich wandelnder Lebensbedingungen und Gefühle bis in die Überzeugungen von den letzten Dingen vordringen und auch sie noch verfärben sollte. Er lebt auf der zeitlosen Hochebene unveränderlichen Glaubens als Vollstrecker des Dogmas.

Dieser König, der bald mit aller Schmach der Verleumdung übergossen wird, dessen Bild selbst die Erlesenen unwürdig verzerren, steht unbeweglich an der Kreuzung der Epochen. Wie auf dem Bild des Greco der Höllenrachen hinter dem leidenschaftlich Betenden klafft, so gähnt hinter ihm der Haß der heraufkommenden anderen Zeit. Er wendet sich nicht um; denn die Wahrheit, für die er lebt, kann nicht einen Augenblick erzittern. Wer kann von ihm fordern, daß er eine andere, eine zweite Wahrheit annimmt oder doch gelten läßt? Wer, der seiner Sache sicher ist, sucht nach einer anderen Sicherheit?

Und Spanien, sein Land, gibt ihm recht. Diese Gerichte entsprechen einer Forderung; sie erscheinen nicht nur wenigen notwendig; sie werden vielmehr von fast allen verlangt. Auch hier, wie immer, vertritt er sein Volk. Denn die Lehre Luthers, eine echt nordische Rebellion, deren Heftigkeit, zum großen Teil von politischer Agitation getragen, einmal selbst auf dem spanischen Felsenboden spürbar ist, kann sich hier nicht entfalten. Im Süden schließt sich die Form; im Norden lockt die Freiheit. Im Süden gelten der Dienst, die Vollendung, die Dauer; im Norden sind Dauer und Vollendung verdächtig, zwingt aller Dienst wieder zum Aufstand.

Aber selbst wenn sein eigenes Volk in immer größerem Maße der neuen Lehre verfallen wäre: Philipp hätte nicht gewankt. Satan ist große Macht gegeben: wenn er die ganze Welt verführt, so bleibt doch, auch ohne Vertreter, die katholische Wahrheit bestehen, wie eine letzte Felsenzacke über der Flut, die den sicheren Grund verrät. Auch der offenen Feindschaft einer Lehre, die schon falsch ist, weil sie eine andere ist, wird Philipp bereit sein, sich zu stellen.

Denn er ist nicht Besitzer, sondern Verwalter; ihm ist nicht allein die Sorge für das Leben von Millionen anvertraut, sondern, mit viel ernsteren Pflichten, die Verantwortung für ebenso viele Millionen Seelen. Er ist König für das Jenseits. Leben und Zeit sind nichts; der zeitliche Tod ist nichts, wenn er das Leben in der Ewigkeit erkauft. Das ist die namenlose Angst, die ihn foltert: daß Seelen verlorengehen könnten; daß das Volk, das er dem Herrn entgegenführen soll, abirrt vom Wege. Denn es ist vollkommen gewiß, daß alle, die der alten Kirche nicht angehören, in Ewigkeit Höllenqualen leiden. Und er sollte die Flammen, die in Minuten flackern, brennen und verlöschen, scheuen?

Mit dem Recht dessen, der selbst nicht besitzt, dem von seinem Amt sogar die Erfüllung des Wunsches, ganz nur als Mönch, als Entsagender zu leben, verweigert wird, darf er fordern. Er selbst bringt unermeßliche Opfer. Spät, im Escorial, entschleiert er seine Seele, aber auch dann ist es ihm nicht gestattet, ihrem tiefsten Verlangen zu genügen. Als ein Verbannter opfert er sich seiner Mission. Wer so dient wie er, mit dem höchsten Ziele vor Augen, scheut das Leiden nicht. Das Geleis der Welt führt in Ewigkeit über Katastrophen; unsere Gründungen brechen ein wie die Hütte, die ein Armer sich endlich baut, um sein Alter sicher zu verbringen. Nichts ist sicher, und am wenigsten das Alter, mit seinem angstvollen Blick nach dem Tod.

Vor der Aufgabe welkt die Farbenpracht des Lebens, doch auch die Wut der Schmerzen welkt, wie alles Zeitliche vor der Ewigkeit. Die großen Ideen vertragen sich mit einer gewissen Barmherzigkeit nicht. Unerbittlich tönt das Gebot in das Leben; sein Zwang wird es formen. Auch das Vermächtnis wächst nur unterm Zwang. Kraft der erlittenen Vergewaltigung wird das Leben einmal Zeugnis geben, daß es war, und wieder Leben wecken.

Durch die täuschenden Schleier humaner Jahrhunderte, in denen die Kämpfe versteckt sich abspielten, ohne jemals still zu stehen, bezwingt das Bild des spanischen Königs mit seinem Ernst. Doch selbst im Irdischen und Nächsten findet er seine Rechtfertigung. Die Konflikte und religiösen Kriege, die Europa erwarten, verlöschen, da kaum ihre ersten wilden Funken über die Pyrenäen wehten: Spanien wird, nachdem die Mauren bezwungen sind, von keinem inneren Krieg mehr erschüttert. In der Festung, durch deren Wehrgang der Schritt des Wächters geht, ist es still; tiefer senkt sich das Ewige in die erleuchteten Kammern. Der Aufruhr, der den von noch tragischerem Los betroffenen Norden durchtobt, wird kein Blut von Spanien fordern. So hört Philipp den Spruch der Inquisition, ohne ihn zu widerrufen; so stehen auch die oft verleumdeten Richter in einem harten Dienst. Das Mitleid hat kein Recht, dem Gesetz ihres Daseins zu widersprechen. Und dennoch ist es Philipp nicht fremd. Er bewies es im Krieg und später in seinen Verordnungen über die Behandlung der Kranken im Hospital des Escorial. »Vor allem müssen der Schreiber, der Krankenwärter, der Koch und die anderen Personen, die die Kranken bedienen, Geduld und Liebe beweisen. Ehe man die Kranken zu Bett bringt, soll man sie waschen und ihnen den Bart und die Haare schneiden. Man soll ihnen neue Hemden geben und ihre Kleider reinigen, damit sie diese sauber vorfinden, wenn sie das Hospital verlassen. Diejenigen, die Wunden tragen, soll man separieren, damit sie die andern nicht anstecken oder durch den Geruch belästigen. Den Sterbenden soll man die letzte Ölung in einem besonderen Zimmer reichen, damit die andern nicht davon angegriffen werden. Wenn ein Kranker im Todeskampf liegt, soll man die Glocke läuten, damit man im Dorf und im Kloster für ihn bete und er nicht sterbe wie ein Tier.«

Derselbe, der zwischen den tausend Forderungen seines Amtes Zeit hatte, solchen Vorschriften sich zu widmen, antwortet einem zum Feuertod Verurteilten, der ihm seine Grausamkeit vorwirft: »Ich selbst würde Holz herbeitragen, um meinen eigenen Sohn zu verbrennen, wenn er so schlimm wäre wie du.« An Verfolgten und Kranken übt er Barmherzigkeit; wo die Aufgabe ihm befiehlt, kennt er sie nicht.

Aber selbst das ganze Gebäude seiner Herrschaft würde stürzen, wenn er die neue Lehre nicht unterdrückte. Er regiert kraft des Sieges über die Ungläubigen. Wer sich vom Glauben löst, der löst sich vom Staat; wer den Glauben angreift, ist ein Feind des Staates. Der Ketzer ist zugleich Hochverräter; geistliches und weltliches Gericht begegnen sich in ihrem Spruch. In einer Zeit wildester Verwirrung bietet Spanien eine untadelig geschlossene Form. Der Panzer dient nur der Verteidigung, nicht mehr dem Angriff; aber kein Ring, kein Gelenk hat sich gelöst.

Diesem König, der seine Umgebung überrascht, wie er am Tage nach der Schlacht von St. Quentin im Harnisch auf dem Schlachtfeld erscheint, der als Verteidiger der Tradition doch schon ganz im Bereich einer neuen Epoche steht, war noch eine letzte Aufgabe aus dem Erbe des Cid bewahrt. Er sollte das Schicksal des Volkes, das unter seiner Herrschaft die Höhe der Vollendung erreichte, im ganzen Umfang durchleben.

Die Abneigung gegen die maurische Art steckt auch in ihm. Vielleicht ist sie der Grund, warum er so selten den spanischen Süden besuchte: dort mußte er bei jedem Tritt auf die Formen fremden Lebensgefühls, verhaßten Glaubens treffen. Der Widerwille gegen alles Maurische mag ihn selbst veranlaßt haben, Toledo zu meiden; es liegt im Schatten des maurischen Schlosses; nahe der Stadtmauer umkränzen noch immer die dreifachen spielerischen Bogen ein heidnisches Heiligtum. Ob man auch Christus malte auf die Wölbung: dies ist kein Raum, um Christus zu verehren. Das ganze Bauwerk ist zu leicht; es bildet einen Traumhimmel für müßige Phantasien, nicht eine eherne summende Glocke für Gott. Hier wird keine Last getragen, keine Last überwunden; wo kein Kampf ist, da ist auch keine Erlösung. Selbst die Kathedrale zeigt Spuren jener sonderbaren, unbegreiflichen Vermischung des Halbmonds mit dem Kreuz. Wenn die Mittagssonne über das Stadttor fällt, so steht ein schwarzer Halbmond aus Schatten über dem Eingang; so tückisch ist der Bogen gerundet, daß er den Schatten des Halbmonds wiederholt. Und die Straßen winden und drehen sich, immer wieder prallt der Blick ab an den Häusern; so oft der Schritt das Hindernis überwindet, bauen neue Häuser den Durchblick zu. Solchen Städten fehlt die Strenge, die Klarheit, die Unerbittlichkeit der Maße.

Immer noch spricht man arabisch in Spanien, leben die Mauren um Granada nach ihren mohammedanischen Sitten. Dieses maurische Gebiet ist wie ein Fleck auf dem Schild des Reiches, in dem sich die Wahrheit ungetrübt spiegeln soll. Unabweisliche Voraussetzung für die politische Einheit und Macht ist die Einheit der Religion, der Sprache, der christlichen Sitten; seit der Unterwerfung Granadas war es gewiß, daß die maurische Art untergehen mußte. Zwischen Mauren und Spaniern war kein Einverständnis möglich; nachdem sie sich auf der Halbinsel begegnet waren und dasselbe Stück Erde beiden zur Entfaltung dienen sollte, konnten sie sich nur vernichten, um sich zu vollenden.

Karl V. hatte den Ring der Verbote mehr und mehr verengt, wenn er auch, als ein Aufstand drohte, sich zu einem Vergleich entschließen mußte. Philipp setzt die Politik des Vaters fort. 1560 verbietet er es den Mauren, afrikanische Sklaven zu halten; drei Jahre später, Waffen zu tragen. 1566 führt er den entscheidenden Schlag: innerhalb von zwei Jahren müssen die Mauren ihre Sprache aufgegeben haben, selbst im privaten Leben; auch die arabischen Vornamen werden verboten. Die Frauen dürfen ihr Gesicht nicht mehr verschleiern; die Tänze, die Nationalgesänge sind untersagt; selbst die warmen Bäder in den Privathäusern, und jedes maurische Haus verfügt über solche Badevorrichtungen, werden verboten.

Hier treffen zwei Lebensformen mit knirschender Härte zusammen; zwei Weltbilder und zwei Religionen wollen sich zermahlen, und sie zerreiben die Menschen, die zwischen sie geraten sind. Auf uralte Gewohnheiten, auf die Bejahung der Art fällt das Verbot; mehr noch: es wird die Schmach befohlen; denn was kann entehrender sein für eine maurische Frau, als unverschleiert zu gehen? Maurische Gesandte bitten den König um Milderung; er vertröstet sie erst, denn Philipp gibt keine Antwort sogleich; dann lehnt er ohne das mindeste Zugeständnis ab. Nun bricht der Aufstand los. In den Bergen um Granada bekämpfen sich noch einmal Okzident und Orient, die Streiter Christi und Mohammeds. Der Kampf ist der härteste, der je zwischen den Unversöhnlichen geführt worden ist. Noch einmal, im Angesicht der Vernichtung, beweist der Halbmond seine Kraft.

Es ist, als hätten sich die ganze Wut des Angriffs und die Bitterkeit jahrhundertelanger, unaufhaltsamer Niederlagen, der niemals verlöschende Groll der Besiegten in dieser wilden, furchtbaren Berglandschaft verdichtet. Im Schnee, gegeißelt von den eisigen Winden der Sierra, treffen sich die Kämpfer auf den schroffsten Zinnen: einer muß den Todessturz tun. Der Felsgrat der Entscheidung trägt nur einen Schritt.

In einer Dezembernacht des Jahres 1563 erheben sich die Mauren der kleinen Gebirgsorte und fallen über die Christen her. Diese flüchten auf den Kirchturm, müssen sich aber ergeben. Sie sollen den Glauben abschwören, doch sie weigern sich. Die Marter beginnt. Den seligen Jeronimo de Mera winden die Aufrührer mit zusammengebundenen Händen an einem Seile auf den Turm, um ihn fallen zu lassen; dreimal erleidet er den Sturz. Auch jetzt noch umklammern seine Finger das Kreuz, pressen sich seine Lippen auf das heilige Holz. Eisige Grausamkeit schlägt die Finger ab, die das Zeichen des verhaßten Gottes halten; unter den Nadeln und Messern rasender Weiber stirbt Jeronimo, Christi Namen auf den Lippen. Aus dem Mund Gefesselter schießt die Flamme entzündeten Pulvers; die Zungen, die Gott loben, die Augen, die das Antlitz Christi suchen, verfallen Messern und Dolchen. Nacht und Zeit löschen die Bilder aus, und die Berge, die einzigen Zeugen, bleiben stumm.

So sterben zuerst die Christen eines bestialischen Todes; dann rollt die eiserne Kugel der Schuld auf christliche Schultern zurück. Die Rache bedarf keines Anlasses mehr; hier zieht nicht das Verbrechen wieder das Verbrechen nach. Zwei Tiere zerfleischen sich so in dieser Wildnis, weil sie sich treffen, weil sie zu zweit und nicht eines allein in diese Steinschluchten geworfen wurden. In dem Felsengebirge ihrer Zuflucht gründen die Mauren noch einmal ein Königreich, das letzte, das sie in Europa errichten: eine Herrschaft über Steinhänge, Gipfel und Klüfte, in denen die vertriebenen Soldaten Mohammeds sich verschanzen. Es ist ein Reich des Anspruchs, gefestigt auf eine verzweifelte Forderung.

Doch dieser Wille ist zu kühn, als daß er viele erfüllen könnte: einem König solcher Art erwachsen die Feinde im eigenen Volk. Er wird ermordet; auch der Verräter, der sich nach seinem Tode des phantastischen Thrones bemächtigte, fällt wieder durch Verrat. Die Geschichte der maurischen Herrschaft umkreist diesen einen Abgrund; Verrat lähmte die Expansion und höhlte das Fundament des letzten Bollwerks aus. Inzwischen drangen die spanischen Heere im Gebirge vor; Kühnheit und Uneinigkeit des immer hoffnungsloser werdenden Feindes bahnten ihnen den Weg.

Das Urteil des Königs ist hart und kann doch nicht milder sein. Die Mauren müssen das alte Königreich Granada verlassen und werden in der Mancha, in Alt- und Neukastilien, in der Estremadura und Galicien neu angesiedelt. Nur die bewegliche Habe dürfen sie mitnehmen, aller andere Besitz verfällt dem Staat. 1572 scheint noch einmal ein Edikt nötig, das die arabische Sprache auch den Verbannten verbietet. Solange nun Philipp II. regiert, stört kein maurischer Aufstand die Ruhe des Landes; unter Philipp III. erweist sich auch der letzte Schritt als nötig: die Mauren werden ihrer Bürgerrechte, die ihnen Philipp II. noch ließ, beraubt, und müssen das Land verlassen. Bis zum Ausgangspunkt mußten sie auf ihrer Entwicklungsbahn zurück, bis zur ersten Szene ihre Tat widerrufen, als sei nichts geschehen. Die ungeheure Fruchtbarkeit des Gegensatzes zwischen Christen und Mauren, an dem sich beide Völker bis zur Höhe ihrer reinsten Form und ihrer dauernden Schöpfungen entwickeln, wird mit der Unversöhnlichkeit dieses Gegensatzes bezahlt. Endlich kann die Halbinsel den fremden Körper nicht assimilieren. Die Elemente zerstören sich, ohne sich zu mischen.

So gewinnt das Christentum die letzte heidnische Enklave, die in seinem Bezirk zurückgeblieben war; während der Norden von Empörung zerfressen wird, erringt der Glaube jenseits der Pyrenäen noch einen späten Sieg. Erst jetzt, da sich der Norden Europas auf das nachdrücklichste von der katholischen Kirche abkehrt, feiert die christliche Wiedereroberung ihren letzten Triumph. Auch hier kommt, wie so oft, das Zeichen zu spät: schwerfällig werfen die Berge das Echo zurück, wenn es schon kein Ohr mehr erwartet. In den Niederlanden, in Frankreich, in Deutschland brennt der Glaubensstreit; noch größere Schlachten künden sich an; Spanien, das noch immer mit den Mauren kämpft, steht unter den Gesetzen einer vergangenen Zeit. Auch jetzt noch mit den Problemen des Mittelalters sich beschäftigend, löst es sich aus dem stürmisch bewegten, weckenden und wirkenden Wechselgeflute europäischen Lebens.

Denn nicht auf dem Land, auf dem Meer ist der Halbmond gefährlich als Siegeszeichen der neuen türkischen Macht. Die Flotte des Sultans durchschwärmt das Mittelmeer und wird im Bündnis mit den Korsaren der nordafrikanischen Küste zu seinem Herrn. 1566 ist sie kühn genug, das venetianische Zypern zu bedrohen. Nun scheint noch einmal in den Staaten des Südens das Gefühl religiöser Verbundenheit zu erwachen; (der Norden dringt freibeutend in die geöffneten Meere, unbesorgt um das europäische Schicksal, oder erschöpft sich im Kampf um eine neue Form, nachdem er die alte zertrümmert hat). Venedig ruft um Hilfe gegen die Türken, Papst Pius V. schließt sich ihm an und trägt die Bitte weiter zu Philipp. In Sevilla hört der spanische König den Antrag des Nuntius; vielleicht ist diese Stunde die größte seines Lebens. Denn nun steht er wirklich an der Spitze der Christenheit und Europas oder vielmehr der südlichen katholischen Hälfte des Erdteils, die für ihn allein noch gilt, nachdem die Reformation den Block zerspalten hat.

Eine kühne, aber was für eine sonderbare Idee flammte im Papste auf: wenn die türkische Macht aufs Haupt geschlagen, wenn Konstantinopel wieder erobert ist, dann ist der Weg frei nach Jerusalem. Eben hat das Konzil von Trient den Glauben aufs neue gewaffnet, fast schon unbesieglich gemacht; wenn jetzt, da der Sieg der alten Kirche sich wieder zuwenden will, das Heilige Land im Namen der katholischen Wahrheit von der Schmach heidnischer Herrschaft erlöst wird; wenn nun, kurz nachdem der große Angriff erfolgte, getan wird, was Jahrhunderten unerreichbar war, so werden die Irrenden ihren Irrtum sehen. So glüht noch einmal im Süden ein mittelalterliches Ideal, dasselbe, das um diese Zeit an der Peripherie des Erdteils Camoes zürnend und einsam verkündet; aber aus welcher Ferne fällt dieses unwirkliche, phantastische Licht auf die nüchterne Heerstraße der Zeit!

Die große Politik verknüpft sich, wie es scheint, mit der Romantik, wenn anders nicht aller Idealismus romantisch ist. Und merkwürdig: Spanien stellte der Flotte des Dreibunds einen Admiral von 24 Jahren, mit dem das Schicksal höchst romantisch verfuhr; es ist Juan d'Austria, der blonde Knabe von Yuste. Aus dem Testament des Kaisers hatte Philipp von seinem Halbbruder erfahren; kaum war er nach Spanien zurückgekehrt, so verlangte er ihn zu sehen. Ein anerkanntes Glied des Hauses Habsburg soll nicht unter seinem Stande leben. In einem Park bei Valladolid führte man ihm den noch nicht Vierzehnjährigen entgegen. Der junge König erstaunte: so viel Anmut verleugnete ihren Ursprung nicht. Vor den versammelten Hofleuten erklärte Philipp den Knaben für seinen Bruder, und Geronimo, der sich über das Rätsel seiner Geburt zergrübelt hatte, zog, ein plötzlich entzauberter Märchenprinz, in einem von Dienern erfüllten Palaste ein. Noch am Abend, als er mit seinen Hofleuten heimkehrte, war der König glücklich über diese Begegnung: »Niemals habe ich von der Jagd ein so schönes Wild nach Hause gebracht.«

Inzwischen hat Juan d'Austria die Erwartungen, die man in ihn setzte, erfüllt und schon weit übertroffen. Er hat sich statt für die geistliche für die kriegerische Laufbahn entschieden (der Vater bezwang seinen Wunsch mit seiner Liebe und stellte die Wahl frei) und im Mittelmeer gegen die Piraten gekämpft; er hat mit 23 Jahren den maurischen Aufstand niedergeworfen. Doch was sind diese Erwartungen gegen die anderen, die er sich selbst im Verborgenen stellt!

Am 7. Oktober 1571 hat er bei Lepanto seinen großen Tag. Die Flotte des Ali-Pascha, der entgegenzusegeln er kühn genug war, ist gesichtet; Don Juan hißt die grüne Flagge, das Zeichen zum Kampf. Auf dreihundert Schiffen weht der Halbmond, und im Halbmond hat auch der türkische Admiral seine Flotte geordnet. Die christliche Macht ist kaum geringer; die Waage steht; nun muß der wahre Gott entscheiden.

Mit lauter Stimme betet der junge Admiral vor einem Kruzifix. Die Arme des Gekreuzigten halten starr den herabgesunkenen Körper; an den verwundeten Knien gerann das Blut, aber das Haupt im Todesschlaf ist versöhnlich und mild. Aus dem auf- und niederschwankenden Halbmond der feindlichen Flotte, von dem die tausend Blitze bereiter Waffen schießen, löst sich der erste Schuß. Don Juan antwortet. In das betäubende Gebrüll der heranrudernden Türken schmettern die Trompeten.

Unter dem hohen Bogen des südlichen Mittags stoßen die bunten schwimmenden Ungeheuer zusammen. Man will nicht versenken, sondern entern und erobern. Die Ruderer, die sich stöhnend, in Fesseln, auf den engen Bänken mühen, sind christliche Sklaven. Am Kiel, am Steuer, an den Seiten verhaken sich die Schiffe ineinander. Die Admiralitätsschiffe selbst bohrten sich die eisernen Enterbrücken in die Flanken; um sie tobt der härteste Kampf. Zweimal drangen die Leute Don Juans auf Alis Galeere bis zum Maste vor; zweimal mußten sie wieder zurück. Pfeile hageln nieder; Schiffsteile splittern; Tote und Ertrinkende treiben im Meer. Da wird Ali von einer Arkebuse getroffen; wieder schlagen die Christen ihre kühnen Brücken hinüber, und dieses Mal nehmen sie das Schiff des toten Admirals. Ob man auch Alis Kopf auf eine Lanze steckt, um die Feinde zu schrecken, die Freunde zu befeuern: der Kampf dauert noch bis zum Abend, dann fliehen die letzten türkischen Schiffe zurück.

Dieser Sieg ist ohne Beispiel; kein ähnlicher ging ihm voraus, und keiner folgte ihm nach. Hundert türkische Schiffe versanken, hundertdreißig wurden genommen. Vierzigtausend Heiden starben für ihren Glauben. Von den Christen fielen über siebentausend in der Schlacht; mehr als zweitausend tragen das Gift türkischer Pfeile im Leib, dem sie erliegen werden. Die ganze gestapelte Fülle des Ruhms ergießt sich über Don Juan. Er ist noch nicht fünfundzwanzig Jahre: wie wird diese Kurve laufen, die so früh, nachdem sie kaum angesetzt hat, schon den Zenit erfliegt?

Philipp, der mächtigste Fürst der Liga, der Erbfeind des Halbmonds, empfängt die Nachricht von seinem größten Sieg während einer Messe im Escorial. Der Bote spricht leise, um die heilige Handlung nicht zu stören; unbeweglich hört ihn der König an. Dann spricht er einen Satz aus, einen Gedanken, der für niemand bestimmt ist, eine einzige Reflexion des Schweigsamen für sich selbst: »Mucho ha aventurado Don Juan.« (Viel hat Don Juan gewagt.) Auch jetzt, nach gewonnenem Sieg, im Anblick der Trophäen, bedenkt er die Gefahr, die in dem kühnen, seiner eigenen Strategie und der seiner

Feldherren widersprechenden Angriff Don Juans lag. Unsicher ist der Gang aller Schlachten; zufällig sind auch die größten Triumphe in der Welt. Kaum eines Messers Schneide trennt den Sieg von der Niederlage; sie sind beide gleich möglich, gleich nah. Allein in Gott ist Sicherheit, allein in der Absicht der Rechtfertigung. Nachdem die Messe ohne den mindesten Zwischenfall zelebriert worden ist, bittet der König den Abt, ein Tedeum singen zu lassen.

Beim Empfang der Siegesmeldung von Lepanto zeigt sich Philipp ganz in seiner bleibenden Gestalt. Dieser Unbewegliche, der Welt und den Menschen im tiefsten Grund Mißtrauende, von Gott aber unerschütterlich Überzeugte, ist der Mann, der in vierzigjähriger Herrschaft Spanien nach seinem Bilde formt. Den merkwürdigen Lebensgesetzen dieser Persönlichkeit passen sich Verwaltung, Politik, Kunst und selbst das Leben des einzelnen an; denn der König, der erst noch auf den gleichen Straßen mit seinem Volke geht und sich dann mehr und mehr von ihm entfernt, unsichtbar, fast sagenhaft wird und doch immer einem jeden gegenwärtig und spürbar bleibt, ist das große Vorbild, in dessen Nachfolge sich die Nation selbst zu bejahen glaubt. So sehr strebt man ihm nach, daß die gegen Ende seiner Regierung stark hervortretenden Verhängnisse seiner Art immer weitere Kreise ihrer Auswirkung ziehen: auch Philipps Mängel sind spanisch; führen sie Unglück herbei, so gehört auch das zum nationalen Schicksal, das niemals aufgegeben werden kann.

Er selbst will Vorbild sein: als stolzester und zugleich demütigster Diener Gottes, als Voranschreitender auf dem Wege zur endgültigen Bestimmung. In beiden Fällen erstrebt er die höchste Verantwortung: er fordert für sich die absolute Macht und trachtet zugleich nach dem gottgefälligsten Dasein, dem Leben des Mönchs. Geformt von den Stürmen und Konflikten des zerrissensten aller Jahrhunderte, jener Epoche, die das bis heute geltende Zeitalter der Relativität einleitete, ist dieser

König, so sehr er auf das Vergangene gerichtet scheint, doch eine durchaus moderne Gestalt. Er ist der Vertreter der entschiedensten Abwehr gegen die Spaltung, einer Haltung, die vor der Reformation nicht notwendig war; er ist der unbeugsame Verteidiger einer geschlossenen Innerlichkeit, die sich fort und fort erbitterter Angriffe zu erwehren hat.

Philipp ist in seiner Zeit durchaus neu, ebenso wie die gegenreformatorische Bewegung eine neue Bestrebung ist, die das Alte nicht wieder errichtet, sondern vertieft. Bevor dieser König kam, spielten sich unentwirrbare Kämpfe ab; ihr Nachhall zittert noch durch jedes seiner Worte. Der Donner sich eben in der Ferne ballender Gewitter ist in seinen Ohren; schon jetzt wölbt er das Dach, das einmal Schutz gewähren soll. Seine Weltbetrachtung freilich ist durch und durch transzendent; die schon zu seiner Zeit oder bald nach ihm anderen wichtig erscheinenden Ziele sind für ihn bestenfalls Stationen, oft leiten sie zu den schlimmsten Verirrungen hin. Gerade aber darin, daß er zutiefst überzeugt war von der Sterblichkeit aller Dinge und Reiche, liegt das Geheimnis seiner Unsterblichkeit.

Sein Vater, wie gläubig er war, gehörte der Renaissance an und lebte in seinen letzten Jahren der Welt nur die Tragödie der Renaissance vor. Philipp, der mit tausend Fasern mit dem Vater verbunden bleibt, gestaltet bewußt an einer neuen Zeit. Gewiß bereitet sich unter seiner Regierung auf immer breiterer Fläche der Niedergang Spaniens vor: der Fall einer engen nationalen Kurve, die in dem unermeßlichen System wieder von einem größeren Kreise umschlossen wird. Nicht nur im Aufstieg, auch im Fall ist eine Vollendung, eine Tat; vielleicht ist gerade das letzte Wort, das auf dem Totenbett gesprochen wird, die heiligste Offenbarung, das unangreifbare Vermächtnis. Vielleicht leben Menschen und Völker, um zu sterben und dieses Wort zu sagen. Was gehört eindeutiger der Zukunft als der letzte Laut eines Sterbenden? Die Höhen des Todes gewähren den weitesten Blick; für Philipp wie für seinen Vater ist der Tod die entscheidende Tat.

Das wachsende Mißverständnis, dem Philipp verfiel, der größte Teil der Vorwürfe, die seine Politik wie seine Person belasten, beweisen nur, wie sehr seine Zeit und die ihr folgenden Jahrhunderte sich vom Glauben entfernten. Er ist der letzte große katholische König, und zwar mit solcher Entschiedenheit, daß die religiösen Fähigkeiten späterer Zeit an ihm gemessen werden können. Aber er steht nicht mehr auf dem Boden seiner Vorgänger: er gleicht vielmehr dem Heiligen, der den kostbarsten Schatz der Welt durch den Strom der Trennung zum neuen Ufer trägt. Jenseits der Ernüchterung, mitten in der zerklüfteten Landschaft moderner Zeit steht das nicht zu leugnende Gebäude seines religiösen Staates. Nachdem der maurische Aufruhr gelöscht, die türkische Gefahr erstickt ist, und damit die noch offene Forderung aus frühspanischen Jahrhunderten ihre Erfüllung gefunden hat, formt sich das habsburgische Spanien, das aller Anfeindung zum Trotz das ewige Spanien ist. Auf dem Schlachtfeld, wo der spanische Individualismus des Adels, der Provinzen und der Städte unterlag, wo der Ansturm der nordischen Lehre zum Stillstand kam, erhebt sich der dauernde Bau. Vom Fundament bis zur nadelfeinen kastilischen Spitze des Turms ist er der Ausdruck seines Schöpfers.

Was bezeugt eindringlicher ein neues Lebensgefühl und eine neu erkannte Aufgabe als eine neue Form? Alle Erscheinungen beginnen im Innern. Kaum ein Jahr nach seiner Rückkehr in das Königreich, am 19. September 1560, gibt Philipp Spanien eine neue Hauptstadt: Madrid. Es ist ein kleiner Ort, der kaum 12 000 Einwohner beherbergt. Wie in allen spanischen Städten mit Ausnahme von Sevilla, Zaragoza, Valladolid und Barcelona, sind die Häuser einstöckig und größtenteils aus Lehm gebaut. Im Sommer häuft sich in den Straßen der Staub, im Winter der Schmutz; denn Pflaster kennt man nicht. Auch die Kutschen, die zuerst Karl V. in Spanien einführte, sind noch selten und dazu im Volke verhaßt. Noch vor wenigen Jahren verlangten die Cortes ein

Kutschenverbot. Schlimmer aber als die Unbequemlichkeit der Straße, die man mit Reittieren überwindet, ist der Geruch. Auch im Sommer, wenn die Häuser von Licht und Hitze fast zerspringen wie dünnes Glas, steht er, ein niemals eintrocknender und gefährlicher Sumpf, zwischen den niedern Dächern.
Dennoch liebte der Kaiser den Ort. Er genas hier von einer langen Krankheit und schenkte Madrid die Krone für sein Wappen. Schon von Isabella der Katholischen hatte Madrid das Adelsprivileg erhalten in jener Zeit, da Rittertum und Heraldik wie tropische Gewächse wucherten. Aber der Adel schafft eine Auswahl, stellt eine Forderung. Jeder Bürger von Madrid ist adlig; Madrid liegt im Herzen Kastiliens.
Und Kastilien ist Spanien. Trotz Aragons altem Thron, Kataloniens Reichtum, Andalusiens Fruchtbarkeit: hier auf der Hochebene wurden die Waffen geschmiedet, die den Namen in Europa und über den Meeren erhöhten und verteidigten. Diese unerbittliche Fläche vor gigantischen Bergen ist das gemäße Land. In ihm zwingt alles zur Konsequenz. Hier spannt sich der Blitz im weitesten Bogen, ein weißer Halbmond, der plötzlich über der Erde steht, um sie zu zerschmettern; hier rast der Sturm. Der Frost macht die Erde zu Stein; der Regen, aus plötzlich sich entleerendem Meere niederstürzend, reißt sie auf; die Sonne zerklüftet sie. Unentrinnbar steht der Himmel überm Land; seiner Gnade ist es ausgeliefert und mit ihm alles, was es trägt: die Felder, die der Juni, ein verschlossener glühender Ofen, schon zu knisternder Reife bringt; die geduckten Bäume, die Ortschaften, die erdfarben, aus kubischen Häusern gebildet, sich in eine Bodenfalte drücken. Nichts steht hier gegen den Himmel auf, der über der Fläche rast, im Licht sich zerlöst, in der Glut sich wieder zusammenschließt. In der Überwältigung offenbart sich Gott. Wie das Land der Gewalt des Himmels ausgeliefert ist und sie unter Qualen erträgt, so stürzen die Heiligen nieder, wenn der Blitz sie traf. Je härter der Grund, um so näher ist Gott. Durch die Ebene führen die strengen Straßen, auf denen die

Entschlossenen ziehn. Der Wille schnürt den Harnisch, schließt den Helm; das Gefühl ist stark und gefährlich wie ein Schwert. Unverrückbar, keinem Zauber dienend, wie das schneegekrönte Gebirge hinterm Korn, steht am Ende der Ebene das Ziel.

Um Madrid, die neue Hauptstadt, schließt sich die Ebene wie ein metallener Ring. Philipp, der Gründer, kann nicht leben, ohne zu bauen. Wie sollte das Lebensgefühl der eben heraufgestiegenen Zeit in die alten Räume passen? Von jeder Generation fordert derselbe Stoff eine andere Form; er ist unersättlich in seiner Forderung. So verwandeln sich die Gemächer des alten Alkázar, in denen Karl V. sich noch heimisch fühlte. Bald wird auch in Aranjuez gebaut, wo schon Isabel die Katholische Schatten suchte im kastilischen Sommer und Ruhe in ihrer Tat, und 1563, nachdem endlich die Landschaft gefunden ist, in der sich das eigene Antlitz und die ewige Verheißung spiegeln, diese Heimat im Übergangsland, fällt das geweihte Wasser auf den Grundstein des Escorial. Zu bauen ist das höchste Vorrecht der Großen; Philipp hat es während seines ganzen Lebens beansprucht.

Die Grundlage seines Königtums ist die sicherste und zugleich die sonderbarste: die Demut. Eines Tages, als ein kleines Mädchen, für das er sorgen läßt, die Altarstufen hinaufsteigen will, verbietet er es ihm auf seine Weise in einem einzigen gedrängten Satz: »Vos ni yo no habemos de subir donde van los sacerdotes.« (Weder du noch ich dürfen dort hinaufsteigen, wo die Priester gehen.) An Ostern nimmt er einmal seine beiden Neffen Ernst und Rudolf von Habsburg, die er als Knaben nach Spanien kommen ließ, um sie außerhalb der Gefahrzone des zerrissenen Deutschland katholisch zu erziehen, mit nach dem Escorial. Auf Don Carlos, seinen einzigen Sohn, darf er keine Hoffnung setzen, und da nur Habsburger berufen sind, Throne zu besetzen, will er die Knaben auf ihr Amt vorbereiten. Der Unterricht, den er als König in seinem eigenen Berufe erteilt, scheint seltsam; er geht mit den Knaben zur Messe und zeigt ihnen, wie man dem Priester, der sie liest, die Hand küssen muß. Während des Gesanges hören ihn die Mönche mit leiser Stimme die Psalmen erläutern. Der König muß vor allem das göttliche Mysterium verehren und die Geistlichen achten.

Denn die königliche Würde kommt von Gott. Wie der Schiffer sich nach Norden wende, meint er, so müsse der König seine Augen auf Gott gerichtet halten. Mit ihm muß er sich beraten über die Verwirklichung des göttlichen Gesetzes auf Erden und darüber, wie er seinem Volke Gerechtigkeit zuteil werden läßt. In einem ununterbrochenen Austausch mit Gott lebt der König, der mit ungeheuerm Amte belastete Demütige, der menschliche Verwalter, der »hombre Rey«. Aber Gott allein, niemand außer Gott, befiehlt dem König. Nun, nachdem die Demut das Haupt gesenkt, erhebt es der Stolz um so kühner. Denn der König ist der Diener des Höchsten, und wie er gehorcht, so müssen die ihm Untergebenen wieder gehorchen. Es gibt kein schlimmeres Verbrechen als Majestätsbeleidigung, weil sie eine Beleidigung des von Gott eingesetzten Dieners, also Gottes selbst ist. Aus dem milden Schein der Demut wird der göttliche Blitz der Majestät.

Auf Erden ist Philipp Herr; er opfert nicht einen Splitter seiner ehernen Autorität. Der Herzog Alba, der Schildträger des Reiches, wird, da er einen Befehl nicht respektiert, noch mit siebzig Jahren samt seinem Sohn in Haft genommen. Der Widerstand der Mauren wird zermalmt; Aragons letzte Freiheit zerbricht. Keine Stadt, keines der mächtigen Adelshäuser wagen sich zu erheben. Für immer vorüber ist jene Zeit, da der König die Vorhaltungen der Cortes ernst nehmen, ihre Verweigerung sich gefallen lassen mußte. Diesem schweigsamen, gemessenen Herrscher, den kein Zornausbruch hinreißt, den kein Vorfall dazu bringt, nur seine Stimme zu heben, wagt niemand verneinend zu entgegnen.

Doch die Entschlüsse, die er in geheimer Kammer, oft im Gebet vor dem Kreuze fällt, gehen aus den eindringlichsten

Beratungen hervor. Bald nachdem er die Regierung angetreten hat, setzt er elf Ratskollegien ein, unter die er die wichtigsten Angelegenheiten des Reiches verteilt. Aragon, Kastilien, Italien, die Justiz, das Kriegswesen, die Finanzen, die Inquisition, Indien finden ihre Räte, über denen wieder der Staatsrat steht. Sie alle werden gebildet nach dem Gestz der Polarität: die Geistlichen und die Laien sind gleich stark in ihnen vertreten. Schon die Zeitgenossen gaben Philipp den Namen, der ihm bis heute geblieben ist: Don Felipe el prudente, Philipp der Kluge; denn die deutsche Weisheit ist zu mild, um bezeichnend für ihn zu sein; er ist weise in seiner Umsicht; klug in der Berechnung, in der Fähigkeit, die gewünschten Konstellationen unter den Menschen zu schaffen, ihre Auswirkungen zu verwerten, die Absichten zu durchschauen.

Philipp nutzt die Gegensätzlichkeit der Menschen. Die Ratskollegien bedürfen innerer Spannung, eines dramatischen Momentes, um fruchtbar zu sein. Fast zwanzig Jahre stehen sich im Staatsrat der Herzog von Alba und Gomes Silva, der Fürst Eboli, gegenüber. Jener ist stolz, hart, entschieden, rücksichtslos und deshalb offener, wird heftig und verrät, von Ebolis gewandter Ruhe gereizt, wider Willen seine Meinung und nicht nur seine eigene; Eboli bringt die feineren Gründe; er kennt die Schwäche seines Gegners und tut sich um so glänzender hervor, doch ist auch ihm nicht ganz zu trauen, denn er versteckt oft seine Meinung, wenn sie seinen Interessen zuwider läuft. Der König steht wägend hinter der Diskussion. Erst im scharfen Licht des Widerspruchs zeigt sich das Ganze der Dinge.

Selten spricht Philipp im Rate; ja, oft ist er nicht anwesend; gegen Ende seiner Regierung fast nie. Seine Gegenwart, deren Macht er kennt, die er einsetzt, wo er ihrer bedarf, und ausschaltet, wo sie stört, soll die freie Entwicklung der Meinungen nicht hindern. Über den Verlauf der Beratungen läßt er sich einen alle Einzelheiten enthaltenden Bericht erstatten. Wie sonderbar sind diese Verhandlungen, in denen der König fehlt und doch bei jedem Worte gegenwärtig ist! So spielen sich alle Geschehnisse im Spanien Philipps ab: selten zeigt sich der König, und doch spüren alle seine unmittelbare Nähe. Einmal verrät er sich und seine Staatskunst vor dem vertrauten Sekretär Antonio Perez, seinem späteren Feinde, der ihn wieder verrät: »Ihr müßt wissen, Antonio Perez, daß der Kaiser, mein Herr, mir über diese Dinge einen sehr geheimen Rat gegeben hat. Den Staatsrat soll ein König nicht in seiner Gegenwart abhalten lassen, den Kriegsrat aber wohl. Der Grund ist, daß in den Nöten des Krieges die Gegenwartt des Fürsten die Mutlosen aneifert und befeuert, die allzu Kühnen dämpft und kühlt. Im Staatsrat aber verhält es sich anders; denn in Anwesenheit des Fürsten enthüllen die Räte ihre Meinung und ihre Ziele nicht, und dieser Punkt ist von großem Einfluß auf die Entschlüsse der Könige. Hat aber der Fürst einen ihm sehr ergebenen Diener, der ihm berichtet, was vorgeht, so erfährt er die wahren Absichten und Meinungen der Räte.« Und in dieser seltenen Stunde, nachdem er an seine Geheimnisse gerührt, der Versuchung, sie noch mehr preiszugeben, nicht mehr widerstehend; nun ganz dem Verhängnis der Schweiger unterliegend, die zu viel sprechen, wenn sie sich einmal zu sprechen überwinden, fährt er fort: »Die Abstimmung in der Gegenwart des Fürsten drückt die Leidenschaften nieder, und die Räte sprechen wie auf dem Katheder; allein aber entfalten sie die Diskussion, reizen sie sich, zeigen sie ihre Leidenschaften, und hieraus entnimmt der Fürst den besten Rat. Von nicht geringerer Wichtigkeit ist es, daß die Anwesenheit des Königs zu einem Disput mit ihm führen könnte, daß er dabei sich verriete und wie mit seinesgleichen stritte. Denn endlich ist diese Anbetung unter den Menschen notwendig, weil sie den Menschen hilft, so wie sein reicher Schmuck die Ehrwürdigkeit des Prälaten erhöht. Gott braucht diese Dinge nicht.« Hier spricht schon der Philipp der späten Zeit, der glaubt, es schade dem Ansehen des Königs, wenn er sich dem Volke zeigt und deshalb möglichst wenig reist, ja

auch in Madrid das Schloß, und im Schlosse sein Zimmer kaum verläßt.
Er ist unersättlich in seinem Verlangen nach Beratungen, Meinungsäußerungen, Gutachten; da er auch die Berichte über die Sitzungen der Räte am liebsten schriftlich will, so verschleppen sich die Beschlüsse immer mehr. Ja, es müssen bald Konflikte entstehen wegen der unerwünschten Übermittlung hastig hingeworfener Worte, für den König nicht bestimmter Äußerungen, die im raschen Fluß des Gesprächs hervorgestrudelt wurden.
Aber Philipp mißtraut den Menschen und glaubt an die Schrift. Wie verdächtig ist alle mündliche Überlieferung; wie selten bewahrt der allzu weiche Ton der Laute und Worte den reinen Abdruck der Dinge! Der Mensch fälscht; die Stimme fälscht; im Zusammensein mit andern verwandeln sich alle Farben und Linien der Ereignisse. Wenn aber die Feder in einem Raum, dessen Ruhe keine menschliche Gegenwart verwirrt, wo die Stille wie das Wasser in einem Glas unbeweglich zwischen den Wänden steht, über das Papier hingleitet, Zeichen um Zeichen setzt in tiefem Schwarz auf reines Weiß, so reinigt sich das Wort. Nun verstummen die vielen täuschenden Modulationen; Gefühle, Blicke, der heimliche Herzschlag der Rede richten nichts aus. Noch einmal sinken die Vorfälle, die Bilder und Gedanken in den Menschen ein; nun, in der Stille, nimmt er sie in ihrem reinen Gehalte auf, ohne das Blei fälschender Absicht mitzuwiegen, das ihnen beigemischt ist.
Er selbst schreibt dieser Klarheit wegen: alle seine Verordnungen, die Antworten auf Briefe, Gesuche, Anfragen, die Kommentare eingelaufener Berichte, die Vorschriften für die Gesandten, die Feldherrn und selbst die Bestimmungen für die Hofhaltung und den königlichen Haushalt zeichnet er mit eigener Hand auf. Seine Schrift ist groß, schwer, verschlossen. Die Kurven schließen sich alle nach außen ab und beginnen wie Spiralen im Innern. Zuerst wird der Punkt in der Mitte gesetzt, von dem aus sich die Linie in weiten, fast über-

schwänglichen Bogen entwickelt, ohne den Eingang in das geräumige Innere zu gewähren.

In der Tat ist ein Überschwang in diesen Zügen, so hastig sie sind, und eine tiefe, fast dämonische Lust an Feder und Papier. Was für eine Verlockung ist darin, Seite um Seite zu füllen im stillen, halbdunkeln Raum; die Handschrift, den Spiegel der eigenen Art, Bogen um Bogen bedecken zu sehen! Er hegt einen sonderbaren, einen fast lächerlichen Traum (wenigstens für alle, die diese Lust nicht kennen); wäre er als ein Privatmann geboren worden, so hätte er sich schreibend ernährt! Schon den Knaben ergriff diese Besessenheit; dem Alternden und seinem Werk wird sie fast zum Verhängnis. Über dem Schreibenden wölbt sich die Grotte der Einsamkeit; ob auch die Blätter ihr Schicksal haben, er selbst bleibt für immer mit sich allein.

Man weiß es: keine Stimme findet Resonanz in dieser letzten Kammer des Staates; kein Günstling, keine Frau versuchen dort ihr Spiel. Wie die Minister und Räte, so werden auch die Cortes von den Entschlüssen des Königs überrascht. Philipp beruft sie öfter als seine Vorgänger, und auch die Beratungen dauern viel länger, als man gewohnt ist. Mit der größten Aufmerksamkeit hört der König ihre Wünsche an; sie sind der Spiegel, in dem sich die Stimmungen, die Lage, die Bedürfnisse des Volkes reflektieren. In diesen Sitzungen sammelt der König das Material, aus dem er seine Schlüsse zieht. Dem Papiere nach haben die Cortes noch das Recht des Einspruchs, der Gewährung von Steuern; doch sind sie nur noch eine beratende Körperschaft. Der König trägt die Verantwortung allein. Will er ein Gesetz erlassen, so berät er sich mit den Cortes, doch macht er den Erlaß niemals von ihnen abhängig; schlagen sie eines vor, so verspricht er es zu prüfen, läßt den Staatsrat darüber beratschlagen und entscheidet dann. Über die Cortes von 1564 berichtet ein Zeitgenosse, der sonst auf kein Detail verzichtet, mit der Kürze einer Formel: más firmes como siempre en su fidelidad y amor dispusieron los negocios y el servicio de dineros á satisfacción de su Majestad y bien de sus mismos. (Fester als je in ihrer Treue und Liebe regelten sie die Geschäfte und die Gewährung der Gelder zur Zufriedenheit seiner Majestät und ihrer selbst.)

In der Behandlung der Menschen, in der Wahrung seiner Autorität entfaltet Philipp die Kunst, die er vom Vater erlernte und nun während einer vierzigjährigen Regierung weiter entwickelt. Die Macht, die er immer wieder einsetzt, ist die seiner eigenen Person. So ist der Staat auf ihn allein gegründet; doch diese absolutistische Form ist die einzige, in der eine Persönlichkeit wie die seine zu dienen vermag. Wenn der Erbe zu schwach sein wird, diese Form zu erfüllen, so ist es nicht die Schuld ihres Schöpfers; es sei denn, daß es eine tragische Schuld wäre, die schon an die Existenz des Außerordentlichen geknüpft ist. Die Lücken, die die Großen lassen, füllt niemand aus.

Der spanische König ist nicht der erste Diener des Staates; er ist der erste Diener Gottes. Er herrscht absolut, weil er ein Gehorchender ist. So, wie dieser Staat, steigt das Sakramentshaus des Adam Kraft zu steilster Höhe auf: die überfeine Spitze, die sich schon zu verlieren drohte, neigt sich tief und demütig herab. Eine solche Autorität verschafft sich in solcher Zeit, der Zeit, da sie am sichersten gelten muß, unbedingten Gehorsam. Die Gerechtigkeit, die dem König vom Höchsten befohlen wird, gebietet in seinem Reich. Dem Bilde dieses Vollstreckers weicht man nicht aus. Nun gilt das Sprichwort, daß der König der beste Alkalde sei. Jeder kennt diesen Alkalden; man weiß, wer ihm sein Amt verliehen hat, und wie er es erfüllt. Unter Philipp, den man schlimmster Verbrechen beschuldigt hat, geschehen die wenigsten Verbrechen in Spanien.

Auch die Protektion, die bisher Zutritt zu allen Stellen verschaffte, steht machtlos vor dem verschlossenen Zimmer des Königs, in dem dieser mit peinlichster Sorgfalt die eingeforderten Berichte über die Kandidaten hoher Ämter prüft. Am schärfsten wacht er über die Bischofsstühle: der künftige

Bischof wird, ohne daß er es weiß, von seinem König einem förmlichen Examen unterworfen. Über seine Familie, seinen Ruf, seinen Entwicklungsgang, seinen Charakter, seine geistigen Fähigkeiten holt Philipp genaue Erkundigungen ein. Wie man ihm einen Geistlichen, der in schlechtem Rufe steht, zum Bischof vorschlägt, antwortet der König: »Welcher seiner Söhne erbt das Bistum, wenn wir ihn zum Bischof machen?« Auf den Adel legt er nur untergeordneten Wert; das Alter zieht er der Jugend vor.

Der König ist durchaus kein Höriger der Kirche; auch in seinen späteren Jahren umgeht er die Konflikte mit dem Papste nicht. In Finanznöten fordert er kirchliches Vermögen für den Staat, das ihm auch gewährt wird. Die Bettelmönche verweist er des Landes; selbst den Gründungen neuer Orden tritt er entgegen: es sei besser, die alten Orden auf die ursprüngliche Reinheit ihrer Statuten zurückzuführen, als jeden Tag neue zu stiften; so gäbe es bald mehr Mönche und Nonnen als Frömmigkeit.

Er spricht leise, so daß man ihn kaum versteht. Den Eintretenden betrachtet er scharf, von Kopf bis zu Fuß. Dann, die Gewalt seiner Augen kennend, richtet er sie zur Erde oder läßt sie über die einfachen schweren Möbel des Raumes, über die fast kahlen Wände gleiten, um das Wort, das trügerische Wort, nicht noch mehr zu verwirren. Wie der Raum und die Gegenstände, die ihn umgeben, ist seine Antwort; schmucklos, anspruchslos, formelhaft; um der Knappheit willen mißachtet er selbst die Grammatik. »Bien sé como os habeis habido; tendré memoria de vos, cuidado de mirar lo que pedéis, de haceros merced.« Die Sätze fallen wie eine Kette von Gewichten. Für Schmeicheleien hat er keine Zeit: »Dejar esto, y decid lo que importa.« Auch seine Verneinung ist kurz: »No puedo eso.« Er unterbricht niemals und beendet niemals selbst die Audienz. Der andere soll seine Wünsche ungestört entwickeln; er soll möglichst viel Zeit haben, sich zu verraten.

Gerade diese Einfachheit, die leise Stimme, die ermunternde Freundlichkeit bringen Minister, Feldherren, Soldaten, Bischöfe, selbst berühmte Prediger zum Zittern. Sie durchschreiten ein gewaltiges, mit unerhörten Kosten errichtetes Gebäude; Galerien, in denen die seltensten Werke der Zeit an genau gewählter Stelle prangen, gehen über von Statuen behütete Treppen und stehen nun in dem fast nüchternen Raum vor dem schwarz gekleideten Mann, der dieses Bauwerk für sich errichtete und das andere, noch viel größere seines Staates bis in die geheimsten Kammern kennt, – der sie nun, nach einem unentrinnbaren Blick, zuvorkommend einlädt zu sprechen. Alle ihre erprobten Künste versagen, bis der König sie rettet mit einem im ruhigsten Tone gesprochenen Wort: »Soségaos«. (Beruhigt Euch.)
So beginnt der Nuntius, der zum ersten Mal den gefürchteten Raum betritt, eine wohl vorbereitete und schön gefügte Rede in wachsender Verwirrung zu entrollen; schon dem ersten Eindruck konnte er nicht standhalten; nun bemerkt er, wie der König nachsichtig die Augen von ihm wendet, um ihn zu schonen. Er sieht die unerschütterliche Geduld auf dem blassen, ernsten Gesicht; in dem Zimmer ist nichts, das einen Unterschied zwischen ihm und dem ruhig zuhörenden Mann betonen könnte: eben das macht seine Situation so unhaltbar. Er verliert sich; er bleibt stecken; er schweigt. Auch jetzt noch läßt ihm der König einige peinliche Minuten Zeit; dann sagt er in seinem gewöhnlichen Ton: »Si lo traeis por escrito yo lo veré, yo os haré despachar.« (Wenn Ihr es geschrieben bringt, werde ich es ansehen und Euch abfertigen.)
Von seinem vierzigsten Jahre an trägt der König nur noch Schwarz; es ist die Farbe, die dem Ernst seines Amtes entspricht. Aber diese Monotonie verbindet er mit ungewöhnlichem Geschmack. Die Kleidungsstücke werden mit größter Sorgfalt gewählt und gepflegt. So sieht man ihn noch während der ersten Jahre seiner Regierung in den Straßen von Madrid. Begegnet er einem Geistlichen, der einem Sterbenden das Sa-

krament bringt, so nimmt er den Hut ab und folgt dem Priester bis zum Hause des Kranken. Dort wartet er, bis der Geistliche zurückkehrt, um ihn wieder bis zur Kirche zu begleiten. Entblößten Hauptes, im Gebet folgt der irdische König dem ewigen, der durch die Straßen seiner Hauptstadt geht.

Er entspricht vollkommen dem Bild eines Königs, das im Herzen seines Volkes lebt; er entspricht ihm nicht zum wenigsten durch seine Unnahbarkeit und seinen Glauben. Wie er einmal in einer Kirche den Priester bittet, erst den anwesenden Bischof und dann ihn zu segnen, jubelt man ihm zu, dankt ihm, wünscht ihm ein langes Leben. Die Frömmigkeit ist in dieser Zeit das oberste Maß.

Um ihn der Hof nimmt seine Züge an. Ausländer beklagen sich über den Ernst, den gänzlichen Mangel an Zeitvertreib; dieser Hof sei kalt wie Eis, beschwert sich ein Italiener; nur zwei Tage feiert man Karneval, und auch da gibt es keine Masken. Der arme Gesandte von Parma will zurück nach Italien. Beim Tanz hält die Dame ein Taschentuch, das der Kavalier mit leichten Fingern faßt; so führt er sie, ohne sie zu berühren.

Um die Stadt schlägt die Ebene ihren gewaltigen Kreis. Philipp liebt es, die langen Straßen zu ziehn. Wenn er einer der kleinen Ortschaften sich nähert, eilen die Leute aus den Häusern, füllen die Fahrstraße und rufen ihm zu: der Himmel möge ihn schützen, und diesen Wunsch hört der König ernst, mit gesenktem Haupt. Er möge gesegnet sein für den Frieden und die Gerechtigkeit, die er dem Volke schenke; und vielleicht fühlt der König einen Schimmer Glücks. Ein langes, ein fröhliches Leben möge er haben; und der König läßt weiterfahren auf dem Weg, den er kam.

Von einem Hügel auf der Straße nach Aranjuez grüßt noch ein Kloster. Dann wird es fast völlig flach. Es ist Abend; zurück nach Madrid spielen ein paar große Blitze; das Gebirge leuchtet noch immer. Aus dem kurzhalmigen Korn finden sich Reiter heraus und sammeln sich auf der Straße; hintereinander, in langer Kette, übernatürlich wachsend, ziehen sie die Straße hin. Die großen, becherförmigen Glocken der Tiere schlagen ins Leere, ohne ein Echo zu wecken. Mühevoll knarrt der Wagen des Königs.

Die Gipfel der Guadarrama im Westen und die niederen Berge der südlichen Sierra in weitester Ferne sind wie aus Glas. Es ist, als hätte das Licht des Tages ihre Masse zerschmolzen und nur die Form noch zurückgelassen; es ist, als zerflösse die Ebene an ihrem dunkeln Rand. Immer noch führt die Straße ohne Biegung fort, ziehen die Reiter, knarrt der schwere dunkle Wagen, der oft in einer Vertiefung versinkt und sich wieder schwerfällig aus ihr befreit. Am Wegsaum gruben die Regengüsse des Frühjahrs sonderbare Linien in die graue Erde; Gestalten treten hervor wie sich drängende Felsentürme, sich übersteigernde Kegel und Kuppen: Formen des Montserrat. Das ferne unwirkliche Licht kommt nun näher heran, auch die Bäume scheinen nicht mehr aus gewöhnlichem Holz und qualvoll der Erde entrungenem Saft; die Halme sind schon verwandelt; ihr Grün, ihr Mark ist verzehrt, sie knistern wie Asche. – Wem gehört das Land? Und die strenge Straße ohne Biegung, die in den zerfließenden Saum der Ebene strebt, hat sie noch ein Ziel?

Philipp, der König in seinem schwankenden Wagen, fährt duch die große Domäne seines Herrn.

Hat dieser Mann kein Herz? Er sieht Ketzer brennen und erfüllt damit nur sein Amt. Nichts verrät eine Bewegung in seinem Innern. Er ist gerecht, aber auch das kann man sein ohne Herz, als Vollstrecker des Gesetzes. Ist in diesem Leben kein Platz für die Liebe?

Philipp verheiratet sich viermal; niemals ohne politische Motive. Schon mit der ersten Ehe folgt er einer der größten und am beharrlichsten verfolgten Ideen seines Lebens: der Union Spaniens mit Portugal. Die zweite Ehe sichert zum mindesten den englischen Bundesgenossen im französischen

Krieg, hat aber größere politische und religiöse Aufgaben. Mit der dritten Ehe besiegelt er den Frieden mit Frankreich. In der vierten Ehe mit Anna d'Austria verstärkt er noch einmal die habsburgische Union. Das Projekt einer fünften Ehe taucht nach der Eroberung Portugals auf: durch die Verbindung mit den Braganças, dem mächtigsten und gefährlichsten portugiesischen Geschlecht, will er die spanische Herrschaft in dem usurpierten Königreich festigen. Auch die anderen gescheiterten Projekte, wie die Werbung um Elisabeth von England und um Margarete d'Austria, entspringen der Politik; einer Politik, die freilich niemals zu trennen ist von der religiösen Aufgabe.

Aber die Frauen, mit denen er sich der Politik wegen verband, lieben ihn alle. Auch innerhalb des Gesetzes, so scheint es, ist Raum für das Herz. (Vielleicht ist das Herz williger, sich dienend zu entfalten, als wir glauben; vielleicht beansprucht es gar nicht den Vorrang vor den Ideen.) Maria von Portugal stirbt fast noch als Kind; Mary Tudor liebt ihn mit tragischer Leidenschaft; Isabel von Valois gewährt ihm beglückt ein menschliches Glück; Anna d'Austria, da sie ihn in Lebensgefahr weiß, bittet Gott, an seiner Statt sterben zu dürfen, und der Himmel schenkt ihr wirklich den erbetenen Tod, während der Gatte genest. Gewiß stehen andere Frauen zwischen den Königinnen; der Schweigsame schweigt auch über sie. Diese Frauen sind alle merkwürdig leicht bereit, sich in seinen Willen zu ergeben; sein Herrschertum endete auch an der Schwelle seines Zimmers nicht. Von ihnen allen war ihm vielleicht die Französin Isabel am nächsten. (Ein letztes Heiligtum bleibt ja unbetretbar für immer.) 1560, im Januar, kommt sie, noch nicht fünfzehnjährig, zur Hochzeit nach Guadalajara. Auf der Reise ertrug sie den Streit ihrer französischen Begleiter mit den Spaniern; mitten im Winter, bei schneidender Kälte, durchquerte sie auf das Drängen des Königs mit ihrem Zuge die Pyrenäen. Noch liegt der Abschied von Frankreich auf ihr; noch kann sie sich nicht daran gewöhnen, daß die Welt um so mehr erstarrte, je tiefer sie in den Süden kam. Auf der Fahrt, als sie sich den furchtbaren Bergen näherte, schickte sie der Mutter ein Gedicht, in dem diese merkwürdigen Verse stehen:

Tantost je sens mon œil plorer puis ryre,
Mais la fin est toujours d'estre martyre.

Und Maria Stuart, ihre schöne Schwägerin und Genossin, über der eben das Schicksal seine Wolken sammelt, hatte ihr geantwortet:

Les pleurs font mal au cœur joyeux et sain,
Mais au dolent, ils servent quasi de pain.

Sie ist groß und schlank und überragt die Spanierinnen. Wenn sie die Hand auf die Hüfte stützt oder mit schmalen Fingern den Fächer hält, umfließt sie etwas Unaussprechliches, so daß die Priester den Blick zur Erde richten und die Hofleute sich abwenden aus Furcht, sie könnten durch ihre Bewunderung des Königs Eifersucht erregen. In dem gewaltigen Palaste, wo wie aus Erz getriebene steinerne Tiere von sagenhafter Gestalt sie betrachten, steht sie zum erstenmal vor dem Mann, dessen Bild sie in Paris, nach Albas Werbung, zum Zeichen ihres Einverständnisses an die Lippen gedrückt hatte.
Auch sie ist überrascht. Sind es der Ernst, das Gefühl der Macht, oder vielmehr das ganze Rätsel dieses unmittelbar gegenwärtigen und doch undurchdringlichen Mannes, die sie die Stunde, selbst ihre Haltung vergessen lassen? Auf die Art der Kinder, jene scheinbare Arglosigkeit auf der Stirn, hinter der sich tausend Gedanken bergen, sieht sie ihn unverwandt an. – Er fühlt den Blick des Mädchens, das noch kaum die Hälfte seines Alters erreicht hat; er ist erst zweiunddreißig Jahre, noch ist er jung; aber er weiß, wie sehr er schon gealtert ist unter dem Gewicht der Welt. Dieser beharrliche Blick, der alles erforscht, dem nichts entgeht, ist ihm lästig; spürt sie wirklich seinem Alter nach? »Que mirais si tengo canas?«

sagt er kurz. (Seht Ihr mich darauf an, ob ich graue Haare habe?) Das harte, verletzend offene Wort trifft sie tief.

Aber in Toledo bemerkt ihr Hof während des Tanzens eine ungewöhnliche Röte in ihrem Gesicht; sie fiebert; am andern Tage zeigt sich die Krankheit: es sind die Pocken. Nun, da das Fieber in ihr wütet und ihre Schönheit vielleicht für immer zerstört, weicht der sonderbare Mann nicht von ihrem Bett. In der Krankheit bewährt sich der Christ. Man bittet ihn, an seine eigene Gesundheit zu denken, er achtet nicht darauf. Die Not schmilzt seine Kälte, und Isabellas Furcht vergeht unter seiner erwachenden Liebe. Die Leidende gewinnt sein Herz. Bald erweisen sich auch die Sorgen des Hofes und der Catharina von Medici, die Boten um Boten mit Rezepten und Ratschlägen über die Pyrenäen schickt, als unbegründet: die Königin gesundet rasch und ist ebenso schön wie zuvor.

Isabel de la paz, Isabella vom Frieden, nennt sie das Volk, weil ihre Vermählung mit dem König den Frieden besiegelt hat. Man drängt sich auf den Straßen, um sie zu sehen, und ist glücklich, wenn man die dichte Menge mit einem Blicke durchdringt. Der König schenkt sich nicht satt. Von der schwarzen Kleidung mag er sie nicht befreien; doch jeden Tag trägt sie ein neues Kleid – in Schwarz.

In Toledo führt ihr der Gatte einen Knaben von etwa fünfzehn Jahren entgegen (aber er sieht zugleich viel jünger und auch viel älter aus). Er spricht mühsam und kaum verständlich; die eine Schulter ist höher als die andere; eine Hälfte des Körpers ist verkümmert, und auch die Beine sind ungleich. Auf seinen Wangen liegen die Spuren nicht zu stillenden Fiebers. In den Augen droht die stumpfe Wut der Epilepsie. Gier und Schwäche streiten sich um den endgültigen Ausdruck seiner Züge; sein ganzes Wesen scheint in einem qualvollen Mißverhältnis aller Glieder und Eigenschaften zu bestehen. Es ist Don Carlos, der Infant von Spanien, der Erbe des ungeheuern Reiches, dem am 22. Februar 1560 in der Kathedrale von Toledo der Treueid geleistet wird.

Isabel ist barmherzig zu ihm und gewinnt damit die fast animalische Anhänglichkeit dieses Knaben, der alle haßt. Denn in ihm ist eine maßlose, eine chaotische Wut gesammelt, eine Grausamkeit aus frühester Zeit. Als Kind tötete er drei Ammen, indem er ihre Brüste zerbiß oder vielmehr aß, wie ein Gesandter sagt. (Enfant, non seulement il mordit, mais mangea même les seins à trois nourrices, qui en faillirent mourir.) Später, als Knabe, briet er lebendige Hasen an einem Pfahl; einer Eidechse biß er den Kopf ab. Die Höflinge fürchten ihn; so träge sein Geist ist, so boshaft ist er auch. Diener und Edelleute, die aus einem nichtigen Grunde seinen Zorn erregen, will er töten oder entmannen lassen; da man seinen Befehl nicht erfüllt, wirft er sich weinend auf das Bett, gerät in furchtbares Fieber, verweigert tagelang die Nahrung, um darauf wieder so unsinnige Mengen zu verschlingen, daß er aufs neue dem Fieber verfällt. Aus diesen entsetzlichen Trümmern schießt manchmal ein Blitz, der den Nachkommen des Kaisers und der Könige verrät: als Karl V. ihm von seiner Flucht vor Moritz von Sachsen erzählte, rief er glühend: »Ich wäre niemals geflohen!«

Die Königin duldet dieses arme Tier in ihrer Nähe. Nun versteht sie den Wunsch, die verzehrende Sorge des Gatten: dem Reich fehlt der Erbe, dem bedrohten Glauben der Verteidiger. Ihre Ehe wird zur Tragödie dieses Wunsches. Schon 1561 glaubt man auf einen Erben hoffen zu dürfen; Philipp läßt die Gattin in einer eigens angefertigten schweren silbernen Sänfte nach Madrid bringen und überhäuft sie mit Geschenken. Er selbst gibt auf das genaueste an, wie man die Königin während ihrer Schwangerschaft pflegen muß. Als dann diese Hoffnung zum tiefsten Kummer Isabellas getäuscht wird, bittet Philipp den französischen Gesandten (es muß in der Sprache geschehen, die sie heimlich noch immer am meisten liebt), sie zu trösten und auch seine Frau ihr zum Troste zu schicken. Erst 1566 wird eine Tochter geboren: Isabel Clara Eugenia; nur eine Tochter, aber der König ist überglücklich und erklärt, daß sie ihn mehr erfreue als ein Sohn.

Unter dem intrigierenden Spiel der Gesandten, den klatschenden Hofleuten, die alle Vorfälle nach ihrer eigenen armen Menschlichkeit mißdeuten, entfaltet sich in kurzen, fast glücklichen Stunden die seltene Zartheit ihres gemeinsamen Lebens. Sehr spät vom Amt und seinen Sorgen sich befreiend, kommt Philipp in das Zimmer der Gattin und findet sie schlafend. Da er sie nicht wecken will, zieht er sich wieder leise zurück. Sie aber hört tags darauf, daß der König nachts in ihrem Zimmer war und sie nicht stören wollte und bleibt von nun an bis zu der späten Stunde wach.

Isabel ist unter dem Einfluß Philipps völlig zur Spanierin geworden. Nach fünf Jahren trifft sie mit ihrer Mutter in Bayonne zusammen. Catharina von Medici kommt mit großen Plänen; so katholisch sie ist, so nährt sie doch den Haß der Franzosen gegen die Spanier und ihren König. Aber ihre Versuche gleiten ab. »Venís muy española« (Ihr kommt sehr spanisch), sagt sie endlich zu ihrer Tochter und öffnet damit die trennende Kluft. Aber auch Isabel, die sich nun ganz für die Politik ihres Gatten einsetzt, vermag Catharina nicht für die große katholische Liga zu gewinnen. Frankreich und Spanien gehen auch jetzt nicht zusammen, da die französische Prinzessin Königin von Spanien ist.

Eine Schranke steht auch jetzt noch zwischen den Gatten. Wer kommt jemals Philipp nah? Breitet das Gebet in der einsamen Kammer diese Unnahbarkeit um ihn aus? Macht der Kampf um Gott ihn unzugänglich? Er ist wie die Fenster der Galerie im Escorial, die nur einen Schimmer von dem Hindurchschreitenden gewähren; niemals seine Gestalt, seinen Ausdruck. Er speist am liebsten allein und überläßt die Königin ihrem großen Tisch, an dem dreißig Hofdamen sie kniend bedienen. Ohne ein vorbereitendes Wort zu sagen, verläßt er oft plötzlich am frühen Morgen das Schloß und zieht sich nach Aranjuez, dem Pardo oder nach Valsaín zurück. In dem großen rauschenden Park, wo unter den Ulmen aus England auf streng geradlinigen Wegen in gleichen Abständen der Strahl der Fontänen in die Becken fällt, oder in dem kleinen Haus zwischen den steinernen Bergen lebt er der Stille. Es gibt keine Gemeinschaft, die den tiefsten Grund der Seele nicht befleckte.

Von Don Carlos, versichern die Ärzte, ist keine Nachkommenschaft zu erwarten. Der verzerrte Schatten des tierischen Infanten lastet auf der Ehe. 1567 kommt die Königin zum zweitenmal nieder, und auch dieses Mal mit einer Tochter. In demselben Jahre, am Weihnachtstage, sprengt Don Juan d'Austria atemlos im Escorial an. Don Carlos hat ihm seinen Plan enthüllt, aus Spanien nach den in Aufruhr begriffenen Niederlanden fliehen zu wollen. Auch von einem Anschlag auf den König munkelt man. Don Carlos hat in der Beichte bekannt, daß er einen Menschen töten wolle, und auf die erschreckte Frage des Paters, wer dies sei, geantwortet: der König.

Philipp steht vor der Entscheidung, und auch dieses Mal fällt er sie nicht rasch. Erst am 17. Januar 1568 kommt er nach Madrid. Er geht mit Don Carlos zur Messe. Am Abend des gleichen Tages steigt er mit wenigen Begleitern im unsicheren Licht der Kerzen in das Zimmer des Infanten hinab. Die schweren Riegel und Pflöcke geben nach; der König steht am Bett seines Sohnes und fordert den Degen. Carlos rast, tobt, will sich erwürgen.

Hinter dem König fallen die schweren Schlösser wieder zu; bald übergittern auch Eisenstäbe die Fenster. Von dieser Stunde an sehen nur noch einige Granden den Prinzen; auch Isabel nicht. Auf die ausdrückliche Anordnung des Königs darf dem Gefangenen selbst zum Essen kein Messer gereicht werden.

In den engen Wänden seines Gefängnisses wird das Tier noch tierischer: das Fieber flackert und zuckt. Wieder hungert er, um sich zu überessen. Die Kübel eisigen Wassers, die er täglich hinunterschüttet, kühlen ihn nicht. Nur der König und seine Vertrauten wissen von dem wilden Absturz der Tage. Zuletzt erinnert sich der Gefangene noch Isabels, der Unberührbaren, die es gewagt hatte, ihm aus einer unzugänglichen Welt ihre Hand in den engen Käfig seiner Triebe zu reichen.

Vor Jahren, als Carlos nach seinem Sturze auf den Tod krank in Alcalá de Henares lag, kam der König in der Nacht, um an seinem Bett zu knien und nicht zu weichen. Der Schmerz des Vaters war so groß, daß die Umgebung mehr noch für sein Leben, als für das des Infanten fürchtete. – Nach dem Ende schreibt der König: »Ich habe mich entschlossen, Gott mein eigenes Fleisch und Blut zu opfern, da ich den Dienst an ihm und dem allgemeinen Guten über alle menschliche Rücksicht stelle.«

Wenige Monate darauf, am 3. Oktober 1568, starb die Trösterin Isabel. Wieder, stärker noch nach dem Tode des Infanten, lebte die Hoffnung auf den Erben auf, den sich nicht einstellenden Träger der ungeheuern Macht. Doch Isabel ist erschöpft. Die Ärzte zerstören den geschwächten Körper noch völlig mit falschen Mitteln. Im Morgengrauen sitzt Philipp an ihrem Bett. Sie nimmt Abschied und dankt. Er weiß nichts als die armen Worte aller hervorzubringen: daß ihr Ende noch nicht so nah sein könne. Dann verläßt er ihr Zimmer, um ihr seine kostbarste Reliquie zu schicken: einen Splitter des Kreuzes.

Sie ist längst bereit, in dem Zeichen zu sterben, in dem sie lebte. Dem französischen Gesandten legt sie noch einmal den Frieden ans Herz, dessentwegen sie nach Spanien gekommen ist, der ihr den Namen gab. Frankreich gilt ihr letzter Wunsch. Ihren Tod soll man nicht allzusehr beklagen; denn sie ist »so glücklich«. Auch der Gesandte findet nur wieder jenes arme Wort, daß er an ihr Ende nicht glauben könne, aber sie lächelt; sie hoffe, daß Frankreich glücklich werde, aber sie wünsche nicht mehr, dieses Glück zu sehen. »Ich wünsche vielmehr zu gehen und zu sehen, was ich so bald zu sehen hoffe.«

So stirbt sie mit einem Splitter des echten Kreuzes in den Händen; auch das Gesicht der Toten ist noch schön. Im Kleid des heiligen Franziskus liegt sie im Sarg. Noch sind es nicht zehn Jahre her, daß die Vierzehnjährige auf dem ersten Weg durch das eisige Gebirge des Lebens schrieb:

Tantost je sens mon œil plorer puis ryre,
Mais la fin est toujours d'estre martyre.

Aber das Königsschicksal Philipps hat sich noch nicht vollendet. Er wird eine vierte Frau suchen, die ihm den Erben schenken soll. Denn das Reich darf nicht fallen.

Die Vollendung des Glaubens

IGNATIUS VON LOYOLA

Die von Philipp durchgeführte Unterordnung alles menschlichen Handelns, der persönlichen wie der politischen Bestrebungen, unter die metaphysische Einsicht hatte, ehe er zur Regierung kam, schon ein anderer erlebt und vollzogen, dessen Werk zu Philipps Erbe gehörte: der Gründer der Gesellschaft Jesu. In Ignatius von Loyola war die Tat nicht mehr zu trennen vom Glauben, der Glaube nicht von der Tat.

Auch die Vollendung des Glaubens wurzelt im Krieg. Von ihm werden die Verteidiger geweckt, gebildet; von ihm haben sie das Pathos und die Mittel, die das Dauernde schützen. 1521, als Franz I. seine Kriege mit Karl V. begann und in Navarra einfiel, räumten die überraschten Spanier das kaum eroberte Königreich. Nur Pamplona war zum Widerstand bereit, und auch Pamplona nur, weil ein einziger sich nicht ergeben wollte: Ignatius von Loyola, der dreißigjährige baskische Edelmann. Den Kameraden warf er Feigheit vor; bis zuletzt sollten die ungefügen Mauern der alten Hauptstadt widerstehen. Nach einer Beratung zeigten sich die Befehlshaber zum äußersten entschlossen, und der Feind nahm die Kanonade auf.

Worauf hoffte Loyola? Auf Spanien fiel zum erstenmal der Glanz des kaiserlichen Namens; unter dem ehrgeizigsten aller Fürsten, dessen kühne Jugend die höchsten Titel Europas vereinigt an seinen Namen fesselte, öffnete sich dem Ehrgeizigen eine noch nicht übersehbare Bahn. Bisher war er kein Feind irdischer Genüsse, aber das Verlangen des spanischen Adligen war stärker als sie; die Gloria gebot über ihn. Er wollte mehr sein als alle seinesgleichen. Schon hatte sein Aufstieg begonnen, der Erfolg sich gezeigt; Familiengüter waren ihm zugefallen. Wenn er jetzt als Verteidiger von Pamplona sich einen Namen erwerben konnte, so war vielleicht der entscheidende Schritt in den Palast des Kaisers getan.

In einer einzigen Sekunde zersplitterten die Versprechungen des Glücks: eine der ersten Kugeln zerschmetterte sein rechtes Bein; ein losgesprengtes Mauerstück zerschlug auch das linke. Noch gab er seine Hoffnungen nicht auf; und wie hätte er auf sie verzichten können? Daß er verkrüpple und keine eleganten blinkenden Stiefel mehr tragen könne, war unter den heftigsten Schmerzen seine Sorge. So ließ er das Schienbein, das schlecht verheilt war, ein zweites Mal brechen. Als sich dennoch herausstellte, daß ein Knochen bei der Verwachsung den andern überragte und einen häßlichen Auswuchs bildete, bat er den Arzt, das vorstehende Stück abzusägen. Bei vollem Bewußtsein, ohne sich binden zu lassen, ertrug er die Marter. Vergeblich: das Bein blieb zu kurz. Auch die Streckversuche halfen nichts; sein ungeheurer Wille mußte das Gebrechen anerkennen.

Er hatte immer die Romane von Fahrenden Rittern geliebt, auch während er langsam genas, verlangte er danach; doch auf Schloß Loyola fanden sich nur zwei Bücher. Das eine war Ludolfs des Sachsen Leben Christi, das andere enthielt Heiligenbiographien. Bisher hatte Ignatius noch die Hoffnung genährt, in den Dienst des Kaisers zurückkehren zu können; die Versprechungen militärischer Ehren vor Augen, ließ er sich seine Knochen zerbrechen und zerfeilen. Gewiß hätte er selbst mit zu kurzem Bein seinen Mann im Heere gestellt. Unter dem Einfluß der Bücher jedoch, die man ihm wider seinen Willen gab, und von denen er am Anfang einzig Zerstreuung und Unterhaltung erhoffte, trat die Wendung ein.

Er selbst liebte es nicht, über die große Entscheidung zu sprechen; er ist Baske, Repräsentant des Volkes, dessen charakteristischen Zug man in der Schweigsamkeit fand.

Vielleicht hindert ihn die Ehrfurcht vor der Macht, die er in jenen Tagen zum erstenmal spürte; vielleicht aber auch verraten die Exerzitien den Weg, den er eisernen Willens verfolgte, bis die Bekehrung ihn überwältigte: der Widerspruch gegen die Tendenzen seiner Natur muß doch auf Grund dieser Natur erfolgt sein. War es der größere Ruhm, der den Glücksjäger und von einem hohen irdischen Ziel besessenen Abenteurer auf ein neues Feld heroischer Aktivität lockte? Dem Leben eines Asketen folgt ein noch größerer Hall als den flüchtigen stürmischen Tagen eines Generals. Das Wirken im Glauben ist mehr als eine gewonnene Schlacht. Alle seinesgleichen zu übertreffen, die Gloria, die nicht welkt, zu erringen, wiesen ihn die Heiligen an. In ihrer Nachfolge lag der Ruhm.

Auf eine merkwürdige Weise üben die fahrenden Ritter, die er verbannte, ihre Macht über ihn aus. Gegen den Einspruch seiner Familie entschließt er sich zu einer Fahrt ins Heilige Land. Auf dem Weg zum Montserrat kommt er ins Gespräch mit einem Mauren. Es geht um die Jungfräulichkeit Mariens. Der Maure stimmt mit ihm darin überein, daß Maria vor der Geburt des Heilands Jungfrau war; Ignatius verteidigt die Jungfräulichkeit der Gottesmutter auch nach der Geburt des Herrn.

Soll er den Ketzer töten? In seinem Zweifel läßt er den Himmel entscheiden: dies eben war seine Erfahrung, daß man sich dem Höchsten überlassen und seine Einwirkung mitten im Leben erwarten solle. Wenn an der Gabelung des Weges das Maultier des Glaubensritters dem Mauren folgt, so soll den Frevler der tödliche Dolchstoß treffen. Aber das Maultier wählt den anderen Pfad, und Ignatius läßt den Mauren ziehn.

Vor dem uralten Gnadenbild auf der Höhe des grauen Berges hängt er nach ritterlicher Sitte seine Waffen auf, um eine ganze Nacht neben ihnen zu wachen. Sein Pferd schenkt er dem Kloster, seine reichen Gewänder einem Bettler, mit dessen Lumpen er sich bekleidet. Aber auch auf der guten Tat liegt ein Fluch, und Ignatius bleibt diese bezeichnendste Erfahrung irrender Ritter nicht erspart: der gekleidete Arme gerät in den Verdacht des Diebstahls und wird erst durch die Aussage seines Wohltäters aus dem Gefängnis befreit.

Als ihn später in Venedig kein Kapitän kostenlos und ohne den nötigen Proviant mitnehmen will, erklärt er, daß er auch auf einem Brett sicher über das Meer setzen würde. Endlich findet sich doch ein Schiff; unterwegs wirft er der Mannschaft auf so unerschrockene Weise ihre Sünden vor, daß man ihn auf einer Insel aussetzen will. Nur ein Zufall verhindert die Landung.

Seine Erwartungen werden enttäuscht. Erst jetzt erkennt er, welcher Vorbereitung die Missionstätigkeit bedarf, daß ihm die notwendigste Schulung fehlt. Schon nach wenigen Wochen verläßt er das Heilige Land. Nach seiner Rückkehr beginnt der Dreiunddreißigjährige in Barcelona sich mit zäher Mühe die Lehrsätze der lateinischen Grammatik einzuprägen; auf derselben Bank mit kleinen Lateinschülern quält er sich zu deklinieren und zu konjugieren.

Dem Außerordentlichen, dem sich die Tiefe der Erkenntnis öffnet, wird das kleine Rüstzeug zur Last: die unerwünschten Blitze stören den stummen Fleiß seiner Übungen. Doch er, der nun auch die Mächte in seiner Gewalt zu haben scheint, der sie schon so weit überwand, daß er seinen Schlaf vor ihnen schützte und nachts Gedanken und Bilder selbst höchster Art nicht auf sich eindringen ließ, erkannte auch in den Offenbarungen zu unrechter Stunde die List Satans: was immer ihn in seinem Werke hinderte, entsprang des Teufels Feindschaft. Er übergibt sich der besonderen Strenge seines Lehrers, bittet diesen, daß er ihn wie den geringsten Knaben (el menor muchacho) behandle, und schließt nun in Ruhe seine Vorstudien ab. Im Februar 1528 trifft er in Paris ein und nimmt sein Studium an der Sorbonne wieder auf.

Aber bevor noch die Wissenschaft ihn streifte und an der

Arbeit seiner Gedanken teilhaben konnte; ehe er nach Jerusalem ausgefahren war, hatte er sich in vollkommener Meisterschaft das Werkzeug geschaffen, mit dem er seine größten Wirkungen vollbringen sollte. Den Exerzitien verdankt er seine Macht. Dieses Bekenntnis eines zutiefst Erfahrenen, das alle Irrwege verschweigt, alle Versuche übergeht und nur die entscheidenden Stationen nennt und zu Forderungen macht, formte die Menschen nach seinem Bilde, nach seinem Willen. Schon unmittelbar nach seiner Bekehrung fühlte er den Beruf, zu wirken; der Einfluß auf Seelen zum Ruhme Gottes wurde erstrebenswerter als der Befehl über ein Heer; ihm brachte er das Opfer seines Studiums und selbst das Opfer der Stimme, die in ihm sprach, und der er zu schweigen gebot. Indem er seinem eigenen Leben, seiner innersten Gefahr die Mittel der Wirkung entnahm, zwang er die Menschen zur Wiederholung seiner Art und seiner Laufbahn; überragte er sie zugleich als Bildner und durch seinen Willen.

Eindeutig ist die Welt, unbezweifelbar die Aufgabe des Menschen. »Der Mensch ist geschaffen, um Gott, unsern Herrn, zu loben, zu verehren und ihm zu dienen und dadurch seine Seele zu retten. Die übrigen Dinge auf der Oberfläche der Erde sind für den Menschen gemacht, damit sie ihm bei der Erreichung des Zieles helfen, für das er geschaffen ist. Daraus folgt, daß der Mensch insoweit von diesen Dingen Gebrauch machen soll, als sie ihm zu seinem Ziele helfen, und so weit sich ihrer entäußern soll, als sie ihn daran hindern.«

In einem früheren Manuskript steht in dem ersten Satz das Wort lieben; es wurde im Druck nicht übernommen. Fürchtete Ignatius, wie einer seiner Ausleger annimmt, die »Verschwommenheit« dieses Wortes? Es ist das höchste der Mystik; hier, in dem letzten Feldzugsplan, den ein General entwirft, um sein gefährdetes Korps zu retten, wird es verdächtig. Die Ausschaltung des Kosmos, die Einsetzung des Menschen als des Verleihers aller Werte ist die wahre christliche Neuerung; sie konnte nicht klarer zum Ausdruck gebracht werden als in den drei Sätzen Loyolas; sie konnte nicht unerbittlicher zu den in ihr verborgenen Folgerungen gedrängt werden als hier. Jenes Gefühl der Verwandtschaft mit allem Bestehenden, das die italienische, die nordische Mystik wieder einließen in das Zusammensein von Mensch und Gott, wird konsequent verneint: was immer außer dem Menschen besteht, ist ein ihm tief untergeordnetes Mittel. Ja, die Schöpfung ist bestenfalls ein Mittel; nur zu oft bauen Erscheinungen, Kreaturen und die Masse der zwischen ihnen spielenden Beziehungen eine Schranke zwischen dem Menschen und seiner Bestimmung auf.

An dem gestirnten Himmel allein hing das Auge des Überwinders mit Liebe; noch in seinen letzten Jahren blickte er lange weinend zu den Sternen auf, aber nur, um auch von ihnen die Bestätigung seiner Weltverachtung zu vernehmen. »O wie gemein und niedrig scheint mir die Erde, wenn ich zum Himmel blicke!«, rief er in solchen Nächten aus, »sie ist Schmutz und Kot.«

Die Absicht der Exerzitien ist, die göttliche Macht im Leben des einzelnen entscheiden zu lassen. Ihr Mittel ist die Erschütterung. Nur scheinbar wird eine geistige Schulung erstrebt; Ignatius wählt sich einzig den Willen als Objekt; auch in ihm selbst vollzog sich die Entscheidung, die sich nun tausendfach und in allen Zeiten wiederholen soll, ohne Beweisführung, ohne gelehrten Apparat, als eine innerlichste Umkehr des Willens unter der Macht des Gefühls, der Einsicht.

Es gilt das Gefühl zu wecken, alle seine Ströme zu befreien; diesen Dienst verrichtet die Phantasie. Die Wahrheiten werden als Vorstellungen erlebt, nur soweit sie Erlebnisse werden, haben sie Zugang zum Menschen, zu diesem leidenschaftlichen Realisten, für den die Metaphysik notwendig in fast greifbarer Gestalt sich vergegenwärtigt.

In dramatischen Bildern stellt die dreifache Gestalt der Sünde sich dar: der Fall der Engel wird als Höllensturz, der Fall der ersten Menschen als Vertreibung aus dem Paradiese, der Fall des Einzelnen als Verstoßung in den Abgrund geschaut. Dann beschwört die Vorstellung die eigene Sünde in ihrer ganzen Verwerflichkeit: die Engel und Seligen erscheinen vor dem Zerknirschten, aber sie bereiten nur Gottes Erscheinen vor, der ihn in der Gloriole seiner Schöpfung vernichtet.

Wiederholungen rufen das Furchtbare zurück, den Schmerz vertiefend, die Bildhaftigkeit noch steigernd, aber nur, um ein noch gewaltigeres Erlebnis einzuleiten: vor der Hölle fallen die Schleier, und der Sünder *sieht* die in feurigen Körpern eingeschlossenen Seelen, er *hört* die Schreie, er *riecht* Rauch und Schwefel, er *schmeckt* die Tränen, er *fühlt* das Feuer. Zuletzt beruft er Christi Bild, der in körperlicher Gegenwart am Kreuze vor ihm erscheint, und mit dem er, als mit einem Gegenwärtigen, spricht: »Was habe ich bis jetzt für Dich getan? Was soll ich noch tun?«

Wurde so der Strebende am Ende der ersten Woche zermalmt unter dem Gewicht seiner Sünde, so gewährt ihm am Anfang der zweiten das Anschauen der göttlichen Herrlichkeit Ruhe und Trost. Die Lästerung der Welt kreischt dazwischen, doch Christi Geburt, die Anbetung der Könige, die leibhaftige Sichtbarkeit des heiligen Paares, des Kindes, der Magd, die ihnen dient, beschwichtigen aufs neue. Dem Beglückten ist es erlaubt, die Kleider der heiligen Personen zu küssen und die Fußspuren, die sie zurücklassen. Dann erhebt Christus, der beste Kaiser, seine Fahne gegen die Fahne Luzifers, und noch einmal werden die beiden Gegner, deren Kampfplatz das Leben ist, in ihrer ganzen Wahrheit geschaut: der Teufel, entsetzlichen Aussehens, auf seinem Throne zu Babylon; Christus in sanfter Schönheit auf einem lieblichen Felde bei Jerusalem. Grausen und Glück stehen gegeneinander; der Strebende erreicht den Kamm des Gebirges und muß zwischen rechts und links entscheiden.

Die immer wieder erneuerten Bilder wachsen und drängen zum Entschluß; eine Betrachtung veranschaulicht die Möglichkeiten der Wahl. Von drei Menschen, deren jeder 10 000 Dukaten besitzt und seinem Heile dienen will, begnügt sich der erste, das Gute zu wünschen; der zweite möchte Gott ins Irdische ziehen; der dritte ist vollkommen gleichmütig und überläßt dem Herrn die Entscheidung. Damit steht der Exerzitand am Ziel, nun muß es sich zeigen, ob er sowohl in der Armut wie im Reichtum zur Verherrlichung Gottes leben kann, aber der Armut freiwillig leben wird, um Christus noch ähnlicher zu werden.

Nicht der Exerzitienmeister, der die Übungen bisher gleichsam aus der Ferne begleitet und erst später einzugreifen bestimmt ist, noch der Strebende selbst: Gott soll entscheiden; unerschütterliche Indifferenz, absolute Demut erwartet seinen Beschluß.

Die hindernden Güter der Welt haben ihr Spiel verloren; was immer den Soldaten von Pamplona verlockte, der eben vom Aufgang eines heldischen Namens träumte, als die Kugel einschlug, ist nun entwertet. Die Lebenskrise ist erreicht. Vernichtet, dann wieder neu getröstet, im Zwielicht tödlicher Gegensätze, von der Retardation erregt, von der Einkehr erschüttert, von neuen Bildern fortgerissen, aufgewühlt von der Wiederkehr des Bekannten, begleitet von den göttlichen Personen, die selbst in der Hölle ihn nicht verlassen, schritt der Exerzitand ohne Widerspruch auf den Wendepunkt zu, wo Gottes Befehl sein ewiges Los und seine Lebensform bestimmt. Der Wille zur Lebensnot, zur letzten Gefahr, schrieb die Straße vor. In Manresa, am Fuße des heiligen grauen Berges, hatte Ignatius die Krise bestanden: dort unterlag er fast der Versuchung, das Fenster seiner Zelle zu öffnen und durch den Sturz in die Tiefe – eine Tiefe, in der auch jede jenseitige Versprechung erlosch – die Höllenpein der Zerknirschung zu beenden. Der Bruch in seiner Laufbahn drohte, sein Leben zu zerbrechen. Die Wendung streifte den Tod. Aber die verheilte Bruchstelle widersteht für immer.

Entäußerte sich so der Führer in der Mitte der Straße aller

Autorität, verlangte er im Sturm der Erschütterung selbst den Befehl wie ein Soldat in chaotischer Schlacht: der Befehl wird der durchlebten Wahrheit entsprechen; die Möglichkeiten sind nur noch scheinbar. Dem, der die Lästerung der Erde hörte, den Glanz der Dreifaltigkeit fühlte mit seinen Augen, vor dem die beiden Fahnen wehten, der Christus auf dem Felde sah und Satan auf seinem Thron, bleibt keine Wahl; es gibt nur einen Befehl, dem er folgen kann. Die Macht und der Wille des Dienenden werden eins. Der Wille des Führers ist gleichgerichtet.

Die dritte und vierte Woche dienen der Bestärkung des gefaßten Entschlusses; nun fallen die Vorhänge vor den Fenstern des bisher verdunkelten Zimmers. Noch einmal durchlebt der Büßer Christi Leiden, spürt er die Streiche, fühlt er die Nägel in seinem Fleisch; aber die Entscheidung, die er getroffen, schützt ihn; er ist dem Leiden gegenüber tätig geworden und kann es dadurch überwinden. Wieder bereitet der Schmerz die Freude vor: in der letzten Woche hört der Entschlossene, dessen Schicksal sich gewendet hat, den Jubel der Auferstehung; er schmückt sein Zimmer mit Blumen und geht den Weg nach Emmaus mit.

Ohne Fuge ist die Mauer der Einkehr getürmt, so schließt sich das Schloß Bellver auf Mallorca zusammen zu einem Ring aus Stein. Das Gefühl ist stark, aber dienstbar in jedem Augenblick. Keine Unklarheit wird geduldet. Der so baute, sprach das tiefe Wort: »Es ist ein großer geistlicher Gewinn, Gott um Gottes willen zu verlassen.« Nachdem der Bruch verwachsen ist, winkt die Tat; soldatischer Gehorsam ist ihre Bedingung. Es gibt drei Arten des Gehorsams: den der Tat, die ausführt, was geboten wurde; den des Willens, der das Befohlene auch will; den des Intellektes, der erkennt, daß zu Recht befohlen wurde. Auf der höchsten Stufe unterwirft sich die Erkenntnis dem Befehl. Die Macht des Gebieters erstreckt sich über den Willen hinaus auf die Fähigkeiten, aber auch der Gebieter wird als ein Dienender verstanden. General und Soldat sind

Gehorchende. Im Gehorsam allein ist die Erlösung des Handelns beschlossen, der Übergang aus der Not vereinzelten Daseins in den großen Dienst. Vorher ist der Strebende allein mit Gott; der Nächste ist ohne Bedeutung. Der spanischen Mystik ist zunächst nur eine Liebe gestattet: die zu Gott. Auf den Menschen greift die Liebe erst über nach der vollkommenen Hingabe an Gott.

Spanisch ist diese Religiosität; spanisch ist dieses Soldatentum; durchaus spanisch ist die Bewegung, die der Soldat von Pamplona, der Verteidiger der spanischen Grenze, erweckte. Die Exerzitien vollziehen eine Auswahl; sie sind allein für Starke bestimmt: nur solche, die genug geistige und körperliche Kräfte besitzen, um den Bruch und die Unterordnung ihrer Existenz unter den rettenden Befehl des Herrn herbeizuführen und zu ertragen, sollen sich ihnen unterwerfen.

Am 15. August 1534 führte Ignatius die ersten, die unter der Macht der Exerzitien seine Lebensform angenommen hatten, in einer Kapelle der Marienkirche auf dem Montmartre zusammen; er hatte sie einzeln herangebildet und zu keinem über den anderen gesprochen. Sechs Männer begegnen sich als Mitstrebende in der französischen Hauptstadt; keiner von ihnen ist Franzose: einer stammt aus Savoyen; Franz Xavier, der der berühmteste werden soll, aus Pamplona; drei sind Kastilier, einer Portugiese. Die nächsten drei, die Ignatius durch die Exerzitien gewinnt, sind Franzosen, aber im folgenden Jahre verpflichtet er sich selbst in Venedig wieder Spanier: zwei von diesen stammen aus Kastilien, der dritte aus Córdoba.

Noch hatten die wenigen, die sich auf dem Montmartre, dem Berg des Martyriums, am Tage von Mariä Himmelfahrt und an einem Maria geweihten Ort vereinigten, mittelalterliche Ziele: sie wollten der Mission in Palästina dienen; aber schon in Venedig trat die abendländische Wendung ein: Ignatius wählte Europa als Mittelpunkt ausstrahlender Wirkung und entschied sich bald darauf für Rom. Es galt, Rom zu rüsten, Rom zu wecken; über Rom wirkte Spanien auf die Welt. Bald kämpfte im hohen Norden Spanien als unversöhnlichster Feind des Neuen, als Schürer des Widerstandes unter den Zeichen Roms.

In der ersten Zeit seines römischen Aufenthaltes predigte Ignatius im Gegensatz zu seinen Gefährten in spanischer Sprache. »Ich sehe viele Fenster geschlossen«, soll er gesagt haben. Bald paßte er sich an und bediente sich des Italienischen; aber die Siege, die er und die Seinen rasch in allen Ländern, in allen Sprachen, sich allen Sitten, allen Bedürfnissen bequemend, erfochten, waren Siege spanischen Geistes, spanischer Art. 1543 bestätigte Papst Paul III. die Statuten des ihm untergeordneten geistlichen Heeres. Schon zwei Jahre zuvor hatte sich Franz Xavier nach Indien eingeschifft, wo ihn die Märtyrerkrone erwartete.

Blieb Ignatius auch jetzt noch spanischer Ritter? Hatte er den Kaiser nicht vergessen? Ihn beschäftigte ein großer Plan. Unter der Beteiligung der Seefahrer, reicher Orden, der Bistümer, Ritter, Kaufleute und Seestädte sollte Europa noch einmal sich zu einem Kreuzzug sammeln; falls der Papst ablehnte, sollte der Kaiser Führer sein. Wollte der Verwundete von Pamplona, der Edelmann aus baskischem Geschlecht, der fahrende Ritter und Abenteurer im Heiligen Land, den Dienst nun ausführen, den jene Kugel verhindert hatte?

Aber der Plan drang nicht durch. Nicht Karl V., sondern Philipp II., der spanische König, sollte der Fürst Loyolas werden. Befehl und Gehorsam, das Künftige und die Gegenwart standen zueinander im selben Verhältnis für den Schöpfer der spanischen Lebensform wie für den dienenden König. Beide verwalteten ihre Macht als Knechte der Ewigkeit. Schon mit dem 19jährigen Prinzen korrespondierte der Gründer; der Briefwechsel setzte sich fort bis in die Zeit, da Loyola der Majestät des Königs von England seine Freude über die

Bekehrung des Inselreiches ausdrücken konnte. Alle diese Briefe betreffen die Reform spanischer Klöster, das Hilfswerk der Jesuiten im niederländischen Konflikt.

Hier, nicht im Kampf gegen die Türken liegt die erste Aufgabe der Gesellschaft, die von der Demut ihres Gründers die »minima compania« genannt wird. (Compania freilich ist im Sinne militärischer Zucht zu verstehen.) Die Lehre ist unverrückbar; die Autorität unverletzlich. Um so freier und verbrecherischer sich der Zweifel erhebt in der Zeit, um so strenger muß die Unterwerfung sein. Was die Kirche behütet, was eben das Konzil von Trient unter dem Schutze der spanischen Könige von neuem der Welt auferlegt, muß ohne Einschränkung verwirklicht werden. Nur die Kirche hat das Recht zu lehren; ihr allein ist die Auslegung der Schrift übertragen. Ihr Werk wird vollendet unter dem Beistand des Heiligen Geistes. Es gilt zu ordnen; wie in der Seele alle Wünsche und Neigungen verlöschen müssen, die das Gesetz trüben, die Bestimmung verwischen, so ist keine Lockerung im Zeremoniell und in der Verwaltung erlaubt. Für die Reinheit des alten Gedankens, in dem alle Möglichkeiten des Lebens und der Wiedergeburt aufgespeichert sind, zu kämpfen, ist die spanische Aufgabe. Karl V. setzte für das Konzil sich ein, Philipp II. führte es zu Ende; Ignatius stellt die Soldaten, die den Befehl verbreiten und ihm Geltung verschaffen.

Noch einmal, so scheint es, gelangt der Glaube zu einer überstaatlichen Macht; nationale Mittel dienen dem Allgemeinen. Der Nationalismus scheint der Bestimmung zu unterliegen. Doch während die Krieger des verwundeten Generals den Kampf an den Grenzen des Glaubensreiches führen und noch einmal der Sieg der alten Lehre, der Sturz des Irrtums als eine verheißungsvolle Möglichkeit vor den Augen der Streiter glänzt, reifen im Land der Verteidigung, unter dem Pathos der Abwehr, die innerlichsten Werte. Die Krieger werden endlich auf weite Gebiete verzichten müssen, die sie zurückzugewinnen hofften; an dem erzenen Bau, dessen der erbitterte

Überwinder bedurfte, um dienend zu leben, bricht sich am schmerzlichsten das Licht einer sinkenden Epoche: auch die heroischste, entsagungsreichste und mächtigste Anstrengung, zu retten und wiederherzustellen, erreicht ihr Ziel nicht mehr, und ihr Schicksal wird zum Urteil über alle andern Versuche des gleichen Willens, zu einer düsteren Voraussage für die kommende Zeit; doch zugleich mit dem Verhängnis wächst auch der Wille zur Vollkommenheit, und die Mystik, die dem Gesetzgeber, Erzieher und Ordner in ihrer Fülle versagt geblieben ist, erlangt jetzt den Kranz, der als Zeichen der Vollendung allein dem Untergehenden verliehen wird.

TERESA VON AVILA

Ya no durmais, ya no durmais,
Que no hay paz en la tierra.
(Schlaft nicht, schlaft nicht!
Denn es gibt keinen Frieden auf Erden.)
Aus einem Streitlied der heiligen Teresa.

Avila

Unter einem grauen Himmel, den rasch wieder ein grelles Licht durchblitzt, liegt Avila. Hier, auf einer Höhe von zwölfhundert Metern, steigt das Land im Westen von der Straße nach Salamanca her nur noch leise, in einer großen Linie an. Steiler ist der Aufstieg, den die Stadt selbst vom Ufer des Flusses nimmt. Um die Häuser schlingt sich die noch nicht zerrissene Fessel einer furchtbaren Mauer. Sie gleicht einem Ring, der mit achtundachtzig Türmen wie mit eisernen Nieten an die Felsen geschlossen ist. Es gibt nur eine einzige Form, die sich achtundachtzigmal wiederholt: eine ovale, sich vorwölbende Bastion. Ungleiche, kantige Steine sind in das Rund der Türme gezwungen, die bis in die Höhe der Mauer wieder mit Steinen und Geröll ausgefüllt sind. Zinnen laufen, ohne je ihre Umrisse zu verändern, über die Mauer und um die Türme; im Osten, wo die Stadt über Felsen herunterstürzt, steigt der schmale kühne Weg zwischen den Zinnen steil in den Himmel.

Beim Bau dieser Befestigung war dem Individualismus der Bewohner nicht die geringste Freiheit gestattet. Eine Form wurde erprobt und mit eiserner Konsequenz am Ufer des Flusses, auf den östlichen Felsen, auf den westlichen Hängen ohne Rücksicht auf Häuser und Boden durchgeführt bis zur Höhe des Geländes, wo der Kreis sich schließt. Hier ist keinem Turm eine graziöse Kuppel, ein verträumtes Fenster erlaubt; auf den streng umzirkten, dem Himmel offenen Flächen tanzt keine Wetterfahne im Wind. Dem Holz ist keine Rolle an diesem Werke zugeteilt, es zeichnet nicht, wie in den deutschen Mauern, die dunkle Ader des Lebens in den Stein. Hier biegt sich kein Balken in weicher, schwermütiger Linie; hier sinken nicht schwarzdunkle Giebel langsam auf bröckelndes Mauerwerk. Nachts tickt nicht der Holzwurm, der im Norden, ob auch alles zu Ende scheint, fast tröstlich an den Fortgang der Zeit gemahnt. Ein einziger, niemals durchkreuzter Wille entwarf und vollendete diesen Plan, ein Wille, der beharrte durch Jahrhunderte.

Gelb ist die Mauer, die Häuser, die sich in ihr drängen, sind grau. Die Stadt ist wie ein Sack, aus dem ein Teil der Körner geronnen ist: nach dem Flusse zu ist sie schlaff, kann sie den alten Umkreis nicht mehr füllen. Darüber aber heben sich die breiten Adelstürme aus fallenden und steigenden Dächern heraus, erdrückend wie Felsen unter rollendem Kiesel. Hoch am Kamm, dort wo die Mauer in der Erde versunken ist oder sich im Himmel verloren hat, droht wie ein Adelsturm der Turm der Kathedrale. Er ist kantig und klar; ein prismenförmiger Kristall, an dessen Ecken wieder schmalere Prismen angeschlossen sind. Die Zinnen der Mauern starren auch von der Plattform des Turms. Über sie hinaus jedoch stechen spitze dreieckige Pyramiden in die Luft. Alle Kanten sind mit steinernen Kugeln besetzt, die ihnen wie Perlschnüre folgen. Vom dunkelgelben Gemäuer am Fluß bis zur zakkigen Spitze der Kathedrale steigt verwirrt, immer wieder von mächtigen Türmen geordnet, umengt von römischer Mauer, die Stadt. Das Licht streitet sich, von Glockenschlag zu Glockenschlag wechselnd, mit fliegenden Pfeilen, langen strahlenden Speeren, dunkeln langhinrollenden Schatten; im untersten Tor liegt die Nacht; um das graue, fast durchsichtige Prisma des Turmes flirrt eine unirdische Helligkeit. Streit in den Lüften, Streit auf der Erde: eine Feindschaft gegen alles von außen Kommende, die zu keiner Versöhnung bereit war, scheint Stadt und Wall errichtet zu haben.

Für einen Augenblick erobert sich die Sonne die westlichen Felder. Aus dünnstehendem Korn, das die Erde nur leicht verschleiert, heben sich im grellen gelblichen Lichte Steine und gerundete Felsblöcke hervor. Gegen den Horizont scharen sie sich immer dichter, übereinander steigend, wachsend, zunehmend an Macht und Rätselhaftigkeit ihrer Form. Sie türmen sich; ein Klotz, der zwei andere überwand, trägt ein hölzernes Kreuz. Doch schon muß das Licht den Boden aufgeben, den es eben gewonnen hat; wie es hinausflieht, bricht es sich in weitester Ferne an einem Meer von Steinen. Bald ist das Getreide geschnitten, das Gras verdorrt; wenn noch kaum der Herbst begonnen hat, liegt Avila in hoffnungsloser Öde.

Ein Turm ist zerbrochen und schüttet die in ihm gehäuften Steine wieder aus. Doch sonst fehlt kein Zahn in dem furchtbaren Gebiß dieser Mauer. Wie ein lauerndes Ungeheuer liegt die Stadt auf der Höhe, hier, wo kein Leben erwartet wird, haust der schrecklichste Feind.

Im unteren Teil wohnt das Elend, eine solche Feindlichkeit findet keine Gegner mehr. Wo ist das Leben, das diese Gestalt noch füllen könnte? Von kleinen viereckigen Häusern mit durchlöchertem Ziegeldach bröckelt der Kalk wieder ab. Über

den niederen Eingängen schlägt der maurische Ziegelbogen seinen wunderbaren Kreis. Man hat ihn vermauert, aber das Elend, das Tag und Nacht auf die Wände schlägt, legt ihn wieder frei. Auf diesen verbuckelten Straßen drängten sich einmal die bunten arabischen Gestalten; vielleicht dienten die Steine der kleinen Kapelle einst einer maurischen Moschee.
Die Adelshäuser sind einfach und streng. In rechtwinkligem Geviert schützen sie den Hof; an vorragender Ecke wacht der Turm. Kleine Fenster durchbrechen in weiten Abständen hoch über der Straße die Mauer. Die Heraldik feiert Triumphe. Schon verwittertes gotisches Getier hält einen Schild, dessen Zeichen die Zeit verlöschte; noch ältere romanische Bilder suchen zu sprechen. Breit legen sich die steinernen Wappen über die Wände; oft prangt über jedem Fenster ein anderes, oder sie biegen sich wie metallene Schutzblätter um die Ecke des Turms. Die Feindlichkeit der Mauer tobt im Innern fort. Jeder will trumpfen und übertrumpfen; die Geschichte des Geschlechts soll reizen und fordern. Im Kampf wurden alle diese Zeichen erworben, erhöht, und Kampf sollen sie wieder erwecken.
Den sechs Pfennigen der Davila gehören die mächtigsten Mauern. An dem niederen, gedrückten Tor, das heute den Namen der Heiligen trägt, stand das Haus ihres Vaters Alonso de Cepeda; er führte den springenden Löwen, der noch immer in allen Straßen um die Kathedrale seine Felder behauptet, die drei Schilder der Sanchez, der ersten christlichen Gouverneure der Stadt nach ihrer Eroberung, die acht Kreuze des heiligen Andreas, die bei der Eroberung von Baeza gewonnen wurden. Die Familie Cepeda war stolz genug, ihre Abstammung von Sancho, dem Könige von Kastilien und Léon herzuleiten. Auch das Geschlecht der Mutter, die Ahumedas, hatte sich den rauchenden Turm in seinem Wappen im Kampf mit den Mauren erworben; um eine Burg vor den Heiden zu verteidigen, steckte sie der erste des Geschlechtes in Brand.

Durch das Tor, das nun niemandem mehr den Eingang verwehrt, leuchtet in dunklem Blau der wildeste Gipfel der Sierra von Grédos. Oft geben ihn die Wolken nicht frei; auch im Sommer, wenn das karge Getreide schon der Sichel verfällt, schimmert von der höchsten Zacke der Schnee.

Unerbittlich ist das Leben auf dieser Höhe zwischen Bergen, Steinen und unfruchtbaren Feldern, unter der Wut des Lichtes, der Stürme, der Kälte, im Kerker der schützenden Mauer. Hier wird auch die Kathedrale zur Festung. In einem weiten Bogen springt die Apsis als stärkste Bastion aus der Linie des Walls; sie ist doppelt bewehrt: ein Wehrgang steigt über den andern; in der Mitte, zwischen den Zinnen, steht ein Kreuz. Während das Gebet die hohen Hallen aus rotgefleckten Steinen füllte, standen draußen die Wächter, vielleicht auch die Kämpfer. Der Krieg wurde zweifach geführt; mit Schwert und Geschoß; mit Opfer und Gebet. Wenn die Feinde gegen die Mauer rannten, die den Altar umwölbt, so stürmte das Flehen der Knienden den Himmel. Stärker wurde vielleicht nie geglaubt als in dieser Kirche, die eine Festung ist.

Am 2. November, dem Tag der Toten, läuten nachts um vier Uhr die Glocken von Avila. Keine Stadt hat eine mächtigere Stimme. Drei Schläge fallen wie eiserne rollende Kugeln vom Turm der Kathedrale. Der erste ist der Weckruf, der alle Toten und Lebenden sammelt; der zweite die Klage der Kreatur; der dritte das Gericht. Es ist, als bebte jede Zinne, als hallte das Geröll im stumpfen Innern der Türme mit. Der Staub der Vergangenen erzittert unter beschrifteten Platten, in Sarkophagen, die das steinerne Geflecht frühester christlicher Epochen umspinnt. Die schwingende Glockenschale ist nur der Klöppel in der größeren Glocke der Zeit, die um Avila sich wölbt; Jahrhunderte verstärken ihren Schall. Denn den Lebenden, die in dieser schrecklichen Stadt ein Idyll umhegen wollen wie ein Blumenbeet in einer zertrümmerten Burg, gehört die Stimme nicht; sie gehört allen, die waren, dem Land, den Steinen, den starren Gebirgen, die die Nacht verhüllt.

Aus dem zeitlosen Schlaf auf vermoderten Kissen recken sich die Vergangenen auf; nun geschieht das Furchtbare, das sie erwarteten. – Endlos, in sich nicht sättigender Wiederholung antwortet die Klage auf den Weckruf, als könnte die Entscheidung verzögert werden. Noch betäuben der Schlaf und die Dumpfheit der Erde, so lasten draußen die runden Steine auf dem erstarrten Feld. – Doch ehe noch der Widerhall ruht und der Seufzer in der Ferne verstummt, bricht schon der dritte Schlag herab, als zerspalte der Blitz ein von Menschen erfülltes Haus; jetzt fällt die Entscheidung für die Ewigkeit. Keine Stimme widerspricht dem Herren, der die Hand erhebt. Alle anderen Glocken fallen ein. Es tönt zwischen den Häusern von San Juan, von Santa Teresa, von Unserer Frau vom Schnee, von San Estebán: erregte bebende Fragen erweckter Seelen, die der Schall der großen Verkündigung verschlingt. Vor den Mauern, zwischen den Steinen nehmen die Kirchen und Klöster den Anruf auf; weit aus ferner Tiefe hallt die Glocke von Santo Tomas. Ob nun Don Juan, der einzige Sohn der katholischen Könige, der, ehe er zur Herrschaft kam, alle Kronen vertauschte mit der Unendlichkeit des Traums, einziehen wird in das unverlierbare Reich? Er liegt dort unten, eine marmorne Gestalt auf marmornem Kissen, geschlossenen Auges unter gotischem Gewölbe; dieser Schlafende war zum Herrn der Länder geboren, die an Habsburg fielen. Auch Habsburg erbte nicht mehr als den Schlaf dessen, der nie zu herrschen begann. Und solange es herrschte, wünschte es sich seinen Schlaf.

Avila ist die Stadt des Gebets; sein Glockensturm braust für alle Städte der Welt. Um der Sünden aller willen schließen sich hier Mönche und Nonnen ein in engen Höfen; hinter Fenstern, die ein weißes Gitter verdeckt, draußen in der Nachbarschaft der Felsen, unter denen die letzte Fruchtbarkeit der Erde erstickt. Als Christus durch Avila kam, weinte er über die Kahlheit seiner Felder; die Steine sind die Tränen des Herrn.

Gott wohnt in einer Festung wie Avila. Zwischen den Bastionen, die das Tor beschützen, wölbt sich in höchster Höhe eine steinerne Brücke, von der aus die Verteidiger drohen. Innen muß Straße um Straße, Turm um Turm erobert werden. Um die Kathedrale lagern sich Löwen aus Granit. Am Eingang wachen zwei aus Stein gehauene Barbaren, und oben zwischen den Zinnen sind wieder Geschosse bereit. Wenn das Tor sich öffnet, in der letzten vergehenden Sekunde, da der Anstürmende fast schon den empfangenen Wunden erliegt, spürt er die Ewigkeit. Draußen auf dem Dach klirren wieder die Waffen, und vor dem Altar darf das Gebet nicht einen Augenblick ermatten, sonst verschließt sich der Himmel aufs neue.

Am 28. März 1515 wurde Teresa in Avila geboren. Schon dem Kinde offenbarte sich der Himmel nicht in Träumen, sondern in der Aufforderung, für ihn zu kämpfen. Von Heiligenbiographien entflammt, verläßt das kleine Mädchen mit seinem Bruder das Elternhaus, um im Maurenlande zu sterben. Sie beten noch einmal in der kleinen Kapelle neben der Brücke, dann ziehen sie die Straße nach Salamanca hinaus.

Ein Verwandter findet sie und bringt sie zurück, aber die heroische altspanische Form der Religiosität bleibt ihnen treu. Später stirbt der Bruder überm Meer bei der Eroberung von Plata; das Herz der Heiligen durchstößt der Engel Gottes mit glühendem Pfeil.

Im Garten bauen sie kleine Eremitagen aus Sand. Die Lippen der Kinder wiederholen dabei ein rätselhaftes Wort, das sie in den Biographien der Heiligen fanden und vielleicht gerade deshalb so gut verstehen, weil es so dunkel ist: »Para siempre, para siempre. Pena y gloria para siempre.« Da sie kaum erst Wurzeln schlagen in der Erde, faßt sie der Hunger nach der Ewigkeit schon an. Die mühsam errichteten Bauwerke der Kinderhände fallen ein; doch sie scheinen zu wissen, daß alle Werke, die in vergänglichen Tagen entstehen, ebenso fallen werden. Für Gott allein lohnt es sich zu leben. Der Ruhm ist der höchste Preis, aber er hat nur Wert, wenn er in Ewigkeit dauert, dann ist er mit dem Leiden, dem Tod, dem Ende dieses Lebens kaum bezahlt. Der Ruhm ist im Leiden. Unzulänglich ist schon jetzt die Welt; allein was hinter ihr liegt und was sie verweigert, treibt an. Neben dem Leben der Heiligen lesen sie die Geschichte der fahrenden Ritter. Die Helden im Panzer und die Helden in der Kutte sind ja Verwandte: beide verachten die Erde und suchen einen Lohn, der auf den kahlen Äckern der Unzulänglichkeit niemals erblüht. Ihrer beider Wille zum Leben wird nur von der Ewigkeit gestillt. In beiden glüht der Mut, das Letzte zu wagen, und auch dann nicht vom erwählten Weg zu weichen, wenn der Tod seine dunkle Mauer darüber baut. Phantastisch ist ihrer beider Dasein; von Wundern umgeben, zieht der Ritter dahin, ihm öffnen sich Schlösser in kargen Felsen; auf den fernen Gebirgen, die der Schnee bekrönt, wird er von Königen in schimmernden Palästen empfangen; plötzlich tut sich der rissige, vertrocknete Boden auf, und Gold und Karfunkel glühen in der Tiefe. Auch die finstere Höhle des Heiligen füllt plötzlich der Glanz. Engel fliegen ihm zu und blenden mit ihrem Licht seine armen, von der Dunkelheit fast erblindeten Augen; Hunger, Verfolgung, Schläge und Wunden machen ihn immer reicher an niemals geschauten Schätzen. Beide überwinden durch Leiden und Mut die Armut der Erde und leben mitten im Vergänglichen in der Ewigkeit.

Karg wie die Landschaft um Avila sind alle Freuden der Welt. Je weniger das Irdische genügt, um so leidenschaftlicher wird der Wunsch nach den Gütern, an denen es keinen Teil mehr hat. Unermeßlich wie seine Forderung ist auch der Reichtum des Ärmsten. Ihm geschieht wie dem Betenden, der am späten Abend auf den buckligen Grabsteinplatten von San Pedro in Avila kniet: in tiefstem Dunkel liegt schon das Gewölbe, da fällt der grelle, späteste Strahl der Sonne von Avila durch das oberste Fenster, und die Kuppel schwebt wie ein riesiger Stern über der Dunkelheit seiner Schmerzen.

Teresa ist wirklich in Avila getauft: das Becken in San Juan,

aus dem man das geweihte Wasser über sie goß, ist einer jener grauen auf den Äckern verstreuten Klötze, den man zur Muschel formte. Der Stein der Armut bewahrte die Flut der Gnaden und Wunder.
Da Teresa noch nicht zwölf Jahre alt ist, stirbt ihre Mutter, eine ungewöhnlich schöne Frau, die neun Geburten erschöpften, noch ehe sie die Mitte der Dreißig überschritt. Die erste frühe Begegnung mit Gott verblaßt; die Geheimnisse, mit denen die Kinder so vertraut sind wie mit ihren Gespielen, fliehen zurück und können erst spät wieder mit furchtbaren Opfern in den Kreis des Lebens gelockt werden. Nun erstirbt auch auf ihren Lippen das kühne »para siempre« der Heiligen und Ritter; sie wird ihrer großen vergänglichen Schönheit gewahr und will mit ihr dem Vergänglichen dienen. Vielleicht hat sie geliebt; sie schmückt sich, pflegt ihr schwarzes, krauses Haar und ihre wunderbaren Hände. Nie aber gestattet sie ihrer Leidenschaft, das Gebot der Ehre zu übertreten. In diesem einen kurzen Abschnitt ihres Lebens, da die Welt sie besitzt, leitet sie nicht die Liebe zu Gott, auch nicht die Furcht vor ihm. Statt ihrer wird die Ehre des Namens, den die vorausgegangenen Generationen verteidigten und unbefleckt vererbten, zum unverletzlichen Gesetz.
Mit sechzehn Jahren bringt sie ihr Vater in das Kloster Santa Maria de Gracia, wo viele Töchter des Adels erzogen werden. Sie selbst spürt eine Abneigung gegen das Klosterleben. Nun zeigt sich zum erstenmal die Tendenz ihrer Natur, innere Krisen auch körperlich auszutragen. Nach einem und einem halben Jahr verfällt sie einer so schweren Krankheit, daß man es für geraten hält, sie ihrer Familie zur Pflege zu übergeben.
Während der Rekonvaleszenz trifft sie auf dem Wege zu ihrer Schwester, in tiefster spanischer Landschaft, der erste Blitz. Sie ist in Ortigosa, im Hause eines Onkels, der als ein sonderbarer Einsiedler auf seine Weise die große Wendung des spanischen Adels aus der Tat in die Stille erlebt. In einem kleinen, kaum vierzig Hütten beherrschenden Adelshaus, an den Ausläufern

des kahlen Gebirges, über dessen herabgerollte Felsentrümmer dunkle Steineichen ihren Schatten werfen, erkannte er, über fromme Bücher gebeugt, die Nichtigkeit aller Dinge. Über sie spricht er auch am liebsten, wenn ein Besucher einmal in seine Einöde kommt.

Aus diesen Büchern und Worten dieses völlig Desillusionierten empfängt Teresa den stärksten Antrieb zur Wendung. Nun rührt sie zum erstenmal die Erkenntnis ihres Jahrhunderts an, daß alles Nichts ist, daß das Ende aller Dinge so nah über der Erde schwebt wie ein vom Gebirge stürzender Stein. Plötzlich entschleiert sich der Tod. Was hätte sie erwartet, wenn sie an ihrer Krankheit gestorben wäre? Doch sie löst sich so qualvoll wie ein Wurzelgeflecht, das sich, von Moos gehalten, weit über den Boden erstreckt und vom fallenden Stamm wie ein Tuch von der Erde gerissen wird. Die feinen Fasern ihrer Hoffnungen reißen ab. Durch Verzweiflung und Schwermut hindurch gelangt sie zum Entschluß, ins Kloster einzutreten; auch den Widerstand des Vaters überwindet sie.

Das Kloster Encarnación liegt vor der Stadt. Es ist gebaut auf dem alten Friedhof der Juden, von dem diese, als sie 1492, im Jahre der Siege, des Glücks und der beginnenden Verhängnisse vertrieben wurden, verzweifelt Abschied nahmen. In der Zeit, als die große Flucht aus der Welt begann und es nicht Klöster genug gab, die Fliehenden zu fassen, verwandte man oft nur wenig Sorgfalt und Mittel für ihren Bau. So stäubte im Winter der Schnee durch das Kirchendach; im Sommer glühte die Sonne über dem Haupt der Betenden.

Es ist der 2. November 1533, der Tag der Toten. Mit 18 Jahren verläßt Teresa endgültig das Haus des Vaters; ihr Bruder Antonio begleitet sie zum Tor des Klosters, dann wendet er sich zurück in die Stadt, um sie noch einmal zu durchschreiten und, auf der anderen Seite hinabsteigend, das Kloster Santo Tomas zu betreten. Die sechs anderen Brüder schiffen sich nacheinander nach Westindien ein; nur zwei von ihnen werden zurückkommen.

Vor dem Kloster liegt die Stadt mit allen ihren Türmen und Zinnen in ihrer ganzen Furchtbarkeit. Das dunkle Gebirge, auf das längst wieder Schnee gefallen ist, zackt sich dahinter hoch in den Himmel. An diesen Umrissen formte der Krieg allein. Wie auf jenem maßlosen, nie wiederholten Bilde des alten Breughel starrt aus jeder Lücke der Tod. Wie dort scheint er sich, verhundertfacht, gewaffnet und Sargdeckel als Schilde vor sich haltend, zu einem Ausfall zu rüsten. Nur in einer Welt, die bis in den Grund zerspalten ist, erwächst eine solche Form. Hinter den gelben Mauern, in dem bläulichen, mit Steinen besäten Land lodert ewig der Streit.

Nachts setzt der Glockensturm ein. Alle Toten von Avila, die Toten der Welt singen mit. Vor der Burg der Ewigkeit stürzen sie auf Felsen und Steine, beginnen den Anlauf neu, legen Leitern an und suchen Seile um die Zinnen zu werfen. Aber an den runden Türmen, den Mauern ohne Spalt gleiten sie ab. Der Tod schießt seine Speere hinab, nicht mehr der Tod des Fleisches, sondern der Tod der Seele. Wieder laufen die Schatten, die allzu Sterblichen über die starren Äcker, um der furchtbaren, von eisigen Winden gegeißelten Ebene zu entfliehen. Wieder beginnt der Angriff; und er wird und soll nicht enden, solange die Erde steht.

Buch ihres Lebens

Das Leben im Sinne der heiligen Teresa ist ein inneres Leben. Ihre Klostergründungen, die ganze leidenschaftliche und opfervolle Tätigkeit ihrer späteren Jahre sind nur die Wirkungen der Entscheidungen, die in ihrem Innern fielen. Bis die äußere Wirkung sich ihr öffnete, bedurfte es eines fast zerstörenden Kampfes um Gott.

Am tiefsten leidet der Heilige unter der Spaltung der Welt. Sein Leben entwickelt sich in den Unwettern einer Feindschaft, die schon vor ihm begann und auch nach ihm nicht enden wird: der Feindschaft Satans gegen Gott. Während die

Konflikte der Charaktere von der Begrenzung der Erde gesetzt und mit dem Fall dieser Schranken überwunden scheinen; während also hier der »metaphysische Trost« einer Befreiung im Tode aufleuchtet, so weiß der Heilige, daß der Kampf, in dem er steht, in dem sein Blut verrinnt, bis ans Ende der Zeit fortdauern wird.

Diese Tragik des Geistes, dem der Eintritt in seine Heimat verwehrt wird, ist aller weltlichen Tragik überlegen. Denn ringsum stehen die Tausende, die ebenso kämpfen, die qualvoll oder auch stumpf unterliegen, und aus der Ferne, Tag für Tag, kommen die Scharen heran, denen dieselbe Schlacht bestimmt ist. Der Heilige steht in der vordersten Reihe, die Verantwortung für alle Kämpfer auf seinem Gewissen, ihr namenloses Leiden auf seiner Seele. Wie auf dem Gipfel unter Blitzen, Stürmen, Frost und Glut auch das härteste Gestein zermahlen wird und als schwarzgrünes Geröll und Schutt über die steilen Ginsterhänge hinunterrinnt, während im Tal viel schwächere Formationen noch ihre Form bewahren, so wird der Führende von einem Leiden zerstört, das nicht ermessen werden kann. Über den Schmerzen der Gipfel liegt Schweigen. Hier wacht kein Ohr, das es hören könnte, wie der Sturm mit unsichtbarer Säge schafft, wie der Frost in die Ritzen dringt und zersprengt, wie die Zacken sich lösen und stürzen.

Wenn der Heilige selbst auch siegte, so siegt noch nicht sein Heer: diese Erkenntnis ist seine härteste und persönlichste Last. Sein Bild, seine Taten kämpfen weiter; seine Gründungen sollen Mauern bauen, in deren Schutz der Kampf mit größerer Sicherheit fortgeführt werden kann. Er selbst aber, aus der ewigen Klarheit die stürmende, fallende, fliehende Reihe überblickend, wird auch dort angerufen werden von den Unterliegenden, kämpfen mit seiner Bitte und leiden. Bis das sausende Rad der Welt zerschmettert am Wort des Richters, wird dieser Kampf kein Ende haben.

Friede? Es gibt kaum eine Gewißheit. Denn immer wieder wird der Glaube an die Sendung erschüttert, ja erstickt, sobald er erwachen will. Die Sendung bestätigt sich im Leiden, im unablässigen Zweifel. Später wird man gerade an seiner Verzweiflung den Auserwählten erkennen; dann, wenn er sie ganz durchlebt hat. Hier kann es keine Rettung geben, keine gesucht werden; gerade die Rettung würde gefährlich, hinderte die Vollendung. Dieser Gipfel steigt an wie der Berg Peña Lara in der Guadarrama, der in einer Mulde noch im Juni und Juli unter glühender Sonne den Schnee, das Eis der Verzweiflung bewahrt.

Dennoch erwartet den Mystiker ein Glück. Es ist das Glück der Blitze. Das Leben rollt für Augenblicke ab. Aus der schweren Garbe eines Daseins, dem vollen Bündel der Jahre, rinnt eine Handvoll Korn. Wieder gilt die Zeit nicht als Maß. Vielleicht ergäbe sich, wenn man die höchsten Momente des Lebens zusammentrüge, ein Tag, der ganz voll unendlichen Lebens ist. Aber dieser Tag ist zeitlos, wie alle Augenblicke, die ihn bilden, zeitlos sind. Wie lange dauert die Unio, die Vereinigung mit Gott, für die der Mystiker lebt? Minuten, von deren Feuer die ganze Last toter vorbereitender Jahre zerschmilzt. Als Gegenwärtiger, Begrenzter teilzuhaben am Unendlichen, ist die einzige Rechtfertigung des Lebens. Das Glück, vor dem jedes Glück zergeht, ist die Zeitlosigkeit in der Zeit.

Vor diesen Augenblicken, die die Zeit entwaffnen, hat das Leiden keine Bedeutung mehr; sie treiben unwidersprechlich zum Ja. Und wenn die Heilige, vom Licht getroffen, auf den steinernen Boden stürzt; wenn sie, in der Qual der Scham, nach ihrem Erwachen die Blicke Fremder, so unsagbar Fremder ertragen muß; wenn sich, wider ihren Willen, gegen alle ihre Anstrengungen und Gebete, immer sichtbarer das Zauberlicht der Ekstase um sie verbreitet und die Welt sich zu einer neuen Feindschaft rüstet, so führt sie dies alles nur sicherer zur großen Begegnung hin. Von nun an kann sie nicht mehr ganz unterliegen, wenn auch der Kampf nicht schweigt. Mitten in der Verfolgung der Welt, für die sie betet, die nichts mehr haßt, als das Zeichen des Außerordentlichen, lebt sie de-

mütig der neuen großen Stunde entgegen. In ihrem Verhängnis ist ein unaussprechliches Glück.
Satan trennt sie von Gott. Er breitet eine Wüste um sie aus, in der sie verdurstet. Diese Wüste fruchtbar zu machen, ist ihr großer Kampf, der Inhalt ihres Lebens. Es ist, als hörte ein Verbannter in grenzenloser Dürre unter einer Felsenplatte das Rauschen eines Quells. Er hat kein Werkzeug; niemand bietet ihm Hilfe. Er selbst muß mit blutenden Händen den Quell befreien, wenn er nicht verdursten will. Sie lebt in einem Kloster, sie spricht die vorgeschriebenen Gebete, hält die Ordensregel strenger als andere, aber wie fern ist sie von Gott! Noch reicht die Welt bis in ihre Zelle mit quälenden Hoffnungen, mit dem brennenden Schmerz des Verzichtes. Vor dem Konzil von Trient ist das Klosterleben nicht allzu streng: das Sprechzimmer ist jedem offen; gegen Abend kommen die jungen Edelleute der Stadt unter dem Vorwand, eine Verwandte besuchen zu wollen, und das Leben, dem sie entflohen sind, wirft noch einmal um die armen Nonnen sein feines, schillerndes Netz. Sie können sich nicht ganz befreien von den schmalen metallenen Fäden; die Fessel, der sie sich ungern entwinden, schneidet ihnen ins Fleisch. So sind sie alle ein wenig verwundet von der Welt; auch den Rang, den sie draußen vor den Mauern bekleidet haben, wollen sie nicht ganz ablegen, selbst Teresa wird bei ihrem langen spanischen Adelsnamen genannt, der das väterliche und das mütterliche Geschlecht verbindet. Hundert Nichtigkeiten entfernen sie von Gott, der sich nur dem Einsamen zu erkennen gibt.
Teresas Kampf spielt sich von Anfang an auf einer erhöhten Ebene ab. Auch sie weiß sehr wohl, daß ihre Leidenschaft, wenn Gott sie nicht schützt, aller Sünden fähig wäre, sie verliert aber niemals den Stand der Gnade und verfällt deshalb nie der tödlichen Sünde. Ihr Verdienst ist es nicht, sondern Gottes; ihre Frömmigkeit sucht immer eine passive Stellung. Doch das ist nur ein Spiel mit Worten: denn Teresa empfindet die läßliche Sünde wie eine tödliche und kann niemals ihre

Beichtväter begreifen, die das Gewicht ihrer Sünden mildern wollen. Ihr Gewissen, nicht die Nachsicht der Priester gibt das Maß ihrer Sünden ab; das übersensible Gewissen ist das Mittel, den Auserwählten, der schon dem Kreis allgemeiner Gefahr enthoben scheint, das glühendste Inferno durchleben zu lassen. Sünde ist für Teresa alles Fernsein von Gott.

Wo die Konflikte der anderen sich zu lösen scheinen, beginnt erst ihr Leiden; über die Hochebene ragt der Berg. Die Höhe des Ursprungs ist nur eine Bedingung; sie erschwert die Aufgabe, statt sie zu mildern. Gott zieht sie an, aber ebenso stark der Mensch; ob sie auch weiß, daß die Einsamkeit allein sie dem Ziele nähert, so kann sie doch der Gesellschaft der Menschen nicht entraten.

Es ist ihre Leidenschaft, zu sprechen, Freundschaften zu pflegen, an andere sich zu klammern, andere zu besitzen. Einer Freundin zu folgen, wählte sie das Kloster Encarnación. Predigten gibt sie sich mit ihrem ganzen Innern hin, ja, sie sucht sie mit Begierde auf; sind sie gut, so faßt sie eine Zuneigung zum Prediger, denn »nichts machte mir eine größere Freude, als von Gott sprechen zu hören«. Aber in diese Unterhaltungen drängt oft die noch nicht überwundene Welt sich ein; und selbst wenn der harte Kampf der Seele um die Vollkommenheit sich in ihnen spiegelt, so zerstreuen sie mehr, als daß sie sammeln. Einmal, als sie, schon ihrer Verfehlung bewußt, wieder mit einer Freundin zusammen ist, kommt eine Kröte auf sie zu, schneller als sonst Kröten sich zu bewegen pflegen und am hellen Mittag. Sie begreift die Warnung vor der drohenden Gefahr und vergißt sie nie mehr.

Unversöhnlich ist der Gegensatz zwischen dem Außen und Innen, zwischen Gott und der Welt. Der Mensch ist des Gottsuchenden Feind. Alles Äußere verwirrt; erst wenn die Brücke gefallen ist und kein Fuß mehr die Insel betritt, die sie erwählt, kann Gott in ihr wirklich werden. Sie sucht den Schmerz, den Entzauberer der Welt. Bald nach ihrem Eintritt ins Kloster übernimmt sie die Pflege einer Nonne, die an einer entsetzlichen und ekelerregenden, von allen gefürchteten Krankheit leidet. In der künftigen Heiligen erweckt die Geduld der Sterbenden Neid. Sie bittet Gott um dasselbe Leiden. Schon vorher glaubte sie einmal, in leidenschaftlicher Übersteigerung ihrer Wünsche, eine Vereinigung mit Gott erlebt und die »Welt unter ihren Füßen« gehabt zu haben; nun erfleht sie die Qual, um zu triumphieren.

Der Wille zum Leiden setzt sich durch; vielleicht entsprangen alle jene Krankheiten, die die Heilige während ihres ganzen Lebens nicht verließen, ihrem Willen. Krankheit ist, nach Pascals Meinung, der wahrhaft christliche Zustand. Sie erkrankt so schwer, daß man sie auf das Landgut ihrer Schwester zwischen Avila und Alba bringt, aber in den drei Monaten, die sie dort verlebt, gesundet sie nicht. Die Schmerzen sind unerträglich, und sie durchleidet sie doch, ohne zu vergehen: Bestimmung steigert die Fähigkeit zu leiden ins Unwahrscheinliche, ohne den Tod zu gewähren. Tiefer aber als alle Qual des fast verbrauchten Körpers dringt die Traurigkeit der Seele. Sie ist uferlos; das Leid der Berufenen, die ihr Ziel noch nicht kennen.

Am Körper der Verzweifelten verrichten die Ärzte jenes Jahrhunderts, das so viel vom Ewigen wußte und so wenig vom Vergänglichen, ihr armseliges Werk; Menschen können sie nicht heilen. Als sie aus einer Entrückung erwacht, die sie in der Nacht überwältigt hatte, findet sie erstarrte Wachstropfen in ihren Augen; man hielt sie für tot. Ihre Zunge ist zerbissen, ihre Kehle so schwach, daß sie nicht einmal Wasser zu sich nehmen kann. Nach vierzigtägigem Fieber versagen alle Glieder den Dienst. Man muß sie in einem Bettuch tragen. Nun ist sie fast willenlos, ausgeliefert, unfähig zu widerstehen; wird ihr jetzt Gnade zuteil? Flammt jetzt die große Liebe auf? Sie weint, aber sie hält ihre Tränen für falsch. Acht Monate lang wütet die Krankheit; mehr als drei Jahre bringt sie nach ihrer Rückkehr im Hospital des Klosters zu, bis sie endlich gesundet. Aber die Kopfschmerzen, das häufige Erbrechen, das Fieber werden sich nicht mehr verlieren.

O über die Dürre der Seele, aus der nichts sprießen will! O über die namenlose Qual toter Zeit! Fällt nicht endlich der Regen, um die fast schon erstorbenen Keime zu wecken? Das nackte Wurzelgeschlinge vertrockneter Gewächse bedeckt den Boden; es ist weiß und leergebrannt von der Sonne, deren Brand keine Wolke mildert. Wie sich auch die Hände quälen: wenn der Wind über sie weht, stäubt Erde wie Mehl. Das Wasser ist immer tiefer gesunken und steigt nie mehr herauf. Gehen so die Jahre hin, das Leben? Rief nicht doch eine Stimme, die unbedingten Gehorsam forderte? Folgte sie ihr nicht? Und nun, da der Ruf bestätigt werden soll, kommt kein Laut durch das Schweigen? Aber sie ist nicht berufen; sie ist verdammt. Ihre Sünden können nicht gesühnt werden. Von Anfang an ist ihr Leben verachtungswürdig; es ist die »ruín vida«, der niemand helfen kann. War sie je imstande, wirklich zu bereuen, zu leiden für ihre Verfehlungen? Sie ist ein Wurm, das niedrigste Geschöpf, nicht wert, daß ihre Mitschwestern mit ihr sprechen, daß ehrwürdige Priester ihre Beichte hören.

Auch sie fürchtet, was ihr helfen kann. Sie wagt nicht, zu beten. Frei, mit ganzer Seele sich zu Gott zu wenden, Gott anzusprechen, scheint ihr vermessen. So verrichtet sie die Gebete aller: sie ist ja nur eine unter unzähligen Verlorenen, vielleicht die elendeste unter ihnen allen. Angstvoll, eine unendliche Traurigkeit im Herzen, betritt sie das Oratorium; mit ihrem ganzen Mute muß sie sich zwingen, zu beten. Heimlich hofft sie auf den Glockenschlag, der sie erlöst. Denn ihr Herz ist tot, ihre Worte sind arm; das Gefühl, das fortreißende, Meer mit Meer vereinende, ist starr wie ein Fels, der vor undenkbarer Zeit im Innern der Erde einmal glühte.

Später erkennt sie, daß die Furcht, vor den Ewigen zu treten, eine Einflüsterung des Teufels war. Denn Gott will sie sich zu eigen machen im Gebet; dies ist das stärkste Mittel; einem Strome gleich, den man zuerst mit großer Mühe über Gestrüpp und Dämme erreicht und der dann, wenn man sich ihm übergeben hat, von selbst fortreißt ins Ungemessene,

Überwältigende, trägt es den Menschen zu Gott. Der Herr zieht den Menschen zu sich heran. Aber der Teufel nimmt der Heiligen den Mut, wohl wissend, daß er sie, wenn sie die Kunst des Gebetes erlernt hat, für immer verliert. Noch ist die Furcht vor dem Ewigen größer in ihr als die Liebe.

Während sie anderen Frieden gibt, verzweifelt sie selbst. Das ist das Wunderbarste, das Schmerzlichste zugleich, daß die Menschen Rat von ihr wollen, daß sie selbst einen unwiderstehlichen Trieb fühlt, Seelen zu führen, ob sie auch von der Finsternis gefangen ist. Kaum ist sie ins Kloster eingetreten, so offenbart sich ihr ein Priester, der mit einer Frau zusammenlebt und im Stand der Sünde sein Amt versieht. Es gelingt ihr in der Tat, die Fessel zu zerreißen, und der Befreite stirbt in Gott. Ihren Vater lehrt sie das Gebet, das ihr versagt ist. Als sie aber, von Selbstvorwürfen gefoltert, ihm vertraut, daß sie selbst diese Gnade noch nicht erlangt hat, versteht sie der alte Mann nicht mehr. Man verehrt sie, und sie ist doch keiner Verehrung wert. Man hält sie für etwas anderes, für viel mehr als sie ist. Sie erlöst und kann sich nicht erlösen.

Denn der Kampf des Heiligen ist leidenschaftlicher als der irgendeines Strebenden in seiner Nähe; die das Gewohnte weit übersteigende Gefahr allein hebt über das Gewohnte hinaus. Die Waffen, die andere schützen und verteidigen, zerbrechen in seiner Hand. Was andere erlöst, das erlöst ihn nicht.

Mehr als zehn Jahre sind vergangen seit ihrem Eintritt ins Kloster; aber Gott, den sie suchte, so oft sie sich auch von ihm entfernte, begnadet die kahle Zelle nicht. Noch ist die Welt, die sie mit einem raschen Entschluß zu überwinden glaubte, nicht von ihr gewichen. Ist alles vergeblich? Später, als sie sich dieser Zeit erinnerte, schrieb sie: »Ich wollte leben, denn ich wußte wohl, daß ich nicht lebte, sondern mit einem Schatten des Todes kämpfte und niemanden hatte, der mir Leben hätte schenken können; der es mir hätte geben können, hatte recht, mir nicht zu helfen, denn so viele Male hatte er mich zu sich gewendet, und ich habe ihn verlassen.«

Ihre Seele ist müde und kann doch nicht ruhen. Da findet sie eines Tages beim Betreten des Oratoriums ein Christusbild, das man eines Festes wegen dahin gebracht hat. Es ist Christus, wie man ihn nur in Spanien sieht und erlebt: in einem Schmerz, der sich nicht sättigen kann, der qualvoller Erwecker einer überfließenden Liebe ist, hat der Künstler den toten Leib mit furchtbaren Wunden und strömendem Blute bedeckt. Nun empfindet Teresa mit einem Male die ganze Qual, die Christus ihretwegen erduldet hat; in einem zerreißenden Schmerz unter einer Flut von Tränen wirft sie sich vor dem Bilde hin. Später betont sie immer wieder, wie wichtig es ist, ein Bild zu sehen, Christus sich körperhaft vorzustellen. Nichts ist ihr fremder als schweifende, zerfließende Phantasie. Klar, wie die Berge von Grédos oder der Guadarrama im Himmel stehen, von keinem Dunste gefälscht, ist ihre innere Welt. Sie haßt die verschwimmenden Konturen, die portugiesische Weite des Gefühls. So wie die Landschaft um Avila streng umrissen ist und kraft dieser Form und Geschlossenheit das Grenzenlose ankündet; wie es gerade die Klarheit ist, die die kastilische Landschaft transzendent durchglüht, so ist die plastische, nur das Greifbare, Gerundete, Geformte anerkennende Anschauung der Heiligen das Gefäß des Unendlichen. Nicht am Abend oder im Morgennebel: am Mittag, im hellsten Licht offenbaren sich die Hochebene von Kastilien und ihre Gebirge. In einem Exzeß der Klarheit wird das Überweltliche sichbar. Je strenger die Form, um so unabweisbarer ist das Symbol. Auch der Escorial, wo Fenster über Fenster, Quader über Quader liegt und in den Gängen jeder Block auf das deutlichste vom andern abgegrenzt ist, so daß man die Steine zählen könnte, die für den Bau zugehauen wurden, steigert die Klarheit zu jener Spitze, die der Blitz der Ewigkeit umkreist. Nach mathematischem Plane fügt Ignatius die Stufen, an deren Ende die geheimnisvolle Entscheidung fällt.

Auf dem Weg zur Vollkommenheit verweilt Teresa an

Feldern, am Wasser, bei Blumen; »in ihnen fand ich die Erinnerung an den Schöpfer«. Im Himmel selbst aber mit Vorstellungen sich zu verlieren, ist ihr versagt. Nur im Bild, im Gestalteten zeigt sich Gott. Deshalb liebt sie die Bilder, die Christus, den Menschen von Fleisch und Blut, den Augen gleichsam greifbar machen; niemals gelingt es ihr, ihn sich anders vorzustellen. Alle Bilder sind Zeichen des Wesenhaften; das Ewige faßt uns nur mit Gleichnissen an.

Vor dem zu Tode verwundeten Christus, unter strömenden Tränen, wurde Liebe aus ihrer Furcht. Nun ist das Gefühl befreit; bald stürmt es über die Dämme, um die dürre Landschaft zu verwandeln. Christus starb für sie; dieser Schmerz dringt in die untersten Tiefen, als träfe er sie zum erstenmal. Von neuem – alles, was nun geschieht, ist so neu, als hätten alle Farben und Empfindungen sich verändert – unterwirft sie sich der Buße. Das Haus wird gereinigt, ehe der Herr es betritt. Sie findet unter den Jesuiten, die vor zwei Jahren nach Avila kamen, einen Beichtvater, der sich auf die Zeichen ihrer Seele versteht.

Wieder ruft sie die Qual des Körpers zu Hilfe. Im geheimen erträgt sie unerhörte Leiden. Ein metallenes, mit Stacheln besetztes Hemd verwundet, entzündet, zerreißt ihr Fleisch. Ihre Vorfahren trugen diesen Panzer sichtbar, wenn sie in den Kampf ritten; die Enkelin, in einem gefährlicheren, für die Ewigkeit entscheidenden Kampfe begriffen, verbirgt ihn unterm Kleid. Sie streut Dornen und Brennesseln auf ihr Bett und wirft sich darauf. In der dunkeln Zelle, wo während trostloser Jahre nur die Schwermut als Gesellschafterin im Winkel hockte, schlägt die Geißel aus schweren eisernen Schlüsseln auf den Leib, bis das Blut die Wände bespritzt. Auf einem Strohsack verbringt die Büßerin ihre kurze Nacht.

Endlich verleiht ihr der Herr die Gnade des Gebets. Aus der geöffneten Pforte fällt das Licht der Erkenntnis auf die Zermarterte: das Gebet ist die Aufgabe ihrer selbst. Mit seiner wachsenden Passivität wird dem Betenden die wachsende

Gnade Gottes zuteil; Gott ist der Schaffende, Wirkende, Handelnde, dessen tiefstes Wesen nur der Passive, das sich ihm ergebende Geschöpf, erfahren kann. Die spanische Gotteserfahrung steht im schroffsten Widerspruch zur nordischen, indem der Betende der großen, den Raum füllenden Tat entgegenwächst. Am Ende des in vier Phasen aufsteigenden Gebetes der Teresa erfolgt die Vernichtung der persönlichen begrenzten Existenz in der unendlichen Gottes: das höchste erreichbare Glück.

Dies ist die Erfahrung, die mit Fieber, Lähmung, unablässigen Schmerzen, mit drei Jahre währender Krankheit, mit Geißelhieben, verborgenen Wunden, Verzweiflung und der Folter der Vorwürfe, mit jahrelanger Verbannung in der Wüste erstarrten Gefühls bezahlt werden mußte: Teresa muß sie so bezahlen. Denn für die Frau aus altkastilischem Geschlecht ist keine Erkenntnis schwerer zu erringen, als die von der notwendigen Aufgabe der Individualität, vom Primat der Demut. Früher glaubte sie, Gott mit eigenen Kräften, im Sturm, im Hingerissensein zu gewinnen; nun muß sie sehen, daß ihr nichts zu tun erlaubt ist. Gott kommt über den Stillen, sich Ergebenden, Wartenden; Gott ist die Tat, die an dem nicht Wollenden geschieht. Das Kriterium des Ewigen ist, daß er überwältigt. Niemals läßt Gott sich rufen, aber in der Stille wird seine Stimme laut.

Die Heilige selbst hat die Phasen des Gebets, die steigenden Stufen der Hingabe in einem wunderbaren Bilde ausgedrückt. Ihre Sprache ist ja eine reine Sprache der Gleichnisse, genährt von dem Glauben an den doppelten Wert aller Dinge. Auf vierfache Weise kann der dürre Garten der Seele bewässert werden: mit dem Eimer, der aus dem Brunnen schöpft; mit dem Wasserrad, das die Flut in Kanäle leitet; durch einen Fluß; durch den Regen, der mächtig vom Himmel stürzt.

Im ersten Stadium arbeitet der Gärtner mühsam mit seinem Eimer, zum Brunnen gehend, schöpfend, gießend und wieder schöpfend: so quält sich die Seele, die mit eigener Kraft sich zu

Gott hindurchfinden will, im Kampf mit dem Körper sich sammelnd, büßend, hoffend. – Wenn aber aus den auf- und absteigenden Eimern des sich drehenden Wasserrades die helle Flut in die hölzernen Rinnen schießt und in gezogenen Kanälen sich durch den Garten verteilt, so wird es stiller darin. Der fort und fort sich wiederholende Weg um den Brunnen ist freilich noch mühevoll, doch das Wasser durchströmt reichlich die trockene Erde. Schon ist etwas Übernatürliches in dieser Stille: das Anzeichen des Kommenden, für das sich die Seele bereitet. Es beginnt im Garten zu sprießen, und der Herr geht hindurch. Der Gärtner bittet den Herrn, den Duft der aufkeimenden Blumen zu vermehren, den Garten zu schützen und zu erhalten (der Gärtner selbst ist ja ganz machtlos), die Schößlinge zu beschneiden, damit neue und bessere treiben. Vor dem Garten draußen die Welt ist fast schon vergessen. Ihre Güter sind unwirklich in ihrer Flüchtigkeit; nur der Garten der Seele, in dem es treibt und blüht, ist wahr. – Der Fluß rauscht über die Beete; nun steht auch das Wasserrad. Dem Gärtner bleibt nur noch eine geringe Arbeit, er zieht die Gräben für die hereinströmende Flut. Noch ist die Seele im Besitz ihrer Kräfte, doch sie braucht sie kaum mehr, sie ist wie ein Sterbender, der, das Licht in der Hand, das Ungeheure erwartet. Nun gehen die Blumen auf, die vorhin keimten; nun öffnet das Glück den schmerzlichen Mund der Heiligen zu entzücktem Gesang. Noch handelt sie, aber sie handelt auch nicht; sie ist, wie sie sagt, Marta und Maria zugleich. – Stürzt aber die Flut vom Himmel nieder, so genügt kein Wort mehr für das übermächtige Gefühl. Es ist das Ende; sie selbst lebt nicht mehr; von ihnen beiden lebt nur noch Gott. Sie hat ihr eigenes Sein verloren, aber sie genießt Gottes Macht. Der Garten ist überschwemmt, gesättigt über alles Verlangen hinaus. Seine Fruchtbarkeit wird nicht zu erschöpfen sein.

Aber die Flut kommt über den Demütigen; sie gehorcht keiner Bitte, keinem irdischen Gesetz. Sie wird ausbleiben; es werden wieder Zeiten der Dürre kommen. Im Winter wird der Boden erstarren. Während des ganzen Lebens dürstet die Seele, gewährt und verweigert sich der Geist. Es gibt keinen Frieden auf Erden. Das Verlangen wird in den Tagen der Dürre um so brennender sein, je öfter es gesättigt wurde.

Dennoch: der große Augenblick verzehrt immer wieder alle Qualen zu Asche. Nun schwingt das Pendel dieses Lebens, von der Hand des Ewigen angestoßen, sausend durch die Welt und über die Welt hinaus. Die Uhr dieses Daseins zeigt eine neue, eine rasend kurze und zugleich unendliche Stunde an. Wie ein Blitz fliegt die Kurve der Erschütterungen auf und ab. Schon im dritten Stadium des Gebets tönte, die Stille des Zaubergartens zerreißend, das trunkene Lied der Gottesliebe. Der völlige Sieg über die Welt erweckt niemals erlebte Schauer des Gefühls. Jetzt wird die Frau, die mit größtem Widerstreben sich aus dem eisernen Kreis der Dinge entfernt, zur Prophetin des himmlischen Wahnsinns.

Es ist, als verließe sie in einer Sturmnacht die starren Mauern von Avila, um auf der Höhe der Berge in den Sturm zu singen und von den Elementen sich fortreißen zu lassen. Das ist Gott, das ist sein brausendes Element; das ist die Vernichtung durch die Tat. Noch fühlt sie sich; noch weiß sie mit einem letzten Schimmer verflackernden Bewußtseins, daß sie es ist, die in den Stürmen treibt: bald wird sie verlöschen, um in ihm zu sein. Wie töricht ist es, die Schmerzen zu wiegen, den Maßstab des Leidens an das Leben zu legen: im Schmerz ist eine alles überwältigende Lust. Könnte sie leiden und niemals sterben bis ans Ende der Welt! Vor der leidenschaftlichen Wirklichkeit, in der sie lebt, wird alles, was sie umgibt, diese Mauern, die schwarz und zackig vorm Himmel stehen, die hochgespannte Brücke zwischen zyklopischen Türmen, die toten runden Steine auf dem Feld, das kahle, erzene Hügelgewölbe zum Traum, den der Wind zerreißt: eine Stimme spricht aus ihr, sie weiß nicht, wer es ist, das wilde, zerstörende Wort: seamos todos locos de amor! (Laßt uns alle wahnsinnig sein aus Liebe!)

Doch wie sie eben noch dankt für die überschwemmende Flut, faßt sie ein neuer Sturm, unwiderstehlicher als alle, die sie bisher erlebt. So reißt eine Windhose die widerstrebenden Gewichte in das Spiel der Lüfte hinauf. Sie wehrt sich, sie fürchtet; sie stemmt sich an den sicheren Grund. Doch so hilflos wie sie wirbeln Halme fort, wenn ein Gewitter über die Ernte fällt. Denn die Erde, an die sie sich klammert, gehört ihr ja nicht; sie ringt mit der Kraft, die sie entführt, und hat das Schicksal zweier in einem Boot miteinander ringender Kämpfer, die in den Wassersturz hinuntertreiben. Der Widerstand bricht ihren Körper in Stücke; es ist, als risse diese Gewalt unmittelbar zum Ende hin. Der Untergang aller Dinge, Ende und Anfang, wirft seinen Schein auf das zertrümmerte persönliche Dasein und die Erde, seine Heimat. Hinter der gegenständlichen Welt, deren Zerfall die Heilige an ihrem eigenen Körper erlebt, glüht die Verheißung der Freiheit.
Einmal, im Chor des Klosters, als sie sich mit ihren Mitschwestern zur Kommunion bereitet, überfällt sie diese Wolke der Entrückung. Es ist ein Einbruch des Übersinnlichen, eine Übermächtigung durch Gott, der sie sich vergebens entgegenstellt. So muß sie es erleiden, daß dieses tiefste Geheimnis ihrer Zelle allen offenbar wird. Als Priorin kann sie den Nonnen Schweigen auferlegen, doch ein anderes Mal, an einem Festtage, während sie mit vornehmen Frauen betet, trifft sie der Blitz so furchtbar, daß er sie auf den Boden streckt und man den zuckenden Körper halten muß. Die Gnade des Himmels, die sie so lange erflehte, wird zu groß. Schon wird, was zwischen ihr und Gott geschieht, durch alle Straßen getragen. Sie aber ist es unendlich müde, die Last ihres Rufes zu schleppen. Die Früchte zerstören den Baum. Oh, daß Gott seine Gewalt nicht vor den Augen aller an ihr erweisen sollte! So bittet sie ihn, sie zu schonen. Es ist ihr menschlichstes Gebet: das Flehen der armen, durch ihre Sendung von allen geschiedenen Frau, die selbst ihre Geheimnisse nicht mehr für sich besitzen darf und durch das Außerordentliche, das in ihr wirkt, mehr

und mehr die Feindschaft ihrer Umwelt erwecken muß. Zwischen den kurzen Stunden auf dem Gipfel muß sie die trostlosen drückenden Täler rein menschlicher Pein durchziehen, wo die Gnade zur Geißel wird.

An die höchste Gnade ist das tiefste Leiden geknüpft. Nachdem sie die Ewigkeit gespürt, muß ihr die Erde zum finstersten Kerker werden. Denn nun hat sie auch ihr letztes Heimatrecht verloren. Wenn aber der Himmel verschlossen bleibt, wer soll sie dann trösten? Auch in dieser Not ist ihr die Flucht zu den Menschen verboten; der Herr selbst rief ihr, als sie ihn befragte, das grausame Wort zu: Yo no quiero que tengas conversación con hombres, sino con ángeles. (Du sollst nicht mit Menschen sprechen, sondern mit Engeln.)

Furchtbar ist dieses Erwachen aus der Entrückung, in dem sie keinen Tröster hat. Der Himmel, den sie fast schon erreicht zu haben glaubte, wölbt sich hart wie Metall in weitester Ferne; sie ist gestürzt, und jetzt schon setzen die Zweifel ein an dem Geschauten. Hat sich ihr wirklich die Herrlichkeit geöffnet? War es nicht doch der Teufel, der sie narrte? Niemals, so lange sie lebt, kann sie diesen Zweifel überwinden. In der Union, im Fortgerissensein, den Momenten, für die sie lebt, hat er kein Gewicht; aber in den Jahren und Jahrzehnten, da sie Nonne und Priorin des Klosters Encarnación in Avila ist, läßt er nicht von ihr ab.

Sie soll Gott gehören, auch wenn er sich nicht offenbart; niemand anders als ihm, so ferne er oftmals ist; von der Erde, wo »alle gegen sie« sind, antwortet ihr kein Echo. Das ist die »gran pena« (das große Leid) der für immer Verbannten, die nur der Blitz für zeitlose Augenblicke erlösen kann. Sie ist »gekreuzigt zwischen Himmel und Erde«. Wieder zieht sie durch die Öde. Es scheint ihr, daß sie alle Gnaden unverdient empfangen hat.

Dieses immerwährende Leiden ist ebenso die Folge wie die Voraussetzung aller Erhebung. Nur dem Blick, in dem der Widerschein dieser Schmerzen dämmert, erschließt sich das grandiose Widerspiel von Himmel und Hölle, dessen Ablauf den Gang der Welt bestimmt. Christus erscheint ihr; nicht wie eines der Bilder, die man in ihrem Jahrhundert malt; er lebt, ist durchaus wirkende Gegenwart; aber während sie den Menschen Christus mit den Augen der Seele erfaßt, spürt sie zugleich ein mit keiner irdischen Helligkeit verwandtes Licht: auch in dieser Erscheinung ist, wie in der irdischen, ein Doppeltes; selbst in der Offenbarung drückt das Göttliche durch das Bild die Wesenheit aus. Die Vision ist zugleich imaginär und intellektuell; Gestalt und Ahnung verbinden sich auch jetzt.

Die Heiligen erscheinen ihr, Josef vor allem, den sie besonders verehrt; aber auch Pedro de Alcantara, der heilige Mönch, der kniend starb, verkündet ihr seinen bevorstehenden Tod. Während sie um die Gründung ihres ersten Klosters kämpft, bekleiden Maria und Josef sie mit einem weißen Mantel; dann nimmt Maria sie bei der Hand, um sie in ihrem Vorhaben zu bestärken. Sie spricht mit ihr, wie Menschen zueinander sprechen; diese Visionen sind vollkommen gegenständlich. Einmal sieht die Heilige eine Taube über sich schweben, so genau, daß sie glaubt, das knisternde Geräusch der Federn zu hören. Auch den furchtbaren Geruch der Hölle nimmt sie wahr.

Gerade der Zweifel, der sich in ihrer Umwelt, viel tiefer verwundend aber in ihr selbst erhebt, beweist die Wahrheit des Erlebens. Nur im Widerspruch wird das Ewige offenbar. Einem harten Gesetz zufolge ist der Zweifel das Zeichen der Sendung.

Niemals hat die Heilige die Vision gesucht. Sie läßt sie vielmehr nur als Überwältigung gelten, als einen Einbruch von außen. Ihr Inneres ist nur der Ort des Geschehens, niemals der Ursprung. Mit der ganzen Verachtung, die sie gegen Halbheit und Alltäglichkeit empfindet, lehnt sie den weiblichen Wunsch vieler Nonnen nach Entrückungen und den Schaudern der Gefühle ab. Im Verkehr mit Gott gibt es für sie keine Entzückung, die nicht von einem tragischen Schmerz zerspalten ist. Jene armseligen Weiber, die ihren Tränengüssen sich hingeben und nur beten und leiden, um zu genießen! Sie selbst ist eine durchaus männliche Frau, die alle Verschwommenheit haßt. Es versetzt sie in Erstaunen, einen Verheirateten zu treffen, der nicht von seiner Frau für den Verkehr mit Gott verdorben wurde; denn das weibliche Element wird im Kampf um den Ewigen zur Gefahr.

Sie betrachtet ihre Visionen mit äußerster Schärfe, als spiele sich ein fremder Vorgang in ihr ab. Den Schmuck Mariä nimmt sie in allen Einzelheiten wahr: es ist eine Halskette aus Gold, an der ein kostbares Kreuz befestigt ist. Aber schon bricht das Gleichnis durch: dieses Gold und diese Steine können mit irdischen nicht verglichen werden, ihre Schönheit überschreitet alle an die bekannten Dinge gefesselten Vorstellungen. – Auch die Flecken der Bilder, jene Stellen, wo das Ewige den Nebel noch nicht zerteilt, zeichnet sie mit größter Gewissenhaftigkeit auf: den heiligen Josef sieht sie nicht so klar wie Maria, die sehr jung, fast als ein Kind erscheint.

Für Visionen gibt es nur einen Beweis, den, der die Wirklichkeit der inneren Werte zur Voraussetzung hat. Die heilige Teresa führt ihn für alle, die dieses Glaubens sind. Über den Besuch einer fremden Person kann sie sich ausweisen durch die Geschenke, die sie von dieser empfangen hat: war sie vorher arm und ist sie nun im Besitz kostbarer Gaben und Liebeszeichen, so wird man ihr glauben. So auch wurde sie sichtbar von den Heiligen, die sie besuchten, beschenkt; denn alle, die sie kennen, müssen sehen, wie sehr sie sich unter der himmlischen Gnade verändert hat. Sie, die früher das elende, gottferne Leben führte, ist nun auf dem Wege zur Vollkommenheit begriffen.

Unter der tönenden Bahn des Lichts, auf der die Vollendeten schreiten, schweigt die Finsternis; auch zu ihr reißt die ekstatische Erkenntnis hinab. Am Allerseelentag, da sie nachts noch im Oratorium verharrt, setzt sich Satan auf ihr Buch, um sie am Gebet zu verhindern. Sie sieht ihn nicht, aber sie fühlt unwidersprechlich seine Nähe und fühlt, wie das Kreuzeszeichen sie von ihm befreit. Am Tag der Dreifaltigkeit entrollt sich ein Kampf von Engeln und Dämonen in den Lüften. Es ist die Schlacht um die Seelen, die dauert seit dem Anfang der Zeit, das entscheidende Ereignis, in dem die Heilige ihre Aufgabe erfüllen muß.

Einmal wird sie im Gebet in die Hölle versetzt. Eine sehr lange und enge Gasse führt wie in einen Backofen hinein. Der Boden ist mit schmutzigem, stinkendem Wasser bedeckt, in dem Kröten hocken. Am Ende öffnet sich eine kleine Höhlung in der Wand, nicht tiefer als ein Wandschrank und sehr eng: dorthin muß sie sich setzen. In ihrer Seele tobt die Qual der Hölle. Alle Schmerzen ihres Lebens: jene acht Monate der furchtbarsten Nervenpein, die selbst von den Ärzten als die größte, dem menschlichen Körper verhängte Marter bezeichnet wurde, was sie sonst erlitt, schwindet vor diesem nicht endenden Sterben der Seele. Sie wird erstickt, erwürgt von einem inneren Feuer, und wieder, wie während der Entrückung in die Herrlichkeit, hat sie die Ewigkeit vor sich. Deutlich fühlt sie, im unmeßbaren, die Erlebnissumme ganzer Existenzen zusammenballenden Augenblick, daß dieses Leiden niemals enden wird.

Überall sieht sie Satan am Werk, ist die Schlacht im Gang, deren Preis die Seelen sind. Wie sie das Sakrament empfängt, sieht sie zwei Dämonen mit ihren Hörnern den Hals des Priesters umwinden: Christus ist in der Hand eines Unwürdigen. Mit dem Leib eines toten Sünders treiben die Dämonen ihr Spiel; wie man ihn in die Erde hinuntersenkt, drängen sie sich schon in der Gruft und empfangen ihn schreiend. Nun sieht sie das allen Verborgene und leidet doppelt am Stand der Welt, weil auch das Unsichtbare und Künftige auf ihr liegt. Aber alles Leiden zwingt zur Tat; im Kampf mit den Dämonen hält das kastilische Rittertum ihres Geschlechtes von neuem den Schild über die Verfolgten. Als ein mit einer furchtbaren Sünde Behafteter zu ihr kommt und sie um Hilfe bittet, fleht sie zu Gott, daß er ihr statt jenem Unglücklichen die Dämonen schicke; sie hat mehr Erfahrung im Kampf. Bald steht im Oratorium Satan neben ihr mit entsetzlich geöffnetem Mund; eine helle Flamme steigt aus seinem Körper. Fünf Stunden lang unterliegt sie darauf unerträglichen inneren und äußeren Schmerzen. Bis ins Letzte durchlebt sie dieses von Dämonen umlagerte Dasein; in jedem Ereignis, das sie berichtet, schlägt ihr Herz.

Ihr Körper ist hundertmal gebrochen; die Natur, die noch auf ihre Jugend wirkte, ist unaussprechlich fern. Wesenlos ist die Welt. Nur wo die Sphäre der Nichtigkeit mit der Ewigkeit sich schneidet, glüht das Leben auf. Der Übergang, das Hereinragen des Jenseits allein ist wirklich. Denn hier auf der Erde ist alles nichts. Todo es nada. Mit jenen nur, die überwunden haben, die zu schauen ihr manchmal vergönnt ist, will sie sprechen; denn das sind die Lebenden; die aber um sie sind, gehören den Toten an. Die ganze Welt kann ihr nicht Gesellschaft sein. (Que todo el mundo no me hace compañîa.) Den Augen der Seele nur ist es gegeben, das Wirkliche zu sehen; das Irdische ist ein Traum. (Todo me parece sueño.) Hier klingt schon das Wort an, das im kommenden Jahrhundert zum Abschiedswort Spaniens an die Welt werden soll.

Ewig ist der Schmerz der Liebenden in der Verbannung. Ein Engel, der sich wie eine Flamme selbst zu verzehren schien, trat an ihre linke Seite, einen goldenen Pfeil in der Hand, an dessen eiserner Spitze ein Funke glühte. Er senkte den Pfeil durch ihr Herz bis in die Eingeweide und schien, als er ihn herausnahm, sie ihr zu rauben; leidenschaftlicher hatten Lust und Schmerz sich nie in ihr verschlungen. Das Lied von dieser tödlichen Wunde auf den Lippen, geht sie durch die langen Gänge des Klosters am Rande der Stadt; die schweren Mauern, aus denen die runden Türme wachsen, einförmig, unablässig sich wiederholend wie die Tage und Schicksale der

Gefangenen, sind Kerkermauern; auch die Häuser und selbst die Klöster sind Kerker. Draußen die Felder liegen unfruchtbar unterm Himmel, nur von Steinen bedeckt. Kein Tropfen Hoffnung fällt auf die dürre Erde. Das Gebirge, auf dem Schnee liegt wie eine zerfetzte Wolke, ist wie ein schwerer, langsam fortziehender Traum. Wann werden die Mauern fallen? Weil sie zu Tode verwundet ist, darf sie hoffen:

En las internas entrañas
Sentí un golpe repentino:
El blasón era divino
Porque obró grandes hazañas.

Con el golpe fuí herida,
Y aunque la herida es mortal,
Y es un dolor sin igual,
Es muerte que causa vida.

Si mata, como da vida?
Y si vida, como muere?
Como sana cuando hiere,
Y se ve con el unida?
Tiene tan divinas mañas,
Que en un acerbo trance
Sale triunfando del lance
Obrando grandes hazañas.

Mit ganzer Macht lockt das Leben, das nach brennenden Schmerzen der Sehnsucht aus dem Tod geboren wird. Das stärkste Nein ist das stärkste Ja. Im Tod ist das Ja. Sie ist unbesiegbar. Selbst ihr Körper, der längst zusammengebrochen wäre, besteht um der Schmerzen willen fort. Hinter dem hölzernen Gitter des Sprechzimmers, im Schatten der niederen, von braunen Balken getragenen Decke, sehen sie die Besucher im Bann der Ekstase; fiebernd verbringt sie die Nächte. Bis zu ihrem vierzigsten Jahr hat sie um das Gebet gekämpft; in ihrem fünfzigsten schenkt ihr der Himmel eine neue Gnade: den impetu de los deseos, den Anfall, Ansturm des Verlangens. Es ist der heftigste Wunsch in der Verlassenheit, in dem eine Art von Verheißung sich ankündigt. Aus weitester Ferne offenbart sich Gott, nicht um zu trösten, sondern um zu zeigen, wie notwendig die Verbannung ist.

Unter diesem am äußersten Rande der Ödnis aufglimmenden Schein strafft sich der Wunsch mit seiner wildesten Kraft; so steht ein Sterbender noch einmal von dem verlassenen Felde auf, um ein in der Ferne erschimmerndes Licht zu erreichen. Diese Anspannung ist wie ein Todeskampf; sie ist die höchste Not um Gott. – Die Not führt endlich zu ihm hin. Auf Erden ist sie nicht zu stillen; hier ist es das Los der Heiligen, zu sterben aus Gram darüber, daß sie nicht sterben kann (el alma muere porque no muere). Doch in der Auflösung aller irdischen Werte ist die Rettung.

Die Gründungen

Es gibt nur diesen einen aus der Welt führenden Weg; nichts ist gewisser; keine Erkenntnis außer dieser ist zu absoluter Herrschaft bestimmt. Teresa unternimmt den Kreuzzug für diese Idee. Die Klöster, die Festungen, von denen aus sie verbreitet werden soll, genügen der Aufgabe nicht; sie sind mit der Welt im Bunde, lassen Vergleiche zu. In der Erfüllung des himmlischen Gebotes jedoch ist kein Vergleich erlaubt.

Wie sollte die Heilige, deren Straße am finsteren Abgrund der Gefahr verläuft, die das Heil ihrer Seele für die Ewigkeit bedroht sah und unter den Schmerzen, die sie bebürden, immer heftiger den Wunsch, die Welt zu verlassen fühlt, bereit sein, Nachsicht mit der Versprechung irdischen Glücks zu üben, Leiden, den heiligen, zur Vollkommenheit führenden Leiden auszuweichen? Die Waffen der Gegenreformation sind an der Glut des eigenen Herzens geschmiedet, in den eigenen Katastrophen gehärtet.

Nachts taucht in der Zelle der Heiligen während eines Gesprächs im Kampf um die Vollendung begriffener Nonnen die Idee der Klostergründung auf: das Kloster Encarnación, wo sie sich befinden, dessen Sprechzimmer täglich von Fremden gefüllt ist, wo die alten Namen und Adelsrechte fortdauern, durch dessen Wände die Zerstreuungen und Sorgen der Welt hereinsickern, kann ihrem Verlangen nicht genügen.

Auch der Carmeliter-Orden geht auf jene alten heiligen Einsiedler zurück, die in frühchristlicher Zeit in Libyen und in der Nitrischen Wüste, an den Ufern des Nil und in den Ebenen von Palästina und Syrien in strengster Askese die ewigen Geheimnisse durchlebten; die stolze Tradition der Brüder sah im Propheten Elias den Gründer ihrer Gemeinschaft. Sie fasteten acht Monate des Jahres mit Ausnahme der Sonntage, aßen niemals Fleisch, bewahrten ewiges Schweigen, lebten von ihrer Arbeit, jeder einzeln sich hingebend an Gebet und Meditation. Im fünften Jahrhundert vereinigten sie sich beim Berge Carmel, wo die Höhle des Elias noch bestand. 1229, nachdem Kaiser Friedrich II. mit den Sarazenen Frieden geschlossen hatte, mußten sie das Heilige Land verlassen. Nun begannen sie sich am Rande Europas anzusiedeln und in das Innere vorzudringen.

Der Entschluß war schwer: noch war Asien das Land der Mysterien; Europa schien ihnen ferne von Gott. Von Cypern und Sizilien ausgehend, gewannen sie Italien, die Provence, Aquitanien, England, Irland; Europa war wider Erwarten reif, das asiatische Vermächtnis aufzunehmen. 1205 hatte der heilige Brocardo die alte Regel dem Wechsel der Zeit etwas angepaßt, ohne sie ihrem Wesen nach zu ändern. Vierzig Jahre später war in dem neuen Klima abermals eine geringe Wandlung der Disziplin geboten; diese neue Regel, deutlich erkennbaren östlichen Ursprungs, die der Papst Innocenz IV. bestätigte, wird von Teresa in ihrer ganzen Härte wieder aufgenommen. Denn inzwischen hatte sich die Christenheit weit von den Formen entfernt, in denen ihr Glaube gebildet und entwickelt wurde; die bedingungslose Überwindung der Welt, dieses reinste Christentum, wird langsam, in immer wachsendem Maße von entgegenstehenden Tendenzen durchsetzt. Die Katastrophe an der Wende des fünfzehnten Jahrhunderts, die den alten Brunnen verschütten sollte, bereitete sich vor. Papst Eugen IV. milderte die Fasten, die Einsamkeit; Reformversuche solcher, die mit einem feineren Ohre am zitternden Boden der Zeit zu lauschen verstanden, schlugen fehl, endeten mit der Ermordung des Reformators.

Auch die Tat der heiligen Teresa, der stärksten Persönlichkeit der Gegenreformation neben Ignatius von Loyola, entspringt wie die Tat des deutschen Reformators der Klosterzelle. Beide treten zunächst aus einer rein persönlichen Notwendigkeit hervor. Luther will sich befreien; Teresa will sich ummauern; Luther tut den gefährlichen Schritt in die Welt; Teresa den noch gefährlicheren letzten Schritt nach innen. Dem nordischen Jubel über den Fall der Schranken antwortet der Süden mit dem Hammerschlag auf den Grundstein eines noch strengeren Gebäudes. Der Norden stürzt; der Süden baut.

Die Nonnen, die sich an jenem Abend in der Zelle von Encarnación unterhalten, trennen sich wieder, um, jede für sich, eine noch tiefere Einsamkeit zu suchen; Luther sucht, nachdem er den letzten furchtbaren Kampf einsam bestanden hat, den Menschen auf. Die aneinander vorüberfliehenden Straßen, auf denen der befreite Mönch und die noch ärmer gekleidete Nonne ziehen; jener, um die Tore zu öffnen, diese, um sie zu verschließen, sind beide gezeichnet vom Gesetz. Die deutsche Freiheit, deren Idee unzerstörbar ist, wird, da sie kaum den Ort ihres Ursprungs verlassen hat, der Verwicklung im Netz der Umstände und Vergleiche nicht entgehen und zugleich den Fall der Mauer mit der Innerlichkeit bezahlen müssen, die diese Mauer umschloß; die altchristliche Verneinung zugunsten einer unermeßlichen Innerlichkeit, die jetzt, nachdem es seine Kulmination schon überschritten hat, das spanische Volk am heftigsten entzündet, wird in der Welt wie in sich selbst das tragische Schicksal beschwören: der bejahte Konflikt der von ihr geforderten Kämpfe läßt sich im Diesseits nicht mehr lösen, während er doch die Kräfte des Diesseits verbraucht. Düsterer indessen scheint das Los des Nordens: die führende Idee bleibt unerreichbar wie ein Gestirn, das fordert, ohne zu belohnen, und die Menschen gleiten von ihr ab; der Süden jedoch darf dem Untergang der Vollendung erliegen. Die nicht mehr auszugleichende Gegensätzlichkeit der zwei Sphären verhilft den Völkern zu ihrem Schicksal: im Sturz einer ihm zu eng gewordenen Form erlebt der Norden seinen großen Tag; durch die Antwort auf diesen Sturz vollendet sich der Süden. Da sie unversöhnliche Feinde sind, so sind sie einander auch Helfer. Dem in seinem Kreis Verharrenden wird der andere zum Diener, und auf diese Weise rechtfertigt sich für die auf Spanien gerichtete Betrachtung die Reformation als entschiedenste Aufforderung zum Zusammenschluß des alten Glaubens.

Ohne das Pathos des Kampfes hätte Teresa so wenig wie Loyola ihr Werk getan. »Wir müssen Schulter an Schulter stehen, um vorzudringen«, ruft sie aus. Für sie ist es hart, nicht als Mann geboren zu sein, beten zu müssen, statt handeln zu dürfen.

Wie alle rein persönlichen Erlebnisse nur die Entscheidungen der Zeit enthalten, so wölbt sich aus der kampferfüllten Zelle der Heiligen mit Notwendigkeit eine Brücke in ihre Gegenwart. Im Zimmer des Einsamen zeigt sich das kommende Schicksal zum erstenmal. Auf Teresa lastet das unverminderte Gewicht ihrer Zeit: »Die Häresie wütet, das Sakrament wird geschändet, ein ungeheurer Brand verzehrt die Christenheit, und Jesus sieht sich von neuem zum Tode verurteilt. An uns ist es, Sühne zu leisten und Christi Evangelium durch treue Gefolgschaft zu schützen.« Ihr eigener Konflikt ist das Leiden aller; die Erfüllung der Bestimmung der Menschheit ist gefährdet.

Wie um diese Zeit der Escorial am Fuß des kastilischen Gebirges aufsteigt, ein auf Felsen gegründeter steinerner Protest gegen das nordische Chaos, so erhebt sich das Gründungswerk der Teresa: 1562 wird ihr erstes Kloster San José in Avila geweiht; 1563, nachdem der Plan schon lange bestand, setzt man den ersten Stein des Escorial. Im selben Jahr wird das Konzil von Trient geschlossen. Alle drei Werke stehen auf der Erkenntnis, daß in der Zeit größter Gefahr die Idee sich in ihrer reinsten Gestalt verteidigen muß.

Aber nun ereignet sich etwas Sonderbares: der Weg der Gegenreformation ist ebenso dornenvoll wie der des verhaßten Reformators. Ja, man versteht sie noch schlechter, als man Luther in Deutschland versteht, und sie und ihre Helfer erleiden noch härtere Verfolgungen als er. Den Verteidigern des Glaubens – sie verteidigen, indem sie vertiefen, reinigen, in gläubigem Leben glühen – werden im Glaubensland selbst bittere Leiden bereitet.

Welche unsägliche Mühe kostete das kleine Kloster San José! Zunächst erregte der Plan die Feindschaft der Mitschwestern, die darin den Hochmut der Auserwählten erblicken. Doch die Heilige hat von Gott selbst den Auftrag erhalten. Durch Fürsprache zweier Mönche, die später heilig gesprochen wurden, erlangt Teresas Freundin, die auch die Geldgeberin ist, vom Provinzial der Carmeliter die Erlaubnis zur Gründung. Doch sobald ihr Vorhaben bekannt wird und die beiden Frauen ein Haus kaufen wollen, wendet sich die ganze Stadt gegen sie. Denn inzwischen hat man erfahren, welche strenge Regel Teresa in dem neuen Kloster durchführen will; man fürchtet, daß dadurch die alten Klöster an Ansehen verlieren, vielleicht fürchtet man schon für die eigene Zukunft. Man spottet, man lacht; die Gegnerschaft ist so groß, daß der Provinzial seine Erlaubnis zurückzieht. Nun sieht sich Teresa nach einer neuen Hilfe um. Sie findet sie in einem Dominikaner des Klosters San Tomas. Ihn muß die überraschende Persönlichkeit dieser Frau gewonnen haben. Sie spricht leidenschaftlich und klar vom Verfall der Orden, von der Notwendigkeit neuer Zucht. Den himmlischen Auftrag, ihren stärksten persönlichen Rückhalt, erwähnt sie nicht. Nach einigen Monaten erwirkt der Dominikaner ein päpstliches Breve, das die Gründung eines neuen Klosters gestattet.

Dieses Mal gebraucht sie eine List: sie läßt ihren Schwager, der in der Nähe von Avila wohnt, das Haus kaufen, so daß es den Anschein hat, dieser wolle in die Stadt ziehen. Aber die Mittel ihrer Freundin reichen nicht für das Notwendigste aus. Da erhält sie in der äußersten Not aus Perú von ihrem Bruder Lorenzo ein Geldgeschenk; es kommt so überraschend, daß sie und ihre Freunde ein Wunder und eine neue Aufforderung des Himmels darin erblicken. Schon beginnt man das Haus herzurichten, Wände einzubauen; schon verbreitet sich in Avila das Gerücht von der neuen Unternehmung der Heiligen, und Abschluß und Bedrohung des Werkes scheinen zusammenzutreffen, als sie auf den Befehl des Provinzials nach Toledo reisen muß, um dort eine junge Witwe von hohem Adel über den Verlust ihres Mannes zu trösten.

Ein halbes Jahr lebt sie, jeden Gedanken bei ihrem Vorsatz, in der Ferne; doch gerade in Toledo erfährt der Reformplan eine entscheidende Änderung: durch eine Nonne aus Granada, die ähnliche Absichten hegt, lernt Teresa die ursprüngliche Ordensregel kennen. Sie will ein Kloster gründen, ohne über Geld zu verfügen; aus der alten Regel erfährt sie, daß es den Carmelitern verboten ist, irgendwelche Güter zu besitzen: Vorschriften und Umstände stimmen überein, und sie wird nun um so sicherer das Begonnene durchführen. Das Kloster soll durch die Arbeit der Nonnen und freiwillige Spenden erhalten werden.

Bei ihrer Rückkehr nach Avila findet sie ihren Schwager in dem gekauften Hause krank vor; sie erbittet von ihrer Priorin die Erlaubnis, ihn pflegen zu dürfen und kann auf diese Weise tiefgeheim die Fertigstellung des kleinen Klosters selbst überwachen. Gestützt auf das päpstliche Breve, aber ohne

Erlaubnis der weltlichen und geistlichen Behörden von Avila, läßt Teresa am 24. August 1562 das kleine Kloster einweihen. Vier Novizen nehmen die Schleier.

Doch wie sie nach unendlichen Mühen, nach einem Kampf von zwei Jahren am Ziele steht und nun dieses Glück genießen sollte, verzweifelt sie völlig. In dem armseligen schlechtgebauten Hause, von dessen Dach kaum das dünne Geläut des Glöckchens verhallte, ist sie mit den vier jungen Nonnen zusammen, die Zellen sind eng, ungesund, bald werden sich Krankheiten einstellen, die Mittel fehlen: wer wird ihnen Almosen geben? In dem Kloster, das sie eben verließ, hatte sie alle diese Sorgen nicht, dort sind die Räume weit und gesund; dort hatte sie Freundinnen. Plötzlich ist sie wieder die arme, hilflose Frau, die mit einer fremden Aufgabe belastet wurde. Den Gedanken, der zwei Jahre lang alle ihre Kräfte für sich forderte, kann sie nicht mehr verstehn.

Und die Stimme des Herrn, die ihr immer wieder befahl, ihrem Werke treu zu bleiben? Sie ist vergessen. Und die Erscheinungen alle, die sie getröstet hatten? Sie glaubt an diese Erscheinungen nicht. Sie ist das elendeste, unseligste Geschöpf, die größte Sünderin, eine vom Teufel Genarrte. Das Schicksal des ekstatischen Menschen: entweder übermächtig oder hilflos zu sein, bleibt ihr treu; wieder ist das Ewige ein Traum, und die Erde ist Wahrheit. Ihre Tragik ist es, immer aufs neue die Stunde zu erleben, in der kein Beweis mehr gilt und keine Waffe taugt.

Auch jetzt ruft sie der Himmel zu sich zurück, und zur guten Stunde, denn ihre Feinde, die Feinde der strengen Regel, haben die Stadt in Aufruhr gebracht. Vor dem kleinen Hause schart sich drohend die Menge; Teresa wird vor ihre Priorin in das alte Kloster befohlen. Furchtlos geht sie durch die Straßen, in tiefster Demut erscheint sie vor ihren ehemaligen Mitschwestern: in der Tat, sie ist unwürdiger als alle. Fünf Monate lang ist sie nun eingeschlossen im Kloster Encarnación, während die weltlichen und geistlichen Behörden sich mit dem kleinen Hause beschäftigen, in dem die vier verlassenen Nonnen wohnen; der Rat der Stadt, der Corregidor, der Bischof verhandeln darüber, ob man ein neues Kloster und dazu noch ohne Dotation in Avila dulden soll; endlich siegen die Freunde der Heiligen. In der Begleitung zweier Nonnen geht Teresa wieder durch die Pforte, über der sie die Statuen Mariä und Josefs grüßen. In der Kapelle erwartet sie, übermächtig in dem winzigen Raum, alles Irdische zertrümmernd und vergessen lassend, die Ekstase.

Bald zieht die schwache Stimme der neuen Glocke die Beter an, auch Schenkungen werden gemacht. Das Kloster ist ja nicht die Heimstätte für Auserwählte, seine Bedeutung und Rechtfertigung liegt vielmehr gerade darin, daß in ihm allein das Christentum ohne Einschränkung gelebt werden kann. Im Kloster wohnte, wenn auch unter Abtrünnigen und Irrenden, während des Mittelalters bis in die neue Zeit die kleine Schar der wahren Christen. Nur hier kann die Feindschaft gegen die Leidenschaften, die Verleugnung der Sinne ausgekämpft werden bis zur Freiwerdung. Das Kloster, ein winziger, selbständiger Staat des Herrn, bietet allein jene keine Unterschiede anerkennende Gesellschaftsordnung, jene Möglichkeit, völlig besitzlos zu sein, ohne die der Christ sein Ziel schwerlich erreicht. Wo sonst hat er die »Welt unter seinen Füßen«, wie die Heilige sagt? In den Mauern des Klosters grünt der uralte Stamm der Verwirklicher; die wenigen, denen die Verwirklichung außer ihrem Kreise gelingt, müssen in der Tat Auserwählte sein.

Das Leben der wenigen Frauen ist von jener Entschiedenheit bestimmt, die nicht ohne Wirkung bleiben kann. Sie stehen um sechs Uhr auf und beten bis acht; darauf hören sie die Messe. Um zehn Uhr des Sommers, um elf Uhr des Winters wird gegessen: ein wenig Brot und Käse oder gesalzener Fisch. Fleisch ist nur in schwerer Krankheit erlaubt. Außer zu den bezeichneten Stunden dürfen sie ohne Erlaubnis weder essen noch trinken. Bis zwei Uhr dauert die Ruhezeit, während der sie sich frei unterhalten dürfen; doch sind sie auch während dieser Stunden mit dem Spinnrocken oder Näharbeiten beschäftigt. Aus dem Verkauf der Handarbeiten, deren Preis sie dem Käufer zu bestimmen überlassen, und aus freiwilligen Spenden muß der Unterhalt des Klosters bestritten werden. Um zwei Uhr beten sie die Vesper; darauf folgt eine Lesestunde. Die Schlußgebete schließen sich an; von acht Uhr abends an gilt das Schweigegebot. Nach der Mette, die um neun Uhr gehalten wird, hören sie die Vorlesung des Mysteriums an. Um elf Uhr gehen sie zu Bett.

Ihr Kleid ist aus grobem Tuch und von einem weißen Mantel geschützt. Ihre Füße sind unbekleidet; dies ist das Zeichen, das sie von den nicht reformierten Carmelitinnen unterscheidet. Sie schlafen auf einer Matratze aus Stroh. Keiner ist es erlaubt, die Zelle der anderen zu betreten; sie dürfen sich nicht umarmen und nicht einmal die Hände reichen. Ihr einziger Besitz ist ihr Kleid, Geschenke müssen sie zurückweisen. Eine jede unter ihnen arbeitet für alle anderen. Es gibt keinen Unterschied, keinen Rang; alles gehört allen gemeinsam.

Wie die Vorschrift ausdrücklich festlegt, dürfen sie nur solche Arbeiten verrichten, die ihre Aufmerksamkeit nicht von den göttlichen Dingen abziehen; ihre Armut ist nur bestimmt, der Entfaltung eines unbegrenzten inneren Reichtums zu dienen zur Ehre Gottes. Keine von ihnen wird allein sein; jede soll sich in ihrer Zelle bereiten für den Besuch ihres himmlischen Herrn. Denn jener Geist, jene Glut, jener Wahnsinn sollen wiederkehren, die einmal in vergangenen Jahrhunderten die ersten Diener Gottes zu ihren wunderbaren Taten hingerissen haben. Die Priester, die Mönche dieser Zeit scheinen ihnen fern zu sein. Wer erlebt noch die großen Stürme, die Entrückungen, die Ekstasen; wer das Alleinsein mit dem himmlischen Bräutigam in der siebenten Kammer der Seelenburg? Die heroischen Taten aus Liebe zu Christus sollen wieder geschehen; ist wirklich das Geschlecht jener ausgestorben, die von den Menschen für wahnsinnig gehalten wurden? Was kann es

Besseres geben als den Wahnsinn der alten Einsiedler und Märtyrer, der Hungernden, Leidenden? Sie waren Gott am nächsten, sie kannten den Weg zur Vollkommenheit.
Aber wie dieser Wahnsinn, zu dem selbst der anscheinend so kalte Rechner Ignatius von Loyola aufgerufen hatte, nach der Meinung der Heiligen das Kennzeichen des echten Christen ist, so sind die Erweckung dieses Wahnsinns und die Klage darüber, daß er aus der Welt verschwindet, kastilisch. Denn es sind die Übermacht des Innern und das bedingungslose Vertrauen auf seine Realität, die der Welt das Schauspiel dieses Wahnsinns geben; es ist zugleich eine tiefe, eine tödliche Verwundung nötig, um ihn zu rufen. In allen Jahrhunderten wird der Aufruf erneuert, erscheint Don Quijote, wird Don Quijotes Schicksal durchlebt. Nur der, dessen Lanze hundertmal zersplittert an den Steinen einer zugleich unbeweglichen und wesenlosen Zeit, wird diese Zuflucht suchen und von ihr aus neu zu erobern wissen.
Die Klosterregeln, die auf dem Grundsatz aufgebaut sind: wer essen will, soll arbeiten, die eine in allen irdischen Geschäften erstaunlich erfahrene Frau zur Schöpferin haben, bauen nur die Brücke in eine grenzenlose, stürmische Freiheit festen Gefühls. In dieser Tiefe öffnet sich vielleicht das von keiner Schranke mehr eingeengte Reich, das viele im Norden suchten, ohne es zu finden. Aber die Freiheit verwirklicht sich im Zwang; im Festungsgürtel von Avila, in der geschlossensten Stadt, wohnen die Trunkenen und Befreiten. – Dem Unaussprechlichen, das, wenn es überwältigt, nicht unwillkommen ist, stehen die strengsten Gesetze gegenüber. Mit einer Energie und einer Umsicht ohnegleichen ist das ekstatische Leben, das es zu erwecken und zu erhalten gilt, am Abgrund seiner Gefahr selbst möglich gemacht und gesichert. Damit ist die erste Aufgabe der teresianischen Gründungen, die die Lebensform ihrer Schöpferin anderen erschließen sollen, gelöst, und der unbegrenzte Hintergrund ihrer Absichten und Wirkungen kann sich auftun.

Nun hat sich die Schar gebildet, mit der sie in die große Schlacht um die Seelen eingreifen wird; die Brüder, die draußen kämpfen, die Soldaten des Königs, die in den Glaubenskriegen stehen, sollen in ihr eine Hilfe finden. In ganz Europa tobt der Streit, der Hufschlag kommender, noch größerer Kriege ist in der Luft; von Spanien, von den Klöstern Teresas soll, als eine unüberwindliche Hilfsmacht, das Gebet der Fastenden, Leidenden, auf dem Weg zur Vollendung Schreitenden, ausgesandt werden. Hier ist die Burg, die unerschöpflich ist an Verstärkungen.

So dichtet sie das Kampflied für ihre Nonnen, das ebenso gut, statt von Frauen in einer kleinen Kapelle gesungen zu werden, ein Kreuzfahrerheer auf verbrannten Straßen begleiten könnte. Die ihr Soldaten unter dieser Fahne seid, schlaft nicht, schlaft nicht; denn es gibt keinen Frieden auf Erden. Christus selbst wollte sterben wie ein starker Hauptmann, laßt uns ihm folgen, denn wir sind an seinem Tode schuld. Welches Glück in diesem Kriege zu stehn! Schlaft nicht! Schlaft nicht! Gott bedarf der Erde. Kein Feigling sei unter euch! Wagen wir das Leben; denn der wird es sich am besten bewahren, der es verloren gibt. Christus ist unser Führer und der Lohn dieses Krieges. Schlaft nicht! Schlaft nicht! Schlaft nicht! Denn es gibt keinen Frieden auf Erden!

Dieses Wort, daß es keinen Frieden auf Erden gebe, eine fast absichtliche, spanische Umkehrung der Heilsbotschaft für diese ihre Zeit, ist Teresas persönlichste Erfahrung wie die ihres Geschlechtes und ihres Volkes. Die Glaubenskämpfer erobern sich Gott im Streit mit der Welt und sich selbst. Um des Friedens willen wurden die Klöster der Teresa nicht gegründet, und schwerlich wurde der Friede in ihnen erlebt. Sie umgrenzten nur den äußeren Umkreis der Stille, dessen der heftigste innere Kampf bedarf. Abgerückt von der Welt tragen wir ihr Schicksal mit seiner ganzen Wucht; wenn kein Laut mehr verfälschend in den Zwiespalt des Innern dringt, stehen einander die Feinde gegenüber. Wer kämpfte härter als die Einsiedler?

Nachdem der neue Gedanke seine Form gefunden hat, dringt er unbesieglich vor. Kloster um Kloster entsteht in Altkastilien und Neukastilien, in Léon, an der Grenze von Aragon, in Murcía, Granada und Andalusien. Die Krönung findet das Werk jedoch erst, als die Idee auch auf die Männerklöster übergreift. Die Mönche, geführt von einer Frau, beginnen ihr religiöses Leben nach den Grundsätzen Teresas zu reformieren. Daß sie als Frau geboren wurde, empfand die Heilige als schwerstes Hindernis in ihrem Werk; nun hat sie neben den Beterinnen auch Streiter in ihrem Heer. Ihre Gedanken finden über die Kanzel, durch den Beichtstuhl, durch Predigten auf Straßen und Plätzen den Weg ins Volk; jene Fortwirkung beginnt, die nicht mehr abzugrenzen ist und als eine der großen unbekannten Kräfte geistiger Prägung im tiefsten Sinne historisch wird.
Die Vertreter der neuen Idee sind in denselben Geheimnissen erfahren wie die Gründerin; sie tragen den ekstatischen Schimmer im Auge und haben den Mut zum himmlischen Wahnsinn. Doch wie Teresa wissen sie diesen eigentlichen Grund ihrer Unbesiegbarkeit zu verbergen, wenn es sich darum handelt, ein Haus zu kaufen, eine Behörde, einen Beschützer zu gewinnen, alle jene Geschäfte zu tun, in denen die höchsten Werte nicht gelten, selbst hindern. Ihre Erfahrung im Leiden ist unermeßlich und macht sie allen Anfechtungen überlegen: es können ihnen keine Qualen begegnen, mit denen sie nicht schon vertraut sind. Für sie ist der in dauerndem Leiden begriffene Körper nur der Sporn der Seele.
Auch dieser Sieg entwickelt sich am Widerstand. Die Anhänger der milderen Regel, die zum Vertrag mit der Welt Geneigten, scharen sich zusammen, finden ihre Vertreter. Der Nuntius verbietet die Errichtung neuer Barfüßerklöster, befiehlt die Aufhebung der alten.
Mit einem Schlage scheint das Werk der Gründerin vernichtet. Auch die Inquisition wird gegen sie aufgerufen: dreimal wird

das Libro de su vida, das unsterbliche Buch ihres Lebens, vom Gericht zur Prüfung verlangt. Sie selbst wird in Klosterhaft geführt, ihr Helfer Juan de la Cruz erduldet noch Schlimmeres. In diesem Augenblick erfüllt der König seine Mission; er erklärt sich offen für das Werk der Reform und erwirkt über den Nuntius hinweg das päpstliche Breve, das die Barfüßerklöster teresianischer Gründung als einen selbständigen Ordenszweig bestätigt. –

Wie in Florenz die furchtbaren Gestaltungen unheilbarer menschlicher Qual, die Orcagna an die Wände warf, eine spätere versöhnliche Malerei überdeckt, so liegt über dem eigentlichen Leben des tragischen Menschen eine dünne Schicht des Tages, den er mit anderen teilt. Die Nonne, die mit sechs Schwestern vor dem kleinen Kloster San José in Avila mühevoll in den Planwagen steigt, um in der Ferne ein neues Haus ihres Lebens zu gründen, tritt in das bunte, von Zufällen bewegte Dasein der anderen ein.

Ungern ließen sie die heimatliche Hochebene zurück. Sie ziehen durch Andalusien, auf der Straße nach Sevilla. Ein Edelmann, ein Priester und ein Karmeliter der neuen Regel geben ihnen das Geleit. Es ist Juni; unter dem niederen Dach des Wagens verdichtet sich die Glut der Hölle. Ihre Kleider sind von Staub überschüttet. Von einem kaum spürbaren Windhauch getragen, schwebt die weiße Wolke über der Landschaft hin. Weiß und zerknittert, wie Tuchfetzen, hängen die breiten Blätter der Feigenbäume im gebogenen Geäst.

Das Essen, das für mehrere Tage reichen sollte, ist verdorben. Auch der Wasserschlauch, den Teresa fürsorglich mitnehmen ließ, ist leer. In einer elenden Schenke am Wege kehren sie ein. Aber hier kostet ein kleiner Krug Wasser zwei Maravedis; es ist teurer als Wein. An den schmutzigen, von ringförmigen Flecken bedeckten Tischen sitzen verkommene Kerle, Landstreicher, Gauner und Weiber, die hier Staub, unter der metallenen Sonne, so sicher sind wie in einer Einöde. Vielleicht entdecken sie an einer gewissen Unsicherheit des Paters Gregorio, daß dieser erst vor kurzem in den Orden eingetreten ist: sie verspotten ihn und werfen ihm mit einem Blick auf die Nonnen so schmutzige Worte an den Kopf, daß der arme Priester sich nicht zu helfen weiß. Immer hitziger werdend, geraten sie selbst untereinander in Streit. Die Messer blitzen; in dem engen Raum erhebt sich schreiendes Gedränge, bis die Nonnen auf ihren Karren flüchten und die Räder sich wieder durch die Löcher und Rinnen der elenden Straße quälen.

Auf der Weiterreise fällt Teresa in Fieber. Die Nonnen wollen ihr glühendes Gesicht mit Wasser kühlen, allein dieses ist so warm von der Sonne, daß es keine Erfrischung bringt. Sie redet irr. Lauert Satan in dem verbrannten Gebüsch? Hört sie wieder den Donner der Glaubensschlacht? Oder unterliegt sie unter der Unbarmherzigkeit des Himmels einmal am Wegrand ihrer eigenen Not?

Man muß rasten und sie in eine Kammer bringen. Aber das elende Ziegeldach ist durchlöchert und läßt die Sonne in den fensterlosen Raum. Öffnet man die Tür, so stürzen sich wieder die glühenden Strahlen auf den armen Leib der Kranken, diese Strahlen der furchtbaren Sonne Gottes, der sie nicht entflieht. Das Bett ist so schief, daß sie kaum darin liegen kann; besser wäre es, man legte sie auf den Boden, aber wie die Not, so muß man auch die Liebe der anderen ertragen. Endlich steht sie von dem sonnenglühenden Bette auf; leichter ist es noch, die Pein der Landstraße zu erdulden, als in dieser höllischen Kammer zu liegen.

Beim Überqueren des Guadalquivir geraten sie in Not. Mit dem Karren stehen sie auf dem Fährboot, als dieses sich vom Seile losreißt und, da auch die Ruder nicht zur Hand sind, den Strom hinuntertreibt. Vergebens schickt ihnen ein Edelmann, der von seinem Schlosse am Ufer das Unglück beobachtet hat, seine Leute zu Hilfe: sie sind machtlos dem dunkeln Strome des Herrn überantwortet und können nur noch im Gebet ihre Rettung finden. Ihr Glaube wird belohnt: nicht weit vom Ufer hält eine Sandbank die Fähre fest.

In Córdoba wird ein Fest gefeiert. Die Kirchen sind so voll, daß sie kaum die Messe hören können. Durch die engen weißen Straßen, die sich in nicht endenden Kurven um die viereckigen Häuser winden, schiebt sich im Schatten von Wand zu Wand gespannter Zelttücher lärmendes Gedränge. Am Fluß hingehend sehen sie ein Rudel Schweine im Schatten der Brücke liegen; sie jagen die Tiere weg und setzen sich an ihren Platz.

Vor ihnen schießt das Wasser zwischen den gelben Pfeilern hindurch; über ihnen wölbt sich die Straße, auf der die Heere und großen Herren zogen. Der Spiegelschatten der Berge, von denen die kleinen weißen Eremitagen schimmern, liegt vor den Ufern in der Flut. Teresa liebt es, zu sprechen; dies ist die Leidenschaft, die sie so hart bekämpfen mußte, die sie im Kloster die Freundschaft der Menschen suchen ließ und von Gott entfernte. Im hellen straffen Kleid ihrer Sprache verfolgen sich die Gedanken; rasch aufgenommene Bilder von der Reise erstehen und verlöschen; Verse wirbeln dazwischen. Gedenkt sie ihrer Gegner, so blitzt ihr Spott wie der Reflex des eiligen Wassers auf dem dunkeln Stein. Vom inneren Kampf fällt ein überraschendes Wort, über das die Mönche und Nonnen noch nachsinnen werden, wenn sie allein sind. Denn schon tanzen die kastilischen Sprichwörter wie toll im Schatten und über die Lauschenden hinweg. Die Augen, die gewohnt sind, das Unsichtbare zu sehen, rauben der Wirklichkeit, den Genossen der Straße, den Herren, durch deren Häuser sie ging, schnell ihr Geheimnis; Geschichten spielen sich ab. Den Bekehrungen, den größten Ereignissen der Zeit, folgen die spaßhaften Zwischenfälle des engen menschlichen Lebens. Ob sie hier, fern vom Kloster, vor der freien Linie der Berge, die der Abend in die Ferne rückt, nicht auch einmal über ihre Nonnen spotten soll, die in Avila eine

Bittprozession unternahmen, damit sie der Herr von dem in ihren Röcken nistenden Ungeziefer befreie? Natürlich dichtete ihnen Teresa den verlangten Vers für die Prozession, der statt der Seife und des Wassers das Wunder vollbringen sollte. Wunder? Es geschehen nicht viele; die Menschen betrügen oder sie täuschen sich selbst.

In Sevilla werden sie schlecht empfangen; der Erzbischof will die Gründung eines Klosters ohne Dotation nicht erlauben. Am ersten Abend können sie zwar in dem armen, für das Kloster bestimmten Haus in Betten schlafen und von Tellern essen. Da aber Betten wie Teller nur geliehen sind, so müssen sie am anderen Tag zurückgegeben werden. So haben die Nonnen bald nichts zu essen und müssen auf dem nackten Boden schlafen. Auch das Haus gehört ihnen nicht, es ist nur gemietet.

Aber, es geschehen doch Wunder! Wieder stellt sich unerwartete Hilfe ein. Der Bruder Lorenzo kommt in diesen Tagen aus Perú zurück und unterstützt mit dem gewonnenen Gelde das Werk der Schwester; sein Töchterchen tritt in den Orden ein. Auch die Konquistadoren folgen der Wendung. Nach einem Jahre wird das neue Kloster geweiht; zwischen mit Teppichen behängten Häusern hindurch, unter dem Spiel der Musik und dem Krachen der Böller trägt der Erzbischof selbst die Hostie in die Kapelle. Teresa, die Gründerin, die am Ende des Zuges schritt, nähert sich dem Altar und bittet um den Segen des Bischofs; doch dieser, von der einzigartigen Frau besiegt, und demütig und mutig genug, es zu bekennen, kniet nieder und bittet um den ihren. Wieder fühlt sie den Schmerz der Triumphe. In Medina del Campo, in Valladolid, in Toledo, Pastraña, Salamanca und Alba de Tormes taucht das schlechtgebaute, knarrende Gefährt der Gründerin auf, die mittellos kommt und ein bleibendes Werk zurückläßt. Immerfort reisend, prüfend, ordnend wird sie zu einer der großen Gestalten der spanischen Straße, die aus dem Irdischen und Festen in das Grenzenlose führt. Mit 64 Jahren, drei Jahre vor ihrem Tod, reist sie völlig gebrochenen Körpers von Avila nach Salamanca, dann nach Toledo, nach Malagón, nach Villanueva und wieder über Toledo zurück. Drei Tage zieht der Wagen durch strömenden Regen; ihre Kleider sind völlig durchnäßt, aber sie hat nicht Zeit, sie trocknen zu lassen. Mag der Regen sich ergießen auf das elende, hinfällige Gefährt und den noch viel hinfälligeren Leib überschütten: es ist der Regen des Herrn, die Flut der Fruchtbarkeit, die sie glühend ersehnt hatte für den Garten ihrer Seele. Das Wasser verschleiert das Land, zerlöst den Grund; die harten Berge draußen zergehn: das alles wird wesenlos, und nur die Seele bleibt, die den furchtbaren Weg durch die Leere geht.

In den kleinen Orten der Mancha drängen sich die Leute so auf den Straßen, daß sie kaum weiterkommt. Zwei Alguacile müssen das Haus bewachen, in dem sie ißt. Ein Bauer versammelt seine ganze Familie samt seinem Vieh, damit die Heilige Menschen und Tiere segne. Wo sollte man sie auch mehr lieben und mehr von ihr erhoffen als in der Mancha, dem ärmsten Land, das sich am heftigsten den Himmel ersehnt? Wo die Erde versagt, ist die Ewigkeit am nächsten. Und wenn sie ihm nun wirklich begegnet, dem Herrn des phantastischen Reiches, in seiner eigenen Landschaft, mit ihr und dem König, dem dritten großen Wanderer auf der spanischen Straße? Die Heilige, die in einem schmutzigen, krachenden Wagen, drei Dukaten in der Tasche, ausfährt, Klöster für die Ewigkeit zu gründen, und der Ritter und Weltbefreier, der mit dem Helm des Mambrin, den andere für ein Rasierbecken halten, im Land der Schafe und Steine in Ewigkeit nicht vergehende Taten vollbringt: sie werden einander gewiß nicht schlecht verstehen.

Denn in den dunkeln feuchten Augen des hageren Ritters glimmt wie in den Augen der Heiligen der Schein, der nur darauf wartet, geweckt zu werden, um zu flammen; alles, was er tut, ist ein Bekenntnis zu jenem himmlischen Wahnsinn, den die Heilige so bewundert. Auch er hat den Quell des Lebens in der Ekstase entdeckt und beugt sich mit den Schauern des Glaubens zu ihm hinunter. Sie beide sind sich darüber einig, daß allein wahr ist, was im Innersten des Menschen geschieht, und daß die Außenwelt trozt allen Widerstrebens sich dieser Wahrheit mit Bestimmtheit unterordnen muß. Ohne Geld werden Klöster gebaut; in der ärmsten Landschaft, die nur Hirten und Herden bevölkern, wird das Beispiellose getan. Die Forderung schafft; nichts ist stärker als der Wunsch, und er wird um so sicherer siegen, je weniger er sich mit den Dingen, die ihm dienstbar sind, vermischt. Die Heilige lacht, wie man ihr Juwelen schenken will; der Ritter versichert, das beste Pferd, die beste Rüstung zu besitzen. Vor der unbedingten Reinheit der Idee öffnet sich endlich der Berg jeden Widerstandes.

Wie sich sich trennen, sagen sie sich ein letztes Wort; es ist nur für sie bestimmt, und niemand wird es hören in der Verlassenheit der Mancha: der Sieg ist wohl gewiß, aber er lohnt nicht; es sind kein Sieg und keine Hoffnung auf Erden, die ausreichten, die Trauer der Seele zu stillen. Der hagere Reiter auf magerem Pferd mit der eingelegten Lanze und die verzehrte, glühende Frau im rumpelnden Wagen ziehen, gehend und kommend auf ihrer Straße, in den unbeweglichen Horizont.

Der König und die Heilige

Zwischen Teresa und ihrem König bestand jene Gemeinschaft des Denkens und der Taten, die eines persönlichen Zusammentreffens nicht bedarf. Zwar versuchte sie mehrmals den König zu sprechen; allein, da sie beide in einem Dienste standen, der keinen Aufschub und keine Verzögerung verzieh, so verfehlten sie sich immer. Kam Teresa nach Madrid, so hatte der König die Stadt schon verlassen, oder sie selbst mußte weiter, ohne die Audienz abwarten zu können. Wäre sie ihm aber einmal entgegengefahren auf der Höhe seiner Ebene, diesem breiten, abgeplatteten Gipfel eines mächtigen Berges – sie selbst in dem kleinen, eiligen, holpernden Gefährt, und der König in der schweren, langsamen Karosse mit in Leder gefaßten Scheiben und dicken knirschenden Tragriemen –: so hätte in kastilischer Landschaft, auf der steinernen Brücke des Übergangs, der Menschheit eine jener Stunden geschlagen, die das Leiden der Zeiten und Geschlechter zu rechtfertigen scheinen. Vielleicht hätte sich eine ähnliche Szene ereignet wie jene, die sich in Sevilla zwischen der Heiligen und dem Bischof abspielte: der Große der Erde war in seinem Innern gewiß zu derselben Demut bereit.

Viermal schreibt die Heilige an ihren König, um seinen Schutz für ihre Gründungen und ihre verfolgten Freunde zu erbitten. Ihre Briefe sind kurz und klar; ohne Umschweife bringt sie ihr Verlangen vor. Sie redet den König an wie den obersten Verwalter der göttlichen Domäne, in der sie selbst dient. Da sie beide denselben Herrn haben und nur für diesen Herrn leben, so muß Philipp ihr beistehen. Wie klein ist der Abstand zwischen dem Herrscher und seinem Untertan, gemessen an dem Abstand beider von Gott! Mit ihrem ganzen Werke setzt sich Teresa für die Verteidigung des Glaubens ein: das ist auch Philipps Amt. Sie weiß sich mit dem König so einig, daß sie mit dem Versprechen seines Beistandes ihre Freunde ermutigt, noch ehe sie ihn gewonnen hat. Sobald Philipp von ihrer Bedrängnis erfahren hat, wird er, muß er ihr helfen. Selbst in kleinen Zwischenfällen in der Klosterverwaltung beruft sie sich auf die Autorität Philipps, die sie immer hinter sich fühlt. Als ein Galan, der sich noch immer nicht daran gewöhnt hat, daß er nach der Reform seine Nachmittage nicht mehr in dem kühlen Sprechzimmer des Klosters verbringen kann, ihr heftige Vorhaltungen macht, bedroht sie ihn mit der Ungnade des Königs und der weltlichen Gerichtsbarkeit. Die Reform ist ihr und Philipps Werk.

Die Antworten, die Teresa auf ihre Gesuche empfängt, sind nicht Briefe, sondern Taten. Bald hört sie von dem Wort Philipps an den Nuntius, den mächtigsten und gefährlichsten Gegner der Reform: »Man hat mir von dem Widerstand berichtet, den die beschuhten Karmeliter den Barfüßern entgegenstellen; das könnte zu dem Verdacht führen, daß man sich gegen diejenigen wendet, die Strenge und Vollkommenheit üben (. . . aquellos que profesan el rigor y la perfección). Ich bitte Euch dringend, die Sache der Tugend zu vertreten; denn man hat mir gesagt, daß Ihr kein Freund der Reform seid.« Der strengsten Form gehört das Recht; durch die Härte im Innern des Landes, im persönlichen Dasein ist die Haltung nach außen bedingt. – Dem König hat Teresa endlich die Bestätigung ihres Ordens durch den Papst zu verdanken.

Für Philipp ist der Heilige der höchste Mensch. Auf seine Macht und auf seine Siege ist er nicht so stolz als darauf, daß Heilige unter seiner Herrschaft leben. Sie sind die eigentlichen Erfüller der irdischen Existenz; sie geben zugleich seinem eigenen Handeln, seinen Opfern und seinen Leiden jenen goldenen Schein, der alle Vergänglichkeit überstrahlt. Sie sind die Verewiger hinfälliger Werke. Mit ihnen gleichsam – wie sollte es ihm selbst, dem Beladenen, von tausend Geschäften besessenen und zerstreuten Mann vergönnt sein – ragt auch er in das Ewige hinauf. Sie sind die Unerreichbaren, die ihre Gnade mit ungeheuren Leiden bezahlen und den Vergänglichen die Hand reichen, um auch sie wie durch eine zauberhafte Berührung in die Ewigkeit hinüberzuziehen.

In die Nähe der Heiligen drängen sich der König und seine ganze Zeit. Schon mit neunzehn Jahren korrespondiert Philipp mit Ignatius von Loyola; Teresa beschützt er, so lange sie lebt. Die Handschriften der Teresa läßt er sammeln, binden, um sie im Escorial, dieser Arche des Glaubens im Meer der Vernichtung, zu bewahren. Später, da der Norden der alten Religion für immer verloren scheint, wird er dort die

Gebeine der Heiligen suchen lassen, um sie im Escorial zu bergen.

Auch Alba, dem der Ruhm des Feldherrn nicht genügt, strebt in seinem Alter in diesen Kreis der Verewigung. Auf dem alten Familienschloß in Alba de Tormes verwahrt er ein kostbares Gut: Teresas Libro de su vida. Da es noch immer den Richterspruch der Inquisition erwartet, so hat er sich von ihr die Erlaubnis erbeten, es lesen zu dürfen. Der Mann, der die Sache des Glaubens in furchtbarer Strenge verfocht, kämpft nun selbst um den Weg zur Vollkommenheit. Auch er ist nur Diener eines Gesetzes, das keine Abschwächung duldet. Auch er, wenn er scheitert, unterliegt ohne Reue der Konsequenz. In der Stille nach so vielen Kriegen, fast schon gebrochenen Körpers, berät er sich mit einem Vertrauten der Heiligen über den Weg der Seele zu Gott.

Er hat einen großen Wunsch: die Heilige zu sehen, und ist bereit, ihretwegen viele Meilen zurückzulegen. Der Mann, der sich über Fürsten stellte, ist demütig wie ein Kind. Später schickt ihm Teresa ein kleines Bild, die Vision der Dreieinigkeit; sie hat es nach einem ihrer Gesichte malen lassen und mit eigener Hand korrigiert. Als der Feldherr, fast achtzigjährig, von seinem König zum letzten Kriege gerufen wird, trägt er dieses Bild auf der Brust. Ihm schreibt er seinen raschen Sieg in Portugal zu, aber mehr noch: eine wunderbare Gnade. Während er im Sattel sitzt, wird ihm die oración mental, das innerlichste Gebet, geschenkt.

Das Gebet ist eine Macht, und nicht die geringste in diesem sagenhaften Reich. Wenn Teresa ihrem König versichert, daß sie ihre Nonnen für ihn beten lasse, daß sie selbst für ihn bete, so hat diese Botschaft für Philipp fast eine politische Bedeutung. Dies ist nur ein einziges Mal möglich: in einem Reiche, das die Erhaltung der Religion zu seiner alleinigen Aufgabe macht. Noch niemals vielleicht bestand eine so tiefe Übereinstimmung zwischen einem König und einer Heiligen.

In der Vida ist das Bild des religiösen Staates und seines Königs entworfen. Glücklich ist die Seele, der Gott seine Wahrheiten zu erkennen gibt. O welch ein Stand ist das für die Könige! Wieviel mehr würde es ihnen nützen, nach ihm zu streben als nach einem großen Reich! Welche Gerechtigkeit herrschte im Land! Wieviel Übel würden vermieden werden und wären vermieden worden! Dann fürchtet niemand, das Leben zu verlieren oder die Ehre aus Liebe zu Gott. Was für ein großes Gut ist das für den, der mehr auf die Ehre des Herrn achtet als alle die anderen, die den Königen folgen müssen! Für eine einzige geringe Vermehrung des Glaubens und dafür, daß ich ein wenig Licht unter den Ketzern verbreitet hätte, würde ich tausend Reiche verlieren und mit Recht; denn es ist ein anderes Glück, ein Reich zu gewinnen, das nicht endet. Wenn die Seele einen einzigen Tropfen des himmlischen Wassers kostet, wird ihr alles Irdische zum Ekel; was wird erst geschehen, wenn sie untersinkt darin? Dies ist die kühne, die furchtbare Wahrheit, die man nicht anhören will und die Spanien, konsequent bis zuletzt, erprobt: an der Vollendung der himmlischen Aufgabe zerbricht die irdische Macht. Hier ist die Wahl zwischen den unversöhnlichen Feinden gestellt: zwischen Erde und Himmel, zwischen außen und innen. Die Verwirklichung der einen Forderung wird die Aufhebung der anderen bedeuten. Auch dieses Entweder-Oder entspringt der Zeit: in den Maurenkämpfen galt es nicht; während der christlichen Einheit des Abendlandes wurde die Forderung minder scharf formuliert. Nun aber tönt sie unwidersprechlich aus dem letzten Verteidigungsring heraus. Der Glaube, schon tödlich getroffen von jener unbegreiflichen, nicht zu besiegenden Ketzerei wie einer der alten Ritter, deren Harnisch ein Geschütz zerschlägt, ist bereit, Burg und Land zu verlieren, nur um zu leben. Ohne Vermischung muß die Idee bestehen, in der alles Leben geballt ist: so nehmen Fliehende von ihren Feldern und Bäumen ein paar Samenkörner mit, ehe sie alles verlassen. Tausend

Königreiche mögen verloren gehen für eine Seele; bald gehen in der Tat Provinzen verloren, weil man sie ohne die Seelen ihrer Bewohner nicht besitzen kann. Man wird verlieren müssen, um den Glauben rein zu erhalten; diesem Worte folgend werden die Edelsten des Landes der höheren Wirklichkeit verfallen und dem armen irdischen Königreich ihre Dienste entziehen. Immer rascher führt die lange biegungslose Straße aus der Welt hinaus.

Längst hatte man diese Gegnerschaft geahnt, aber versucht, sie zu verdecken; man glaubte besitzen und dennoch dienen zu können. Doch jetzt, da zum erstenmal unter dem Ansturm der deutschen Reformation die alte heilige Kathedrale zu wanken und zu zertrümmern begann, ist keine Rücksicht erlaubt. Wo nun die Religion noch dauern soll, müssen alle Tore geschlossen sein; das alte Mönchtum, wie es sich im Protest gegen Rom und die schwüle Gelassenheit des Ostens gebildet hatte, tritt auf den Plan. Wie in frühchristlicher Zeit gilt allein die Seele, und keine Königskrone darf um sie betrügen.

Wie wird sich der König, der Beherrscher eines unübersehbaren Reiches, vor dieser Wahl entscheiden? Als die Konquistadoren der Philippinen ihm den Vorschlag machten, die Inseln aufzugeben, da die Kosten der Verwaltung größer als die Einkünfte seien, antwortete er: für den Gewinn einer einzigen Seele werde er alle Schätze Indiens opfern und, wenn diese nicht genügten, mit größter Freude ganz Spanien dazu; kein Umstand könne es rechtfertigen, daß man die Inseln aufgebe und keine Missionare mehr aussende, um das Licht des heiligen Evangeliums zu verbreiten, so viele Provinzen auch noch entdeckt würden, wie arm, ungepflegt und unfruchtbar diese seien. Denn ihm und seinen Nachkommen habe der Heilige Stuhl das Amt der Apostel übertragen, das Evangelium auszubreiten und zu predigen, das sich durch unbegrenzte Reiche verbreiten, dem Teufel seine Macht nehmen und Zeugnis vom wahren Gott ablegen solle ohne irgendeine Hoffnung auf zeitliche Güter.

Es sind die Worte der Heiligen aus dem Munde ihres Königs. Noch dienen sie zu erhalten, selbst zu vergrößern; denn noch dauert der alte Glaubenskampf über den Meeren. Aber die Entscheidungen fallen nicht dort, sondern in Europa, und hier brennt längst die Feindschaft zwischen Seele und Reich. Die mit dem Heroismus der alten Kämpfer sich Gott erstreiten, verachten es, Festungen zu ersteigen, bald selbst zu verteidigen. Die Ahnen der Heiligen gründeten das Reich; die Enkelin ruft dazu auf, das Reich zu lassen.

Und der König? Er braucht der Heiligen nicht zu folgen; denn er hört dieselben Worte im eigenen Innern und findet nur ihre Bestätigung. In den Büchern Teresas trifft er sich selbst. Noch verteidigt er Spanien, weil er zugleich den Glauben verteidigt; aber die Wendung hat sich vollzogen; wenn die Welt, begierig, alles Innere in lärmendes Geschehen umzusetzen, und stets nur das Ziel verkündend, ohne zu fragen, wie es erreicht wurde, das Zeugnis von ihm fordert, so wird er es ihr nicht verweigern. Auch Spanien wird es nicht verweigern; die Völker leben die Schicksale ihrer Häupter nach.

Noch ist es still, und noch wehen auf dem Dach die bunten Fahnen der Triumphe; noch steht ein neuer Sieg bevor; aber im Innern der Erde, in der Verborgenheit, wo das Entscheidende geschieht, hat die Flut der Zerstörung schon den letzten Pfeiler erreicht; bald wird das Haus stürzen, und von dem gewaltigen Bau bleiben, über alles Leiden hinweg ihre Anerkennung unbarmherzig fordernd, nur die Vermächtnisse der Großen zurück, die ihn errichteten und bewohnten.

Als persönlicher Förderer der Gegenreformation krönt der König sein Verteidigungswerk, ja er schafft damit erst den Hintergrund, der seinen Handlungen die notwendig in das Ewige zielende Perspektive verleiht; zugleich bahnt er dem Untergang seines Thrones und seiner Macht den Weg. In dem Felde, das auszufüllen Philipps Epoche bestimmt war, überschneiden sich der Drang zur Macht und der Drang nach innen: beide kommen aus dem Quellgrund der Tradition; nun aber wird die erste Linie fallen, um die zweite steigen zu lassen. Das Tragische an der Stellung des Königs ist, daß eben die Tat, die ihn rechtfertigt, ihn bedroht.

Seiner Unterstützung der Gegenreformation verdankt er die Resonanz seines Namens; doch der Glaube, der sich auf diese Weise noch einmal die Übermacht erringt, wird ihm die Tatkraft und Dienstbereitschaft seiner Untertanen rauben, wird die Werte untergraben, ohne deren Geltung das Staatsgebilde nicht bestehen kann. Gleichzeitig wird der Staat durch sein religiöses Ziel befestigt und verstärkt. Staat und Religion schulden sich gegenseitig Größe und Fall; sie sind deshalb beide gleich unfähig, einander abzulehnen. Ihre Verbindung ist von einer tödlichen Fruchtbarkeit.

Bald nachdem die Gegenreformation das neue Flußbett gezogen hat, werden die spanischen Felder veröden. Nun hat die Lebenskraft ihr neues Geleise, und die Ufer, die sie bisher benetzte, müssen vertrocknen. Dazwischen ist dem Herrscher eine kurze Pause gegönnt, in der das Geschehene seinen Ausdruck noch nicht gefunden hat. Es ist, als stünde im Turm die grünkupferne Glocke nach oben gerichtet, wie ein Gefäß, das die Gnade des Himmels empfangen soll, während das schwere hölzerne Gegengewicht nach unten hängt. Wenn aber der Zeiger den letzten Sprung getan, fällt die Glocke, das Gewicht steigt, und heftig schwingend von ihrem Fall verkündet sie die vernichtende Stunde.

Unter dem Zwang der religiösen Aufgabe verdichtet sich das Reich, werden seine Grenzen gewahrt; geht der Schritt aber noch tiefer in das Dämmer der Mysterien hinein und findet das noch immer suchende Auge in ihnen endlich den einzigen großen Wert des Daseins, so wird die Zahl der Verantwortungsbewußten, die dem Reich sich widmen, immer geringer werden. Wenn in der Tat das Ziel außerhalb der Erde liegt: wem sollen wir dann hier noch dienen? Auf dem nicht wieder bezwungenen Gipfel wendet sich der König in der

Gefolgschaft der Heiligen jenen Bezirken zu, die für die notwendige Abkehr vom Flüchtigen für immer entschädigen.
Am 4. Oktober 1582 stirbt die Heilige in Alba de Tormes, der Stadt der Herzöge, wo eine ihrer Gründungen steht. Die Gattin des verstorbenen Feldherrn besucht sie an ihrem Sterbebett. Noch bedrückt die Kämpferin aus altkastilischem Geschlecht eine kleine Sorge der Welt: sie fürchtet, daß die Herzogin von dem Geruch einer Medizin belästigt werde, die die Nonnen aus Unvorsichtigkeit in ihrem Bett verschüttet haben. Dann durchschreitet sie zum letztenmal Höhe und Tiefe ihres Lebens, die grausame Kluft, die ihre innere Landschaft zerreißt. Mit gefalteten Händen bittet sie ihre Schwestern: »Verzeiht mir das schlechte Beispiel, das ich euch gegeben habe und folgt mir nicht nach, denn ich war die größte Sünderin der Welt, diejenige, die eure Regel und Disziplin am schlechtesten beobachtet hat. Um der Liebe Gottes willen bitte ich euch, meine Töchter, die Regel mit größter Vollkommenheit zu befolgen und euern Oberen zu gehorchen.«
Dann aber, als der Priester das Sakrament in das Zimmer bringt, erhebt sie sich trotz der tödlichen Schwäche ihres zerschlagenen Körpers im Bett, um zu knien. Von ihrem Gesicht geht ein Glanz aus, und eine neue Jugend verwischt die Falten des Alters. Wieder findet die demütige Stimme die verzückten Laute ihrer großen Stunden. »O mein Herr und mein Gemahl, die ersehnte Stunde ist gekommen; es ist Zeit, daß wir gehen. Mein Herr, es ist Zeit, daß wir uns auf den Weg machen, seid mir hochwillkommen. Euer allerheiligster Wille soll sich erfüllen. Jetzt ist die Stunde gekommen, wo ich aus dieser Verbannung gehe, und meine Seele, eins mit Euch geworden, genießt, was sie so sehr ersehnte.«
Der Gnade verdankt sie alles, nichts sich selbst. Aus der untersten Tiefe reißt Gott die Zerknirschte zu sich hinauf.
Dem König, dem Beschützer von Teresas Werk, der einer höheren Wirklichkeit wegen Förderer und Zerstörer wird, ist noch ein letzter Dank der Heiligen bewahrt. In ihren Schrif-

ten findet sich die Beglaubigung seines Amtes. »Filipo, nuestro unico amparo, el que la Virgen ha tomado por sostén de su religión.« Philipp, unser einziger Schutz, den die Jungfrau zur Stütze unserer Religion bestimmt hat. Aber in dem letzten Buche der Heiligen, dem libro de las fundaciones, das sie hastig zwischen ihren Reisen schrieb, steht ein noch gewichtigeres, ein fast rätselhaftes Wort »... eso nuestro Santo Rey Don Felipe, por cuyo medio lo habia Dios traîdo a tan buen fin ...« Philipp, unser heiliger König ...

Teresa ist nicht verschwenderisch mit diesem Wort; denn sie weiß zu gut, was es voraussetzt und enthält. Fast nur solchen, deren Heiligkeit die Kirche schon zu ihrer Zeit oder nachher bestätigt hat, erkennt sie es zu. Und nun gibt sie dem König in einem Buch, das gewiß nicht für ihn geschrieben und auch zu ihren Lebzeiten nicht gedruckt wurde, diesen höchsten Titel der christlichen Welt. Was für ein merkwürdiges Zeugnis aus nächster Nähe, von einer Frau, deren Vertraute den König in seinen geheimen Wünschen, im religiösen Kampfe kennen mußten!

Um den Schweigsamen, selten sich selbst Verteidigenden häufen sich die Widersprüche; auch er wird schon zu seinen Lebzeiten zum Bild: Schicksal und Rettung des Lebendigen, das allein als Gleichnis immer neuer Erweckung und Fortwirkung sicher ist. Es gibt bis zur Blutschande kein Verbrechen, dessen man Philipp nicht schon in seinem Jahrhundert bezichtigt; es fehlt aber auch die höchste Krone nicht auf seinem Haupt. Jene Anschuldigungen, die zuerst Oranien erhob, entspringen einem in der ungeheuren Spannung zwischen zwei sich völlig entfremdeten Völkern geborenen Haß; das stärkste Wort der Verteidigung steht in einem nur für wenige bestimmten, dem politischen Kampf gänzlich entrückten Buch.

Der König selbst freilich wird nie eine andere Rechtfertigung erwartet und anerkannt haben, als eine aus der katholischen Sphäre kommende: da er sich dem einen mit größter Entschiedenheit verschrieb, war er sich der Feindschaft alles dessen, was außer diesem Kreise lag, gewiß. Nur dem auf seinem eigenen Boden Schreitenden wird er sich deshalb erschließen oder dem anderen, der in den schärfsten und härtesten Prägungen und den aus ihnen hervorgehenden Konflikten auch das Menschlichste findet. Die Nähe, und zwar eine Nähe innerer, wesenhafter Art, in der die Heilige steht, macht ihr Wort nicht verdächtig: nur aus solcher Nähe konnte in jener Zeit ein klärendes Wort fallen. Es ist ohne Absicht, fast beiläufig gesprochen, und wie man es auch verstehen mag: es wird von einer Berufenen einem Stellvertreter Gottes zuteil, der die Würde seines Amtes nicht verletzt hat. Wie mag den »Beschützer der Heiligen und Betrübten« dieses Zeugnis der schon Verklärten berührt haben? So hört der Kämpfende in seinem verschlossenen Zimmer eine unverdiente, fast nicht glaubhafte Verheißung. Vielleicht war die letzte Sehnsucht seines Alters in der Tat die Heiligkeit; aber der Mann, der es keinem Priester gestattete, seine Hände zu küssen, wußte wohl, wie weit ihn sein Dienst von dem höchsten menschlichen Ziel entfernte. Dennoch! War in solchen Worten nicht eine erste Verheißung?

Bald nach dem Tode der heiligen Teresa betreibt Philipp ihre Kanonisation; ihre Werke behält er zusammen mit den Werken des heiligen Augustin in seinem mönchischen Zimmer im Escorial. Über die Bücher der wunderbaren Frau gebeugt, sieht der König das strenge und verzückte Gesicht der Demütigen und Begnadeten, der leidenschaftlichsten Überwinderin. Denn ihr Kampf ist auch der seine: die Unterwerfung der Individualität unter die Gnade Gottes. Ihre größte Überwindung war, einsehen zu müssen, daß sie selbst nichts vermochte. Den Kampfgeist ihres Geschlechts mußte sie dazu brauchen, sich selbst bis zur völligen Passivität zu besiegen; erst dann wurde ihr die Tat erlaubt. Die Seele weiß nicht, wie gefährlich es ist, auf sich selbst zu vertrauen; »das war es, was mich zerstörte«. Nur wenn die Entrückung sie entwaffnete, durfte sie dem Gefühl sich übergeben. Auch Gottes Nähe durfte sie nur empfinden, wenn Gott es befahl.

Das Jenseits erschließt sich dem Irdischen im Verzicht. Glück ist das Unterliegen des eigenen starren Ich: ein schmerzvolles Glück. Wie der König, so war auch die Heilige mit einer Gnade geboren; er mit der Gnade im Diesseits, sie war auserwählt. Beiden bestätigt sich ihr Königtum in der Verleugnung.

Das Spanien dieser Zeit zählt dreitausend Männer und Frauen, die wie Teresa ihren harten Weg zur Vollkommenheit beschreiten. Zu den Unzähligen, die auf den Spuren der anderen ihn demütig zu verfolgen suchen, gehört der König. Der eigentliche Inhalt des Lebens liegt in Gott; seine Ferne und seine Nähe machen die Abstürze und Aufstiege des Daseins aus. Mit sehnlichst ausgestreckten Armen greift das Volk, dem die Fülle der Erde zufiel, dessen Besitz, da Portugal übersättigt und todmüde zusammenbricht, sich noch einmal gewaltig vermehrt, nach dem jenseitigen Ziel. Nun ist die Stunde gekommen, wo unter dem Übergewicht des Künftigen, das sich sammelt wie Wasser im See, die Welt sich dreht und alle Werte sich verändern. Der König, der sich ein Kloster baut, die Heilige, die tausend Reiche für eine Seele gibt, sind die vereinten Wegbereiter der Geschichte und der in ihr noch möglichen Vollendung.

SAN JUAN DE LA CRUZ

Aus Avila, wo Johannes vom Kreuz als gefürchteter Verfechter der strengen Regel und als Seelsorger im Kloster der Heiligen lebte, schleppten Mönche und Bewaffnete in einer Dezembernacht den Unglücklichen nach Toledo. Der Haß der Feinde mußte um so heftiger werden, je deutlicher sie spürten, wie unbesiegbar der Heilige war: er war so unverkennbar der Vertreter einer höheren Ordnung, daß die an der Erde Klebenden ihn mit ihrer ganzen Wut überfielen. Um ihn zur Anerkennung der gemilderten Regel zu zwingen, sperrten ihn die erbitterten Mönche in ein finsteres Loch. Mit verdorbenen, übermäßig gewürzten Speisen reizten sie seinen Durst, ohne ihm Getränke zu reichen. Fußtritte, Rutenhiebe, Schmähungen und Beschimpfungen jeder Art regneten auf den kleinen, schwächlichen Mann nieder. Acht Monate hielt er aus, dann gelang ihm die Flucht. Die Narben der Wunden, die man ihm geschlagen, verloren sich nie mehr. Auch später ließ die Feindschaft der Brüder nicht von ihm ab. Nachdem er Prior mehrerer Klöster gewesen, wurde er seines Amtes entsetzt. Verachtet, verkannt erlag er einer schweren langwierigen Krankheit.

Aber wie die Zeit ihn schlug: in seinem Werk ist er frei. Drang in die Zwiesprache der Meisterin mit ihrem Herrn noch das Waffengeklirr des Jahrhunderts ein, stellte die ganze Tat der Teresa sich gegen den Ansturm der Glaubensfeinde, so ist der um fast dreißig Jahre jüngere Schüler mit einer solchen Inbrunst dem Erwachen, den ersten verlangenden Gesten, dem Aufstieg und Sieg der Seele verfallen, daß die Ereignisse und Angriffe, die über ihn hinweggehen, wesenlos werden.

Einmal tönt das Lied. Juan de la Cruz ist der größte Sänger seiner Epoche, ohne es sein zu wollen. Keinem war es gewährt, reiner den Ton zu empfangen und weiterzugeben, so, ohne Trübung, ohne das Opfer zu verraten, Stimme der Wahrheit zu sein. Im Kerker von Toledo, während die Mißhandlungen der erbosten Widersacher des Geistes ihn täglich treffen und seine Augen den beschämenden Listen ihres Hasses nicht ausweichen können, dichtet der Heilige den nur einmal vor ihm, von Salomo, erlebten Gesang der Liebe.

In höherer Dichtung wurde nie die Vereinigung der Seele mit Gott ausgesprochen, transzendenter wurde sie nie erlebt. Dem Eingekerkerten, den kaum das Tageslicht mit mattem Strahl erreicht, bietet sich das Irdische im lebendigsten Schmelz der Farben; ein Wort enthält tausend Worte, weil es das Ding mit allen seinen Eigenschaften, Wirkungen und Möglichkeiten enthält. Um den Gefangenen rauschen die Ströme, blühen die

Gärten; der suchende Hirsch wandert über die Höhe des Hügels; die Seele legt das Haupt auf den starken Arm des Geliebten. Doch der Beseligte in seinem Gefängnis *hört* die Ströme, ihr dunkelstes, nicht endendes, ankündigendes Geräusch; er atmet den Duft der Blüten ein, der süßer, betörender ist als der Duft vergänglicher Gewächse. Im Schrei des Hirsches verlangt das Unsterbliche nach Unsterblichkeit.
Bis in das Geäder des Laubs und das Korn des Gesteins ist die Landschaft des Heiligen jenseitig durchglüht. Hinter jedem Wort glänzt der Sinn; weil es mit Erdenkräften bis zum Rand gefüllt ist, sprengt es die Schranken auf. Nichts in seinem Gedichte gehört dem Erdkreis an; ein atmendes zitterndes Bild ist errichtet; der Wunsch nach Ewigkeit enthüllt die Bedeutung, und in der geringsten Faser des Gewandes, dem dunkelsten Schatten glimmt das überweltliche Licht. So stört nichts die Reinheit des Gesanges, die Klarheit des Gefühls. Zu Tode verwundet von der Liebe, sucht die Seele Gott. Sie kann, solange sie im Leibe wohnt, nicht geheilt werden: Gott in seiner ganzen Wahrheit widerspricht den Bedingungen des Seins. Er ist tödlich, wenn er sich enthüllt. Aber in der Nacht vor der Morgendämmerung, vor dem Anbruch des endgültigen, zerstörenden, in Ewigkeit beglückenden Tages findet die Braut den Geliebten. Sie möchte sterben, weil nur der Tod sie ganz mit ihm vereinigen kann; doch seine Gnade gewährt ihr, ob sie auch noch im Leib gefangen ist, ein übermenschliches Glück.
Die Tödlichkeit Gottes schreckt nicht mehr. Den Auserwählten offenbart er sich nicht im Entsetzen, im tragischen Sturm der Entrückungen: er kommt in der Stille, in der beruhigten Nacht. Die Liebe der verlangenden Seele entzündet die Liebe in ihm; in dem duftenden Garten, nachdem die Musik verstummte, hallt der unergründliche Zwiegesang der Seele mit ihrem Herrn. Gefahren und Triebe, der schwache dumpfe Nachhall der überwundenen Existenz sind wie Tiere verjagt. Auf dem Blütenbett entschleiert der Bräutigam die himmlischen Geheimnisse. In das Haar der Geliebten sind Blumen

gewunden; ihr Auge verwundet den Liebenden. Denn dieses Einssein ist nicht mehr Stille und Erlösung; es ist ein ewiges Kreisen der Seele um Gott und Gottes um die Seele. Sie wurde von seiner Schönheit begnadet, nun beugt ihn diese Schönheit tiefer zu ihr hinab. Da sie ihn spiegelt, so muß er sie lieben; da sie geliebt sein will, zieht sie seine Schönheit immer inniger an. Sie versinkt nicht, sie wird völlig verwandelt; statt sich aufzulösen in der Vereinigung, wird sie ihm gleich. Unendlich sind die Möglichkeiten der Seele: ihre Liebe ist ein immerwährendes Wachsen, eine unbegrenzte Steigerung in die Vollkommenheit hinauf.

Umdunkelt ist der Geliebte auch jetzt; er ist die Ahnung des Untragbaren, ein Blitz hinter Wolken. Aber eben das Verborgene, das Undurchsichtige ist klar. Im Unverständlichen ist die Gewißheit. So wird das Schweigen beredt, wird die Nacht hell, ohne sich zu lichten: bei geschlossenen Augen, von Liebe überschüttet hört die Seele das Unaussprechliche im Geraune der sinkenden Welt. Heftiger wird das Verlangen, das Auge zu öffnen; sicherer das Versprechen; spürbarer der Tod. Wie die letzten Geräusche verstummen und die Liebessonne fast schon den Kamm der Berge erreicht; an der Grenze, wo die Form zerspringt und der Schleier reißt, in festester Gewißheit endet der Gesang.

Portugiesisches Idyll

Auch die schlechten Könige sind Repräsentanten. Als 1578 Sebastian, der junge König von Portugal, ohne Nachkommen zu hinterlassen, in Nordafrika einem phantastischen Abenteuer zum Opfer fiel und mit ihm die späte, gewaltsam gesammelte Kraft seines Landes, hatte Portugal schon die kurze Schicksalsbahn eines zur Entdeckertat berufenen kleinen Reiches durchlaufen. Die Anforderungen, denen es begegnete, verzehrten seine viel zu geringe Macht. Von der Phantasie waren die Portugiesen auf das Meer getrieben worden; die Phantasie jagte auch ihren letzten König in den Untergang, nachdem den Phantasten und Goldgierigen ihre Unfähigkeit, einem großen geordneten Plane sich zu unterwerfen, schon zum Verhängnis geworden war.

Dennoch ist das portugiesische Schicksal, das sich früh und eindeutig auswirkt, gleichsam nur die Voraussage des spanischen. Auch Spanien wird, nachdem sich in seinen Führern die große Abkehr vollzogen hat, wie ein Schiff, das zu schwer befrachtet ist, von seinen Kolonien langsam in die Tiefe gezogen. Die Entdeckung wird dem Entdecker zum Verhängnis, während die andern, die seinen Spuren folgen, zu steigen beginnen.

Die ersten Kolonisten, mit denen Europa gleichsam über den Meeren experimentiert, verfallen allen Irrtümern, aller Schuld. Mit wilder Grausamkeit herrschend und tobend, erschöpfen sie sich rasch; denn im Grunde glaubten sie nur an das Märchen von den goldenen Bergen, das Wunder, das sich nicht erfüllt. Da aber der Traum über der Erde zerstiebt, so wollen sie auch die Erde nicht. Vom Versprechen des Reichtums werden sie zur Entdeckertat verlockt, und nun, da das Wesentliche geschehen ist, braucht sich das Versprechen nicht zu erfüllen. Mit einer neuen List erreicht die Welt ein neues Geleise, und wieder rollt sie über Menschen und Völker hinweg.

Glänzender war kein Höhepunkt im Entwicklungsgang einer Nation als Philipps Eroberung Portugals; fester war nie der Untergang an die Kulmination gekettet. Nachdem Philipp seine Ansprüche, die zum mindesten nicht schlechter begründet waren als die der andern Prätendenten und zudem das von Dokumenten unabhängige Recht des Berufenen vertraten, mit den Mitteln der Diplomatie wie des Krieges durchgefochten hatte, schloß sich in der Tat der Kreis der spanischen Hoheit um die Erde. Nun füllte Brasilien die Lücke im südamerikanischen Kontinent; nun grüßte auf dem Wege nach Indien an der ganzen afrikanischen Küste die Fahne des Herrn beider Königreiche; die vorder- und hinterindischen Küsten- und Handelsplätze Diu, Goa, Calicut, Malakka vernahmen den neuen Befehl. Nun stand das Zeichen der kastilischen Könige nicht mehr einsam auf den Philippinen, wo Magelhaes, seinem eigenen Vaterlande untreu, es sterbend aufgepflanzt hatte: auch die Molukken dienten demselben Herrn, und bis nach Macao an der chinesischen Küste drang das Kommando des Eroberers von Lissabon. Für Philipp, nicht für seinen Vater, war das Wort geprägt von der niemals untergehenden Sonne: sein Kolonialreich ist das gewaltigste, das je ein europäischer Fürst besaß. Aber mit dem Besitz fallen ihm auch die Feinde zu, die ihn begehren; die Holländer, die Engländer sind auf dem Meer nicht mehr fremd und werden dieses Reich um so leichter zersprengen, je größer und unbeholfener es ist. Diese Macht bedeutet ein Übermaß; Spanien ist ihm so wenig gewachsen, wie es das kleine Portugal war, auf dessen Trümmern sie errichtet wurde. Den Sieger werden dieselben Gefahren stürzen, denen er seinen Sieg verdankt. Denn die äußern Feinde finden die Unterstützung der innern: Mißtrauen gegen die Welt, Enttäuschung, Goldgier, Verbrechen, leidenschaftlicher Widerstand gegen Ordnung und Idee öffnen ihnen das Tor.

So kann die Konstellation, unter der Philipps größter Sieg sich vollzieht, nicht unheilvoller sein; dennoch ist es ein notwendiger Sieg. Den einzigen Eroberungskrieg, den er führte, mußte er führen.

Mit dem völligen Zusammenbruch Portugals, mit seiner Unfähigkeit, sich selbst zu besitzen, schien sich dem spanischen König endlich der Tag zu bieten, an dem er ein altes Unrecht wieder gutmachen und den Spalt, der die Halbinsel zerteilte, wieder überbrücken konnte. Das Eroberungswerk Ferdinands und Isabellas verlangte noch diese letzte Tat, die zugleich die katholische Macht des Südens durch die Vereinigung zweier Gegner gewaltig verstärkte. Philipp verfolgte seit früher Jugend den Plan. Vielleicht bestand für ihn nie ein erheblicher Unterschied zwischen den beiden Völkern. Von seiner Mutter hatte er Portugiesisch gelernt; es war die einzige fremde Sprache, die er liebte. Schon seine erste Heirat mit der Portugiesin Maria hatte die große Idee der iberischen Einheit zum Hintergrund. Nur die noch dringendere Not des alten Glaubens im Norden brachte ihn dazu, nach ihrem Tode sich mit Mary von England statt mit einer portugiesischen Prinzessin zu verbinden. Don Carlos, seinen Thronerben, übergab er derselben portugiesischen Adligen zur Erziehung, die zusammen mit seiner Mutter ihn erzogen hatte.

War das kleine Königreich nicht durch einen Aufstand gegen die Könige von Léon entstanden? Riß es nicht auf das willkürlichste einen Brocken Landes aus der geschlossenen Form der Halbinsel? Bedeutete seine Eroberung nicht einfach die in lang ersehnter Stunde geschehende Wiederherstellung alten Rechts? Indessen, das große Projekt, das sich so glänzend zu rechtfertigen schien, schloß einen Irrtum ein, den erst Philipps Enkel büßen sollte.

Denn Portugal, dieses kleine Sprengstück, das sich dem großen Bildwerk des Reiches anscheinend mühelos einfügte, um es zu ergänzen, war unter dem Zwang einer außerordentlichen Aufgabe zur Nation geworden. Mehr noch: es hatte, während sich sein tragischer Untergang vollzog, den unvergänglichen Ausdruck für seine Eigenart gefunden. Seine Sprache konnte, seit Camoes das Ewige in ihr gebildet hatte, nicht mehr vergehen. Wie endgültig der portugiesische Zusammenbruch auch war: ein letzter Widerstand, der aus dem Bewußtsein des nationalen Charakters und der großen nationalen Tat immer neue Kräfte schöpfte, war nicht zu ersticken. Camoes hat sich, wenn auch das Geschlecht der Nachfolger ausgestorben ist, für immer die Bewahrer und Klagenden, den Chor vor seinem Denkmal, gesichert.

Der spanische König selbst soll die Lusiaden öfters gelesen haben. Ob er in diesem Dichter, der starb, noch ehe Albas Heer die portugiesische Hauptstadt betrat, seinen größten, den unsterblichen Gegner erkannte? Sechzig Jahre nach der Eroberung Portugals sollte das Vermächtnis des Dichters das Vermächtnis des Königs besiegen.

Aber treibt nicht derselbe Glaube den portugiesischen Dichter und den spanischen König an? Das höchste Ziel beider ist die Verteidigung der Kirche; sie beide – wenn auch Camoes nach einer schmerzlichen Wendung – stehen in der vordersten Reihe der Gegenreformation. Sollte der Glaube nicht einen? Ist nicht gerade jetzt die Stunde, vor dem nordischen Brand die Front zu schließen? Noch einmal glänzt der Traum auf, daß Glaube und Herrschaft sich deckten und über die irdische Spaltung hinweg der gemeinsame Himmel die Völker verbinde. Aber auch die Heilige wußte, daß es keinen Frieden auf Erden gibt.

Wer nicht erobert, wird nicht leicht erhalten. Dieses eine Mal, da kein König der Usurpation ausgewichen wäre, bestätigt auch Philipp den Satz.

Am 16. Juni 1580 besichtigt er zusammen mit der Königin Anna das Heer in Badajoz. Es ist ein sehr heißer Sommer; in Portugal wütet die Pest, und auch in Spanien breitet eine Epidemie sich aus. Erst ergreift sie Philipp; doch er gesundet wieder, nachdem man schon für sein Leben fürchtete. Die Königin Anna, die schwanger ist, erliegt am 26. Oktober der Krankheit. Ihr Tod trifft den König tief. Diese ernste junge Habsburgerin, deren Hof einem Nonnenkloster glich, die fast nie ihre Gemächer verließ, hatte durch einen Abstand von fünfundzwanzig Jahren hindurch, die den Gatten von ihr trennten, den Weg zu ihm gefunden. Auch sie, wie ihre Vorgängerinnen, gehorchte seinem Stil.

Der zum viertenmal Verwitwete schickt seine Kinder, die Infantinnen Isabella Clara Eugenia und Catharina, die Isabel de la Paz ihm gebar, und die kleinen Prinzen Don Diego und Don Philipp, die eben ihre Mutter verloren, zurück nach Madrid. Wie sein Vater nach dem Tod der Kaiserin schließt er sich einige Tage in einem Kloster ein, um die Tote zu beklagen und für sie zu beten. Sie war seine letzte Frau. Am 5. Dezember bricht er in Trauerkleidung von Badajoz auf, um die Huldigungen seines neuen Königreiches zu empfangen.

Das Idyll und die Tragödie sind Geschwister, die sich als solche nicht verraten. In jedem Tragiker steckt ein Hang zum Idyll. Denn das melancholisch getönte, in kleinen Kreisen sich bewegende Leben der Idylle, das den Zufall leicht und passend wie ein unversehens gefundenes Band immer wieder aufnimmt und in sein Spiel verflicht, kann doch nur bestehen im Schatten der großen Macht. Daß ihr buntes Licht sich bricht an dem unerbittlichen Dunkel, das sie umwölbt, macht den Zauber der Idylle aus. Sie ist der mildeste Ausdruck des Tragischen; nur ein Reflex verrät ihre Herkunft, aber diesen Reflex darf sie nicht vermissen lassen.

Den Menschen unter dem Gesetz tritt plötzlich die Versuchung an, das Gesetz nicht zu sehen. Einmal will er leben, als ob die Welt wirklich ein Garten wäre, zwischen dessen Beeten man sorglos sich ergeht, wo kaum noch eine ferne Musik an das erinnert, was außer der Mauer geschieht. Nur eine tiefe Erfahrung verleitet ihn zu dieser Illusion. Denn im Grunde wird er es nicht vergessen, woher er sich zum Tore dieses Gartens durchfand und wie bald er ihn wieder verlassen muß.

Noch immer hat der Dienst das Herz nicht zerstört; noch ist dem Verurteilenden, Ablehnenden, dessen Stimme geübt ist, alle Schwingungen zu unterdrücken, ein Wort des Herzens erlaubt. Ja, vielleicht ist er nun herzlicher als alle andern, die weniger unerbittlich sind. Diese Widersprüche verbindet das Leben selbst mit seiner wärmsten, klopfenden Ader: in der Gegensätzlichkeit gestaltet es sich aus. Nun zeigt es sich, daß Konsequenz und Herz sich vertragen; wenn das Gebot verstummt, blüht das Herz wieder auf.

Portugal ist so idyllisch, weil es so tragisch ist. Auf dem Berge von Cintra fällt dichter Schatten auf eine kleine zertrümmerte Moschee, die wie eine Burgruine des Nordens im Walde steht, freilich in einem phantastischen Wald. Hier singen die Vögel im Frühling, und das gelbe Laub schichtet sich in dem sonderbaren Mauergeviert im Herbst. Wo grünen die alten romantischen Büsche und Schlinggewächse üppiger als auf Trümmern? Und der dunkle Laubschatten unsäglicher Gefühle, das Geranke wehmütiger Wünsche, die von den Zweigen fallen und immer wieder sich umklammern und retten, um fortzuwachsen und nie zu enden: wo finden sie ihre Heimat, wenn nicht dort?

Auch Philipp fand in Portugal Trümmer vor, auf denen es schwer zu bauen und leicht zu träumen war. Und er selbst errichtet sich, während die Geschäfte sich hinschleppen und seine Herrschaft sich langsam befestigt, ein portugiesisches Idyll. In der weichen, verschwimmenden Atmosphäre des Küstenlandes, wo die Umrisse sich mildern und verfließen, schreibt er an seine beiden Töchter, fast noch Kinder von fünfzehn und vierzehn Jahren, die die unvergeßliche Isabel ihm schenkte. Er schreibt ganz für jenes frühe Alter, aber selbst ohne ernste Mahnungen, als ob die Welt statt einer furchtbaren Forderung bunte Bilder und Geschehnisse böte, die zu betrachten eine Lust ist. Nun wird die Politik entwaffnet; das Sterben einer Nation, die Errichtung der neuen Herrschaft auf ihrem Grabe lösen sich in eine Reihe von Abenteuern auf, die zwei Kindern Freude machen sollen. Er selbst, der so gerne schreibt, verrät die Lust, die großen Bogen zu füllen, sonderbare Ereignisse zu erzählen, die Welt gleichsam für die beiden Kinder zu verwandeln und ein paar Stunden sorglos in ihr zu leben.

Auf dem alten portugiesischen Königsboot, über das eine Plane gespannt ist, fährt er von Villafranca den Tejo hinab nach Lissabon. Die Leute essen unten im Schiffsraum; er sitzt mit dem Erzherzog Albert von Österreich, seinem Neffen, dem er Unterricht im Regieren gibt, auf dem Verdeck. Unter dem Tuch sieht man die Ufer vorübergleiten; so, auf dem Strome, ist es am schönsten zu reisen. Einmal ist er die Mühsal der Wagen und schlechten Straßen los. Von dem breiten See der Mündung hat er den ersten Blick auf die große Stadt; die Menschen drängen sich am Ufer. Aber er landet drüben in Almada und findet dort eine hübsche Wohnung vor: sie ist etwas eng, doch bietet sie ihm die volle Aussicht über die Mündung und die Hauptstadt dahinter. Er erzählt alles einfach, ohne zu schmücken oder umständlich zu erklären: ganz so wie die beiden Mädchen, die noch am Ende der Kindheit stehen, selbst diese Dinge berichten würden; so wie es ihnen am meisten Freude macht.

Da er Herr eines neuen Königreiches ist, so dürfen Isabella und Catharina nun auch ein neues Siegel führen; schon aus Thomar schickte er ihnen das erste Siegel mit dem portugiesischen Wappen. »Auf Wachs, glaube ich, wird es besser siegeln, denn auf dem Papier scheint es mir nicht gut; wenn Ihr aber an mich schreibt, so nehmt kein Wachs, denn dadurch zerreißen die Briefe.« Die Hauptsache ist, daß sie ihm oft und ausführlich schreiben; über recht lange Briefe freut er sich ganz besonders.

Leider kann er selbst nicht so oft schreiben, wie er möchte; das müssen sie entschuldigen. Vielleicht findet er in acht Tagen, wenn die Post abgeht, mehr Zeit dazu. – Oder aber er setzt sich spätabends noch an einen Brief, um wenigstens rasch ein paar Worte aufzuzeichnen; es ist schon elf Uhr, und er hat noch nicht gegessen. Doch so müde er ist, die Briefe werden meistens nicht kurz; er selbst wundert sich darüber, wieviel er schreibt. Aus Furcht, daß ihm abends die Zeit fehlen könnte für die Korrespondenz, geht er schon früher an seine Geschäfte. »Heute sind es schon acht Tage, daß ich Dir zum Geburtstag gratulieren wollte, aber beim Schreiben habe ich es wieder vergessen.« Isabel ist nun fünfzehn Jahre, »das ist ein tüchtiges Alter, obwohl ich glaube, daß Du trotz allem noch nicht ganz Frau bist«. Ist es aber allzu spät, so schließt er rasch mit dem Wunsche, den er niemals in seinen Briefen vergißt: »Und da es sehr spät ist und ich sehr müde bin, so sage ich nichts weiter, als daß Gott Euch schützen möge, wie ich das aufrichtig wünsche.«

Sie sollen sich nicht beklagen, daß er ihnen nicht genug Neuigkeiten erzähle. Um kein Aufsehen zu erregen, landet er unbemerkt mit dem Erzherzog Albert an der Terrasse des Lissaboner Palastes. Dieser ist sehr groß, aber nicht gut gebaut; er ist traurig wie ein Gefängnis. Bald läßt er ihn umbauen; auch den Palast am Rocío, der ganz verwahrlost war, läßt er herrichten, und in Setubal wird auf seinen Befehl eine neue Festung, über Lissabon aber, auf einem der Berge, eine neue Kirche gebaut im Stile des Escorial. Er vermißt den großen Park im Schatten der Laubbäume, den er in Spanien gewohnt ist; doch gibt es hier in Lissabon kleine hübsche Gärtchen, die man alegrete nennt, und von denen er eine Zeichnung anfertigen läßt. Einmal macht er mit seinem Neffen einen Ausflug nach Cintra. Drei Stunden lang treiben sie den Tejo hinab bis nach Cascaes; dort ist eine schöne Wohnung bereit im Schloß; sie hören die Messe und empfangen das Sakrament. Cintra ist sehr schön; es gibt wunderbare Dinge dort, die man an keinem andern Platze sehen kann. Könnte er Isabel und Clara in diesen Gärten sehen, wo das Wasser springt! – Ein anderes Mal läßt er sich in einem Boot zum Turm von Belem hinüberrudern, der auf einer Insel mitten im Strome liegt.

Vor dem Palaste in Lissabon wurde ein großes Schiff gezimmert; aber das Wetter ist so schlecht, daß man drei Tage braucht, um es ins Wasser zu schaffen. Er sieht von seinem Fenster aus zu; schon baut man wieder ein neues Schiff. Sonntags geht er mit dem Erzherzog in eines der Klöster, nach Xabregas oder nach Belem; er wohnt der Messe, den Gebeten bei; dann ißt er mit den Mönchen. Hier gibt es Mönche, die blaue Kleider tragen. Wie schön ist es, daß am selben Tage, an dem er in Portugal in einem Barfüßerkloster war, auch seine Töchter in Spanien die Barfüßer besuchten! Wenn er selbst an der Spitze der Prozession geht, so sieht er wenig davon und kann auch nichts berichten; doch ein anderes Mal zieht sie an seinem Fenster vorüber. Es sind einige Teufel dabei, die den Bildern des Hieronymus Bosch gleichen; vor ihnen hätte sich sicher der kleine Thronfolger Diego gefürchtet. Im nächsten Brief scheinen die Infantinnen im Namen des künftigen Beherrschers von Spanien versichert zu haben, daß dieser keine Furcht empfunden hätte. Und in der Tat, es waren ja auch keine echten, sondern künstliche, »gute Teufel«.

In Portugal ist es viel milder als in Spanien. Jetzt, im Januar, blühen die Rosen und die Orangenbäume; jeden Morgen bringt ihm der Calabrese (ein Gärtner) einen Strauß. Seit langem gibt es schon Veilchen, aber leider wollen sich keine Narzissen zeigen. Wie schön blühen sie nach dem Regen im Prado und in Aranjuez! Auf dem Feld kommen sie zwar früher, aber sie duften nicht wie die in den Gärten. Zusammen mit den Blumen aus Portugal schickt er den Infantinnen eine sonderbare Frucht: als man sie ihm gab, nannte man sie eine lima dulce, »und obwohl ich glaube, daß es nur eine Zitrone ist, so wollte ich sie Euch doch schicken; wenn es wirklich eine lima ist, so habe ich noch nie eine so große gesehen. Wenn sie gut ankommt, so versucht sie und schreibt mir, was für eine Frucht es ist. Ich freue mich darauf, es zu erfahren, und auf das, was Ihr mir schreibt. Die kleine Zitrone schicke ich nur mit, um das Kistchen zu füllen.« Über seinem Interesse an der rätselhaften Frucht hätte er fast das Wichtigste vergessen; so fügte er als Nachschrift an: »Gestern hörten wir die Messe in einer

Kirche, die la concepción genannt wird und Geistlichen vom Orden Christi gehört.« Leider sind die Pfirsiche, die ihm seine Kinder sandten, in einem ganz unkenntlichen Zustande angekommen, so daß er sie nicht mehr versuchen konnte; er bedauert es sehr; denn da sie aus dem Gärtchen vor ihrem Fenster stammten, hätten sie ihm sicher sehr gut geschmeckt.

Schon bald nach seiner Ankunft in Portugal vermißt er die Nachtigallen; man hört sie nur selten und nur von einem gewissen Fenster aus. Der Palast ist zu weit von den Feldern entfernt. Vielleicht hört er sie auf einer kleinen Reise nach Setubal über Barreiro. Dafür beschreibt er den Kindern einen merkwürdigen Vogel. Sie glauben, es sei ein ayron. Doch nein! der ayron ist groß, dieser aber ist sehr klein. Es gibt noch mehr zu erzählen. Vor allem darf Madalena in keinem Briefe fehlen. Sie ist ein altes Faktotum, das mit der portugiesischen Expedition durchaus nicht einverstanden ist. Kaum ist sie in Lissabon, so vermißt sie die spanischen Erdbeeren. Auf einer Fahrt nach Belem sieht sich der König genötigt, sie zu tadeln, was sie in nicht geringe Verstimmung versetzt. Meist ist sie zu Wortgefechten mit Philipp bereit, in denen sie nicht schlecht abschneidet. Sie müsse gehen, versichert sie dann, denn er wolle sie zu Tode quälen. Nur die Seekrankheit, die sie sich bei einem Ausflug zuzieht, mildert ihre Aktivität. Sie ist schwächlich und hinfällig; wenn sie aber Musik hört, will sie tanzen, so alt sie ist. Es scheint, daß sie zu allen Stunden Zutritt zu den Zimmern des Königs hatte; er unterhält sich mit ihr und freut sich, wenn er wieder etwas über sie berichten kann. Aber trotz dieser Vertraulichkeit will er ihr das alte, zerschlissene Taftkleid, das sie selbst bei der Ankunft der Kaiserin trägt, nicht ersetzen.

Denn mit Madalena hat es eine besondere Bewandtnis. Es ist gut, ihr nicht viel Geld in die Hand zu geben, besonders seit ihr Schwiegersohn abreiste und sie nun ganz ihre eigene Herrin ist. Madalena hat Freude am Wein. Oft erscheint sie in einem ziemlich beklagenswerten Zustand vor ihrem König;

und dieser Leidenschaft ist es auch zuzuschreiben, daß sie ihre Korrespondenz mit den Infantinnen vernachlässigt. Nach solchen Genüssen verschlechtert sich ihre Stimmung bedeutend. Sie zankt sich mit den andern Dienern herum, hauptsächlich mit einer gewissen Mariola oder Mariafernandez, die, obwohl sie so dick und groß ist, daß sie kaum zur Türe hereinkommt, doch »sehr schön singt«. Zu ihrer Bedienung steht Madalena eine Negerin zur Verfügung, die ihr nur neuen Ärger verursacht: schon einmal ging sie durch, und nun ist sie schon zwei Tage fort, ohne daß es ihr einfällt zurückzukehren.

Am Tag vor dem Stierkampf hat Madalena keine Zeit, Briefe zu schreiben; sie ist dann damit beschäftigt, ihren kleinen Balkon herzurichten und zu schmücken. Denn die Stierkämpfe finden unmittelbar vor dem Schlosse statt. Philipp erwartet wenig von den portugiesischen Stieren und findet seinen Zweifel bald bestätigt. Alle diese Einzelheiten erzählt der König nicht ohne ein gewisses Bedenken; denn Madalena »würde mich schön hernehmen, wenn sie wüßte, daß ich solche Dinge schreibe«.

Versteckt gleitet ein Schatten über diese Bilder. Der König verleiht dem Herzog von Braganza das goldene Vlies; sie gehen gemeinsam zur Messe, und Philipp meint, daß die goldene Kette schlecht zu seinem Trauerkleid gepaßt habe, während der Herzog prächtig gekleidet ging. Widerwillig gehorcht er dem portugiesischen Zeremoniell und trägt bei einem großen Feste Brokat. Einmal fällt der Name des Ortes, wo er seine letzte Gattin verlor: Badajoz. Aber er will sich nicht daran erinnern.

Am 1. August 1582 wohnt er mit dem Erzherzog einem Autodafé bei. Zuerst wird gebetet; darauf verkündet das Inquisitionsgericht das Urteil. »Dann gingen wir; denn in dem Hause, wo wir waren, mußte das weltliche Gericht die ihm von den Inquisitoren Überlieferten zum Feuertod verurteilen.« Beim Beginn der Zeremonie hat man dem König und dem Erzherzog Zettel gegeben, auf denen die Namen der

Schuldigen stehen; Philipp schickt den seinen an die Kinder, »damit Ihr seht, welche es waren«. Offenbar wissen dic Infantinnen, daß Veranstaltungen dieser Art ihn sehr anstrengen; denn er versichert ihnen im nächsten Brief als Antwort auf den ihren, daß er vom Autodafé nicht sehr ermüdet gewesen sei, da es nicht so lange gedauert habe wie ein spanisches. – Ein Augenzeuge erzählt, daß er den König am Fenster sitzen sah mit sehr langem, schon ganz weiß schimmerndem Bart und von der Arbeit geröteten Augen.

Kein Wort fällt über den Hintergrund dieser Dinge. In demselben Brief, der über das Autodafé berichtet, beneidet er die Mädchen um ihren Ausflug nach Aranjuez; zugleich dankt er ihnen für die Erfüllung einer zärtlichen Bitte. Seit fast zwei Jahren hat er sie nicht mehr gesehen. Sind sie inzwischen gewachsen? Er beauftragt sie endlich, sich genau zu messen und ihm drei Bänder, auf denen ihre Größe und die des Infanten eingezeichnet sind, zu schicken. Diese Bänder erhielt er jetzt. Isabel Clara Eugenia wird schlank und schön wie ihre Mutter.

Vor allem sollen sie sich für den Sommer die kühlsten Zimmer im Palaste wählen; es sind diejenigen, die nach dem Garten gelegen sind. Er selbst hat sie ausprobiert. Catharina hat in Aranjuez einen Sturz erlitten, den sie ihm verschwiegen hat; doch er hat es von einem Lakaien erfahren. Sind sie gesund? Da sie keine Mutter mehr haben und in der ersten großen Krise ihres Lebens stehen, scheut er auch die zarteste Frage nicht.

Inzwischen kehrt seine Schwester, die Kaiserin Maria, nach dem Tode ihres Gatten Maximilian II. nach Spanien zurück. Sie haben sich sechsundzwanzig Jahre nicht gesehen, und auch vor Marias Verheiratung waren sie eigentlich nur zweimal kurze Zeit zusammen. Der König ist voll Ungeduld; er rechnet aus, wann die Kaiserin in Barcelona, wann sie in Madrid sein kann, und wann sie endlich in Lissabon eintreffen wird. Mit ihr reist ihre Tochter Margarete von Österreich, die etwas älter ist als die Infantinnen. Wer wird größer sein, Margarete oder Catharina? Und wie werden seine Töchter die Kaiserin empfangen? – Maria schreibt zwar, daß sie sehr gut empfangen worden sei, aber ist das nicht nur eine Formel der Höflichkeit? Im Grunde ist er natürlich davon überzeugt, daß seine Töchter den spanischen Hof zu vertreten wissen; denn er trägt ihnen auf, der jungen Margarete, die er noch nie gesehen, in seinem Namen ein Kompliment zu machen, so wie es ihnen am passendsten scheint.

Auch das Festprogramm entwirft er selbst: Erst muß die Schwester den Escorial sehen, an dem jetzt bald der letzte Stein gesetzt wird, dann den Pardo; später Aranjuez und Acaeca; den Pardo und Aranjuez liebte auch der Vater. Welchen Eindruck wird der Escorial auf sie machen, das große und persönlichste Werk seines Lebens? Und wie sieht sie aus? Früher hielt man sie beide für einander ähnlich; aber das wird längst nicht mehr so sein. »Ich glaube wohl, daß sie nicht so alt aussieht wie ich.« Doch die Töchter wollen ihm eine Freude machen und berichten, daß die Kaiserin noch älter erscheine als er. Philipp nimmt nicht an. Würden sie ihn jetzt sehen, so käme ihnen das nicht mehr so vor. Denn seit er sich von den Kindern trennte, sind alle die Sorgen um das neue Königreich über ihn hinweggegangen, die er ihnen verschweigt. Von der Schwester hört er nun auch, daß die beiden Mädchen sehr gewachsen sind: Isabel ist größer als die Kaiserin, selbst wenn diese die hohen Schuhe trägt, und Catharina größer als Margarete. »Aber bildet Euch nichts darauf ein; ich glaube eher, daß sie klein ist, als daß Ihr groß seid.«

Mit den Gästen und den Infantinnen kommt auch zum erstenmal der sechsjährige Thronfolger Diego nach dem Escorial. Wie wird es ihm gefallen? Es ist vielleicht die wichtigste Frage, die Philipp in dieser Zeit beschäftigt; von ihr hängt die Geltung seiner Arbeit, die Rechtfertigung seiner Opfer ab. Wird der Erbe die nun vollendete katholische Lebensform übernehmen, so wie er sie selbst übernahm, um sie fortzubilden? Wird in ihm der Escorial einen neuen Bewohner und damit das Ewige einen neuen Verteidiger finden? Denn im Escorial wurde der Glaube, die tiefste menschliche und religiöse Erfahrung zu Stein, um zu dauern und fortzuwirken. Doch die Bedeutung dieser Frage, das Schicksal, das hinter ihr leidet und hofft, sollen keinen Eingang finden in diese Briefe. So fragt er ganz einfach: »Ich weiß nicht, wie Euerm Bruder der Escorial erschienen ist; ich glaube, er war noch niemals dort, obwohl ich mir nicht ganz sicher bin, und so sagt es mir und fragt ihn in meinem Auftrag, wie ihm das eine und das andere erschienen ist, und ob es ihm Freude gemacht hat.« Als dann die Antwort kommt, schreibt er glücklich: »Sagt Euerm Bruder, es hat mich sehr gefreut, daß ihm das gefallen hat, was er sah. Wenn ich nach Gottes Willen zurückkomme, so hoffe ich, daß er es noch oft sehen kann.«

Isabel und Catharina sollen darauf achten, daß Diego fleißig lernt, doch auch nicht zuviel, damit er sich nicht überanstrengt. Wenn der König zurückkehrt, so soll Diego schon gut lesen und auch ein wenig schreiben können. Mit der nächsten Indienflotte kommt ein Elefant, den der Vizekönig dem Prinzen schickt. Zugleich mit dieser Nachricht geht auch ein Lehrbuch des Portugiesischen ab. Es ist sehr wichtig, daß Diego die Sprache der Menschen studiert, die ihm solche Geschenke machen. Zur Freude des Vaters können die Infantinnen schon besser Portugiesisch verstehen als er selbst; sie wissen Worte, die er sich noch übersetzen lassen muß. Und in Portugal ist man so glücklich, wenn der spanische König ein paar portugiesische Laute weiß! Daß Diego die Zähne so leicht bekommt, freut ihn sehr; wahrscheinlich bekommt er sie gerade an der Stelle, wo sie ihm, dem Vater, ausfallen.

Wie glücklich sind sie doch in Spanien! Wie gern käme er bald zurück! Jetzt müssen sie gerade im Pardo sein, und er kann es nicht verschweigen, daß er sie ein wenig darum beneidet. Dort singen die Nachtigallen, blühen die Narzissen; dort gibt es Erdbeeren und hohe schattige Bäume! Wie gehen die Uhren im Escorial und in Aranjuez? (Er hat dieselbe Liebe für Uhren wie sein Vater; sie beide wissen zuviel von Zeitlichkeit und Zeit, von der ewigen Bedeutung der nichtigen Stunde.) Sicher gehen sie nicht genau, und die vom Alcazar in Madrid ganz gewiß auch nicht, »quando yo no estoy en él« (wenn ich nicht dort bin).

Aber er will auch ein wenig Neid erwecken: »Wir fuhren auf dem Fluß bis Belem und zurück; wir sahen die Schiffe, die jetzt dort liegen: es sind viele, aus allen Weltteilen und wohl wert, betrachtet zu werden. Es war ein sehr schöner Tag, und der Fluß war sehr ruhig. Ich sage das, um mich ein wenig zu rächen für den Neid, den ich wegen Eurer Fahrt nach dem Pardo und nach San Lorenzo empfunden habe.« Sofort fügt er hinzu: »Ich fürchte, daß ihr dort sehr kalte Tage gehabt habt.« Denn Kastilien ist seine Landschaft wie der Escorial sein Haus; er kann nur dort leben und wird an allen anderen Orten das ihm Gemäße vermissen.

Sie sollen nicht denken, daß er ihre Briefe nicht genau liest: Im letzten schrieben sie herman*a* statt herman*o*; auch ein Wort haben sie vergessen. Doch sie wissen sich zu rächen: Zum zweitenmal schon hat er ihnen von dem Fenster erzählt, an dem die Kaiserin während der Messe sitzt. Zum Beweis schicken sie ihm den früheren Brief. Er entschuldigt sich, »im heutigen Brief habe ich es nun zum drittenmal geschrieben; daraus könnt ihr sehen, wie es in einem Kopf zugeht, den so viele Dinge belasten«. Mit derselben Sorge, die er für seine Kinder empfindet, beobachtet er auch die Schwester: sie versichert zwar, wohl zu sein; doch er hat sie ein wenig husten gehört.

Diese Briefe, die zu den schönsten gehören, die ein Vater an seine Kinder schrieb, weil sie die einsichtigsten, die anspruchslosesten und herzlichsten sind, die, stets mit der Überschrift »a las infantas mis hijas« beginnend, und der Unterschrift »vuestro buen padre« endigend, alle doch ein gewisses königliches Schema zum Rahmen haben, brechen jäh ab. Gegen Herbst 1582 erkranken die Kinder an den Pocken; der Vater ist in größter Sorge. Nun schreibt er nur kurz an Catharina,

die jüngere, weil er fürchtet, sie durch einen langen Brief zu ermüden. Bald sind die Mädchen außer Gefahr; doch werden Spuren zurückbleiben? Die Flecken verschwinden wieder; wenn nur keine Narben bleiben.
Diego, der Thronfolger, stirbt. Der innerste Schmerz findet kein Wort, das ihm helfen könnte. Auch in diesen Briefen wird ihm sein Recht nicht. An Granvella, der den Tod des Knaben heftig beklagte, schreibt der König: »Ich lobe Gott für alles, was ihm zu tun gefällt, und füge mich in seinen Willen. Ich bitte Euch, findet Euch mit dem Geschehenen ab.« Man soll nicht um den Knaben trauern, er werde des Königreiches genießen, für das Gott ihn geschaffen habe. Schon vor der Mutter starb der kleine Fernando; aus vier Ehen bleibt dem König der kränkliche Philipp, der für seine vielen Kronen nur den Namen des Vaters erbt. Ihm läßt der König im Jahre 1583 von den portugiesischen Cortes den Treueid schwören. Habsburgs Macht über die Halbinsel und die Meere ruht auf diesem Kinde.
Als Regenten von Portugal setzt Philipp den Erzherzog Albert ein. Bevor der König sein neues Reich verläßt, bestattet er die Toten, denen es gehörte. Auf seinen Befehl wird die Leiche des Königs Sebastian aus Afrika nach Belem gebracht; freilich konnte man die Echtheit des Leichnams niemals bezeugen, da Sebastian verschollen war in der Schlacht. Auch der Sarg des armen Kardinals Henrique, des letztes müden Verwalters, wird nun nach Belem getragen. Dann läßt Philipp im ganzen Lande die Gräber der Prinzen und Prinzessinnen des erloschenen königlichen Hauses suchen und die Reste nach Belem überführen. Etwa zwanzig Tote ziehen in das große portugiesische Grabmal ein. Die Macht ist zerbrochen, der Stamm verdorrt; dem Erben, der am meisten von aller Vergänglichkeit weiß, fällt es zu, den Vergangenen ihren Platz anzuweisen und sie zu ehren.
Philipp ist von einer fast sakralen Verehrung für die Toten erfüllt. Drei Tage lebt er in einer Einsamkeit, über die er

einmal in einem Briefe stöhnt, im Dienst der verstorbenen Könige und Prinzen in Belem. Die große Totenfeier, die er dort hält, der andern ähnlich, die er im Escorial für sein eigenes Geschlecht veranstaltete, ist für ihn eine menschliche und eine königliche Pflicht. Vielleicht fühlt er für diese armen Reste eine sonderbare Barmherzigkeit, fast Liebe. Für ihn sind die Toten niemals tot. Das Gebet soll sie nicht verlassen; die Steine, die ihren Namen tragen, dürfen nicht verwittern. Kein König und keiner, der königlichen Blutes war, darf jemals vergessen werden. Sie waren von Gott für ihr Amt erwählt. Für keinen zweiten Fürsten ist die Ehrfurcht vor den Toten in diesem Maße ein innerliches, ein religiöses Gebot.

Ob sie auch alle nun in dem Königreich wohnen, in das auch der kleine Diego gerufen wurde: das Gewicht der Erde mildert sie für die andern, die noch auf ihr dienen, nicht. Im Gebet für die Toten tut sich einmal die Schwermut des Verbannten genug. Wieder hat sich ein Schicksal vollendet, und über einer Nation, die Unerhörtes tat und dann von ihrer Aufgabe verbraucht wurde, schließt sich der Grabstein: wann geht ihm selbst die Freiheit auf? Er muß sammeln, verteidigen, überliefern. Die Toten wie die Lebenden fordern ihn noch.

Am 11. Februar 1583 reist er ab. Er fährt nicht zuerst in die Hauptstadt, sondern nach dem Escorial. Die Kuppel ist gerundet, das letzte getan: ein noch größeres Grabmal als das portugiesische ist vollendet. Gilt es den Herrschern, gilt es dem Land? Gilt es dem Glauben? Wird alle Überlieferung notwendig zum Grabmal? – Nun steht der Block, an dem die trübe Flut der Irrtümer zerschäumen soll; nun ist Philipp König und Mönch, Herrscher von Ostindien bis nach Hawai und Knecht der Ewigkeit. Fest, wie Quader an Quader sich fügt, scheint die Halbinsel geeint als Wohnung des Glaubens. – Doch er kommt nicht, um zu feiern. Den Vollender erwartet im Escorial Anna d'Austria, die Tote, die sterbend noch, an den Grenzen des neuen Reiches, den

Himmel bat, ihn zu segnen. Ehe er in Portugal einzog, betrauerte er sie in einem Kloster bei Badajoz; nachdem er die zweite Krone gewonnen, kniet er nieder an ihrer Bahre im Escorial. Zu beiden Seiten des Sieges steht der Tod.

Wieder dauern die schweren, feierlichen Gebete und Messen drei Tage. Dann fährt er in die Hauptstadt, wo seine Kinder und das Volk ihn erwarten. Schon eine halbe Meile vor der Stadt drängt sich die Menge; alle Plätze und Straßen sind auf das dichteste besetzt. Im Innern von Madrid ist jedes Fenster ausgefüllt; oben auf den Dächern stehen Männer und Frauen in dunkler Masse. Nie sammelte sich so viel Volk.

Sein Bart ist ungewöhnlich lang und rund geschnitten: so trägt man ihn in Flandern. Und da das Alter, viel zu früh herabkommend, ihn völlig bleichte, so gleicht der doppelt Gekrönte nun ganz dem Verzichter von Yuste.

Die Vollendung der Form

DER ESCORIAL

In Segovia kannte man den Namen des kleinen Ortes nicht, wo der König bauen lassen wollte, ob auch die nach Madrid führende Landstraße an ihm vorüberging. Sofort nach seiner Rückkehr aus Flandern im Jahre 1560 hatte Philipp eine Kommission von Ärzten und Gelehrten ausgesandt, den Bauplatz zu suchen. Man schwankte zwischen Aranjuez und einem tief in der Guadarrama verlorenen Ort; endlich schlug man diese Felsenstufe unter den Bergen vor, die von hier ihren letzten und kühnsten Aufstieg nehmen. Philipp selbst reiste hin und besichtigte die Stelle, ehe er sich entschied.

Gegen Süden dehnt sich die Hochebene in unbegrenzter Freiheit wie ein erzenes Meer; fast schon im Undurchdringlichen bricht sich das Licht an Toledo, das aufschimmert wie ein Fels. Im Norden hat der Blick keinen Spielraum: die Berge, gegen die der Wind vergeblich wütet, werfen ihn zurück. Auch von Osten und Westen greifen die Berge mit in großer Linie fallenden Hängen vor. Dennoch kann der Wind die zerrissene Gebirgskette an einer Stelle durchbrechen; aber die Kälte, unter der die Höhen erstarren, kommt in der nach Süden geöffneten Kammer nicht ganz zur Herrschaft. Hier sprudeln Quellen aus den steinernen Kellern hervor; sie sind klar und frisch und rauschen fort, wenn die Ebene längst gelb verbrannt ist. Gegen Segovia hin schart sich der Wald. Die Pinien ragen so hoch und stolz wie Zedern auf.

In der ungeheuern Gebirgsmasse, wo die Heilige einmal, auf einer Reise, unter Sternen, auf hartem Grunde rastend, in Versen und geheimnisvollen Worten überströmte von den Rätseln und Gewißheiten der Nacht, wartet der Stein auf die formende Hand. Dreierlei Korn setzt ihn zusammen: der grellweiße Spat; durchscheinender, leise getönter Quarz; schwarzer, blitzender Glimmer. Die scharfen, kantigen Bruchstellen leuchten hell, langsam überziehen sie die Jahre mit immer dunklerem Grau. In Spaniens Mitte ist der Stoff getürmt, bereit zu dienen, zu überliefern, der gestauten Kraft der Ereignisse und Schicksale ihren letzten Ausdruck zu geben. Jetzt endlich wird man ihn brauchen. Er schwieg und wartete bisher; nun soll er sprechen.

Auch unten, wo das Dorf, noch mehr der Ebene als den Bergen sich vertrauend, ausgestreckt liegt, regiert der Stein. Zwischen den vereinzelten Bäumen, auf den kargen Äckern und Viehweiden, vereinigen sich die Blöcke um mächtige Häupter. Aus mit Grasbüscheln besetzten Kuppen ragen sie als Bekrönung auf; sie kümmern sich nicht um die Menschen, die mühselig den klirrenden Pflug an ihnen vorüberführen oder mit schlechten Fahrzeugen gegen sie prallen. Sie sind unverrückbar. Wie sagenhafte Tiere, die vor unvorstellbarer Zeit in die Erdtiefen hinabgetaucht sind und nun wiederkehren, heben sie ihr kugeliges Haupt langsam aus einem Feld; das Land gehörte ihnen schon, ehe die Menschen waren, nun holen sie es zurück. Wo die Linie der Ebene die aufsteigenden Umrisse der Berge auf dunkelm Blau überschneidet, bilden sie sonderbare Gruppen. Abends, wenn Wolkenschatten die steilen Wände verfinstert, und plötzlich ein Strahl suchend über die Fläche flieht, leuchten sie, als hätten sie eigenes Licht; Rinder, Schafe, Schweine und Ziegen gehen gleichgültig an ihnen vorbei; hin und wieder erlauben sie es einem fast schon zusammenbrechenden Haus, sich an sie zu lehnen. – Wie Felsen am Strand tragen die Berge oben den Widerschein der unermeßlichen, sonnendurchglühten Weite auf ihren Zinnen.

Im Dorf schmolz man das Erz aus den steinernen Gängen, in die es sich geflüchtet hatte, und schmiedete Waffen und Werkzeuge daraus; von der Schmiede hat es seinen Namen.

Außer dem Haus der Pfarrers hat keine der niedern Hütten Fenster oder einen Kamin; für Tiere und Menschen gibt es nur einen Eingang, der zugleich auch der Rauchabzug ist. Furchtbar tobt hier und auf dem Wege hierher der Wind: er reißt Planken und Ziegel los und wirft sie den Reisenden entgegen.

Niemand wußte bisher von diesem Ort; er ist so neu wie der Plan, dem er gehorchen soll. Denn etwas vollkommen Neues soll geschehen. Juan Baptista de Toledo, der Baumeister, findet kein Vorbild für das ihm aufgetragene Werk. In Yuste suchte der Gedanke zum erstenmal seine Form; aber dem todmüden Verzichter genügte für seine letzte flüchtige Zeit ein vergänglicher Bau; das Gebäude, das nun geschaffen werden soll, ist für einen König bestimmt, der mit dem Verzicht begann und für die Verteidigung lebt.

Es hat eine dreifache Aufgabe zu erfüllen: Laurenzius, dem Bringer des Sieges von Saint Quentin und damit Gott selbst zu danken und nicht nur für diesen Sieg allein; dem Kaiser und seiner Gattin, der in seinem Testament dem Sohne ausdrücklich diese Pflicht auferlegte, ein würdiges Grab zu sein; und endlich dem Erbauer selbst und seiner Familie zur Ruhestätte zu werden. Mit dem Dienst an Gott wird der Dienst an den Toten verbunden: Philipps ganzes Leben ist von dieser zweifachen Verehrung für das Ewige und das menschlich Vergängliche bestimmt. Im Kommenden ebenso wie im Vergangenen wurzelnd, bleibt er mit seinen tiefsten Wünschen der Gegenwart fremd.

Aber die Zeit ist oft in ihrem Verneiner von ebenso starker Wirkung wie in ihrem Bejaher. Nicht nur der Bejaher gehört der Zukunft an. Auf diesem einfachen, dreiteiligen Fundament soll sich eine zeitliche wie eine persönliche Forderung erfüllen. Während man glaubt, aus dem alten Lehrgebäude Steine lösen und für weltliche Güter verschleudern zu können, soll es sich zeigen, daß die katholische Religion noch nie Erreichtes vollbringt. Wie das

Konzil von Trient wird dieses Bauwerk mitten in der Verwirrung stehn: unangreifbar in seiner Form, mächtig und rein, das untadelige Gefäß der unverfälschten Wahrheit. Jeder Schlag des Meißels ist ein Protest gegen das Neue, eine Bestätigung gereinigter Tradition; der Umriß jedes Turmes soll das nordische Chaos widerlegen. Die Aufrührer, deren Tun Gott mit einer fast rätselhaften Langmut nicht unterbricht, müssen vor diesem Werke die Unzerstörbarkeit des alten Glaubens ahnen. Immer ist die strengste Form die Rechtfertigung der gestaltenden Kraft; im Norden reißen frevelnde Hände die tausendjährigen Hallen nieder; im Süden entsteht das Unveränderliche neu und größer als je unterm Angriff.
Mit der Aufgabe deckt sich ein persönliches, ebenso stark von der Zeit bestimmtes Verlangen. Der neue Bau soll Schloß und Kloster, er soll die Werkstatt dieses seltsamen Königs sein, dessen Stolz sich auf der Demut erhebt. Für ihn kann keine der überkommenen Wohnungen zur Werkstatt werden: nur in nächster Nähe des Altars, unter demselben Dach mit Gott und seinen würdigsten Dienern wird er stark genug sein, die übermenschliche Pflicht zu erfüllen. Zu allen Zeiten des Tages bedarf er eines Blicks auf das Kreuz; die Uhr, die er sich wünscht, ist der nach uralten Gesetzen tönende Gesang der Mönche und der ernste Hall ihrer Gebete. Wenn der größte Helfer, der zugleich sein Herr ist, Kammer an Kammer mit ihm wohnt, wird er nicht erschlaffen.
Auch der Vater wirkte noch auf die Geschicke der Reiche in Yuste, während er von seinem Bette aus die Messe hörte und mit dem Chor der Mönche sang. Dies ist vielleicht die einzige, nun endlich entdeckte Lebensform des katholischen Monarchen: wie sein Reich ein Lehen Gottes ist, so wohnt er selbst in Gottes Haus, zusammen mit Menschen, die Gott, nicht ihm, unterstehen. Im Norden werden die Fürsten die Herren der Kirche; der spanische König muß sich, unter dem Druck einer größeren und stärker gefühlten Verantwort-

lichkeit, um so tiefer beugen. Im Angesicht der höchsten Aufgabe, geleitet von einer unabänderlichen Überzeugung, gibt er den Anstoß zum Bau, überprüft er selbst bis auf das genaueste billigend und ändernd die Pläne; das Werk wird über die Gestaltung großer Ideen hinaus noch zum Ausdruck des rein Menschlichen, der Persönlichkeit seines Schöpfers werden. Wie jeder andere seines Ranges prägte auch Philipp die Dinge, die er ergriff, mit dem Zeichen seiner Persönlichkeit. Im Kloster sollen Mönche desselben Ordens einziehen, den sich auch der Vater erwählt hatte; wie Philipp die erste Idee zu seinem Bauwerk von Karl V. übernimmt, so wird er dem Kaiser in den Einzelheiten folgen. Schon 1561 macht er den Jeronimiten Mitteilung von der beabsichtigten Gründung; sie nehmen das königliche Geschenk demütig an. Von drei Mönchen begleitet, besichtigt der König 1562 aufs neue den Platz; die Baufläche läßt sich nicht so leicht einebnen, wie man dachte.

Der Plan wird unwiderruflich ins Werk gesetzt. Während man oben noch den Boden bearbeitet, ziehen die ersten Mönche schon unten im Dorfe ein. Zuerst wohnen sie in einer elenden Hütte; dann kauft der König ein Haus, das freilich nicht viel besser ist. Mit Mühe richten sie sich ein paar enge Zellen und ein Kapellchen ein. In dem verlassenen Ort fehlt das einfachste Gerät. Ein Pater, der von diesen Dingen nicht allzuviel versteht, zeichnet mit Kohle ein primitives Kreuz auf die Wand. Um die Sonnenstrahlen ein wenig abzuhalten, spannen die Mönche ein weißes Bettuch unter dem schadhaften Dache aus. Der Sitz des Königs ist eine Bank aus einem unbehauenen Baumstamm. Man hängt ein französisches Tuch darüber, das den Herrscher den Blicken entziehen soll. Aber das Tuch ist so zerissen, daß der Bruder Antonio de Villacastin, wenn er einmal vorsichtig die Augen erhebt, sieht, wie der König weint im Gebet.

Inzwischen läßt Philipp im Dorf eine Kapelle für die Mönche bauen und für sich selbst ein Gemach daneben. Bis die Arbeit fertig ist, wohnt er noch im Hause des Priesters. Da hört er nachts ein Geläut; er fragt überrascht und erfährt, daß seine Mönche zum erstenmal ihre Glocke läuten. Sofort steht er auf und geht allein in die Kapelle hinüber. Auf seiner Bank sitzt ein Bauer. Er setzt sich daneben auf den noch freigebliebenen Platz, bis die Mönche im Chor ihn bemerken und ihn hinaufführen. Dort oben ist es so eng, daß die Knienden einander berühren.

Er lebt für sein Werk. Es soll ohne Beispiel und doch die Schöpfung des Mannes sein, der vor Gott mit einem Bauern auf der Bank sitzt und es nicht wahrzunehmen scheint, daß die derben Schuhe der Mönche während des Gebets seine Kleider streifen. Die Welt soll in Erstaunen geraten und doch nur ein Zeugnis tiefster Demut darin erkennen. Ursprünglich war eine dreifache Teilung in Kirche, Kloster und Königsschloß geplant. Nach ihr gliederte Juan Baptista de Toledo das Viereck, das anscheinend von Anfang an bestand.

Im Frühjahr 1563 wird der Grundstein in der Südfront gelegt. Antonio de Villacastin, der Werkführer, lehnt es ab, dabei zu sein. »Setzt Ihr den ersten Stein, ich behalte mir den letzten vor.« Dieser einfache, demütige und willensstarke Mönch, dem mehr und mehr die ganze Verantwortung für die Ausführung übertragen wird, ist derselbe, der den Bau für den Kaiser leitete in Yuste. Am 20. August ritzt der Bischof von Cuenca drei Kreuze in den Grundstein der Kirche. Philipp selbst ist anwesend. Drei Altäre sind auf dem Platz errichtet, der zum geweihten Orte werden soll. Auf dem einen Altar steht das Kreuz des Kaisers. Schon jetzt läßt der König ein Hospital für die Arbeiter einrichten, das sich mit dem Anschwellen der vom Bau angezogenen Menschenmasse rasch vergrößert.

Immer stärker gestaltet die religiöse Bestimmung des Werkes die Pläne um. Ein Kloster für fünfzig Mönche, meint der König, ist nichts Ungewöhnliches; hundert Mönche sollen im Escorial wohnen. Die Messen und Totengebete sollen nicht enden. Zuerst sind die Baumeister in Verlegenheit; dann löst Villacastin das Problem: Die Fundamente sind stark genug, um einen Komplex von doppelter Höhe zu tragen. Außer den Ecktürmen hatte Toledo noch sechs weitere Türme vorgesehen; je einen in der Mitte der Süd- und der Nordfront; zwei, die den westlichen Eingang flankieren sollten, und zwei zu beiden Seiten des Hochaltars. Aber die Form muß strenger, einfacher sein; man läßt diese Türme weg. Vielleicht war Toledo, der Latein und Griechisch verstand und die Philosophie liebte, zu der letzten kastilischen Strenge noch nicht bereit.

So bald wie möglich will der König mitten in seinem entstehenden Werke leben. Nahe dem gegen Norden gelegenen Haupteingang wird eine provisorische Kirche gebaut und neben ihr wieder das Zimmer des Königs mit einem kleinen Balkon, von dem aus er den Zeremonien beiwohnen kann. Am 11. Juni 1571 hörte die kleine Kapelle im Dorfe die letzte Messe; schon in dieser Nacht schläft Philipp im Escorial. Auch die Reliquien ziehen ein, jene größten irdischen Kostbarkeiten, die der König unermüdlich sammeln läßt. Von ihnen empfängt der Bau seine Heiligkeit. In diesem Jahre steht die Südfront, eine gewaltige Festungsmauer, fertig gedeckt zwischen der Ebene und dem Gebirge.

Nun hört der Bauherr täglich die Schläge der Meißel; die ungeheure Maschine stampft vor seinem Gemach. Aus den Brüchen ziehen sechs oder neun Ochsenpaare die knarrenden Karren heran, auf denen die frischbehauenen Blöcke liegen. Oft genügen zwanzig Ochsen kaum, einige Male müssen vierzig vorgespannt werden. Zwischen dem Gestein flattern die Tücher der Werkstätten und Zelte. Hell klirren die Meißel; dumpf dröhnt das Holz; die Säge knirscht; das Eisen singt in den Schmieden. Von den Schmelzstätten weht der Rauch; Blei, Bronze, Kupferbrocken schlagen in den eisernen Waagschalen auf und lassen die Gewichte springen. Unter

Wassergüssen kocht der Kalk; Gips und Stuck werden gemischt. Aus dem Tal keucht ein Wagen mit Glocken herauf; die Knechte brüllen; das Vieh murrt. Von den Steinbrüchen hallt es herüber: Schreie, Befehle und der dumpfe Fall besiegter Blöcke.

Wie silberne Platten blitzen die Azulejos; die Ziegel trocknen in der Glut. In den unfertigen Hallen stehen die Maler vor der gespannten Leinwand, oder sie legen Leitern an die weißen Wände an. Der Orgelbauer versucht seine Pfeifen und schickt unsichere Klänge in den hereindröhnenden Lärm. Über Marmorplatten und Jaspis gebeugt mühen sich die Schleifer, bis das Geäder leuchtet in dem harten Gestein. Wo es noch stiller wird, sitzen die Sticker und lassen goldenes Gerank und Blüten sich um die Gestalten der Heiligen winden auf schweren Decken aus Sammet und Brokat. Schon bedecken die Schreiber mit den großen Lettern, die der König liebt, die pergamentenen Blätter; die Bogen stapeln sich in der Werkstatt des Buchbinders; das dunkle Gold für den Schnitt ist bereit.

In den Wäldern von Cuenca und Valsain stürzen die Pinien; bei Burgos de Osmar schlagen italienische Steinbrecher den Jaspis; im Gebirge von Filabrés muß der weiße Marmor ans Licht; in den Bergen von Granada, in Aracena und später bei Estremoz in Portugal schichten sich die braunen, grünen, die buntgefleckten und von roten Adern durchbluteten Blöcke. Aus Madrid kommt der Altarschmuck; in Guadalajara werden dicke Eisenstäbe zu Gittern verflochten; in Zaragoza gelingt der Guß bronzener Rampen für das Dach der Kirche. In Kreuze, Weihrauchfässer und Lampen legen die Toledaner Meister silberne Ornamente ein. Florentinische und mailändische Künstler gießen die Statuen für den Altar und senden sie über Meer und Gebirge; die großen Armleuchter sind flandrische Arbeit, und auch die Gemälde hat der Norden erweckt.

Aus allen Ländern und Städten, aus entlegenen Gebirgen

streben die Transportkarren und Wagenzüge zu einem Ort, dessen Namen sich noch niemand merken kann. Über alle Landstraßen, in fernste Werkstätten dringt der Wille des Einen. Es wird kein Stück gebracht, das er nicht prüft; kein Künstler arbeitet, den er nicht kennt. Da ihm die Arbeit eines Malers, den er aus Italien kommen ließ, nicht genügt, so schickt er ihn wieder zurück. Selbst nach Badajoz, wo er sich für den portugiesischen Feldzug rüstet, bringt man auf seinen Wunsch zwei Muster des Chorgestühls; damit er eines auswählt oder Änderungen bestimmt. Nichts geschieht an diesem Bau ohne seinen Anteil, seine Zustimmung, seine Instruktion. Den Escorial betrachtet er ganz als sein eigenes Werk, für dessen geringsten Zug er selbst die Verantwortung übernimmt. Soll man ihn auf eine unzweideutige Weise darin erkennen? besser als in Porträts, in Zeugnissen, in den Büchern der Geschichtsschreiber, die persönlichen Irrtümern unterliegen, von seinen Feinden sich betrügen lassen, aus ihrem Umkreis keinen Zugang zu ihm finden, von ihren eigenen Hoffnungen bestimmt werden, ihn zu verneinen?

Ein Gebäude ist mehr als eine Statue: es enthält seines Schöpfers Verhältnis zum Raum. In ihm sind die Wege erhalten, die der Erbauer ging, die Blicke, die Perspektiven, die er hatte, die Grenzen, deren er bedurfte, um sich für das Unbegrenzte zu sammeln. Ein vollkommenes Haus ist der reine Abdruck eines Lebens, die Verdichtung eines Daseins in seine strengste und zugleich gemäße Form. Während die Geschäfte ohne Pause weiterrollen, läßt Philipp niemals von seinem Werke ab: alle Gedanken trägt er ihm zu; jede neue Erfahrung kommt ihm zugut; jedes Erlebnis und jede Erschütterung der Zeit finden hier den Zugang zu gestaltender Wirkung.

Sucht er seine Rechtfertigung, die letzte Möglichkeit zu sprechen im Stein? Tausend Hände brauchen ihre Werkzeuge für das eine große Bild seines Lebens und alles dessen, was es umfaßte. Ursprung und Ziel, der Schmerz und die ihm entspringende Hoffnung werden Gestalt. Er hört zwanzig Jahre lang das Knarren der Wagen, die immer neue Massen heranschleppen, stummen, toten Stoff, der bestimmt ist, vom Leben angerufen zu werden, zu erwachen und zu sprechen. Der Gebirgsstock im Innersten seines Landes gibt sich ihm hin. Hier, wo er die Wurzeln des Stammes und der Schicksale fühlte, wuchs auch der Stein, der überliefern und retten wird. Er türmt die Masse für sich, aber gerade deshalb für alle; dieses Vermächtnis, die persönlichste Tat des Repräsentanten, drückt Volk und Glauben und ihre parallel laufenden Schicksale aus.

Er verwirft Toledos Plan der Kirche, da er ihm nicht außerordentlich scheint (le pareció cosa commún). Endlich läßt er den Italiener Pachote kommen, der, von St. Peter in Rom ausgehend, die reinste und am sichersten aus der Tradition hervorgehende Form für den wiederhergestellten Glaubensinhalt findet. Auf Toledo, dem es kaum noch vergönnt war, die Fundamente seiner Schöpfung entstehen zu sehen, folgte inzwischen (1567) Herrera; doch ist der Mönch Antonio de Villacastin von stärkerem Einfluß auf die äußere Gestalt des Klosters.

1575, vier Jahre nach seinem großen Tag und schon umbraust von seinem Fall, betritt ein Flüchtiger die Werkstatt der Ewigkeit: Juan d'Austria. Vergebens suchte der Kaisersohn, der Herrschertum erbte ohne Land, sich ein Königreich zu gründen. Diesem Plan galt der Einfall in Tunis, aber die Eroberung, die den Grundstein legen sollte für ein im Kampf gegen die Ungläubigen zu gewinnendes Mittelmeerreich, ging rasch wieder verloren. Vorübergehend dachte er an Frankreich. Dann beschäftigte ihn ein größeres Projekt: Maria Stuart zu heiraten und mit der schottisch-katholischen Macht Elisabeth zu stürzen. Es wäre der verwegenste Versuch gewesen, den Norden noch einmal Rom zu unterwerfen. Aber auch dieser Versuch konnte nur noch in Gedanken gemacht werden; er verlosch phantastisch wie der blasse Blitz eines längst vorübergezogenen Gewitters. Gegen den Willen des Königs kam Juan nach Spanien; vielleicht um Rechte zu fordern, für die seine Fähigkeiten allein ihn zu bestimmen schienen. Sein Verhängnis war, daß Blut und Geist seines Vaters ihm noch nicht den Rang des Vaters verliehen. Auch nach seinem Siege verweigerte ihm Philipp den Titel eines Infanten. Denn die Geburt ist das Zeichen der Wahl.

Juan kam, um zu fordern; er geht, um zu dienen. In einem Zusammensein, das Sieger und Besiegter für immer in Dunkelheit hüllten, bestimmte ihn der König, zu tun, was ihm am wenigsten entsprach: er soll den Befehl über die revolutionierenden niederländischen Provinzen übernehmen und dort, nachdem Alba das Feuer geschürt, durch Milde und Versöhnlichkeit das schon fast Verlorene erhalten. Der Held der größten Schlacht seiner Zeit, der für seine Tat die Heere und Flotten dreier Staaten einzusetzen wagte, soll verhandeln, zureden, das Schwert und sich selbst verleugnen. Wurde der Herrscher dem Herrscher gefährlich? Wie siegte Philipp? Wortkarg, ruhig, vor dem Erregten in seinen Sessel gelehnt, als ein Dienender den Dienst verlangend? Juan nahm die Aufgabe an, die ihn vernichten mußte.

Im geheimen kam er; tief geheim muß er wieder fort. Niemand bereitet dem größten spanischen Admiral einen Triumph. Er betrachtet das Werk des Bruders, das ungeheure Grabmal des Geschlechts, um das ein furchtbarer Sturm entfesselt ist. Die Mönche, alte Bekannte, vielleicht aus Yuste, die er wieder besuchte, sollen für ihn beten. Er bedarf dieser Hilfe. Am Tor umarmt und küßt er die Brüder; sie wollen ihm noch ein Stück Wegs das Geleit geben, aber der Sturm reißt selbst Reiter von den Pferden. Weder auf dem Meer noch auf der Erde hat der Sieger von Lepanto eine solche Wut des Elementes erlebt. Nein, sie sollen sich nicht opfern: ein Wetter wie dieses ist nur für ihn gemacht. Ohne Begleitung reitet er fort, während die Mönche das schwere Tor wieder schließen; sein Pferd scheut nicht. Der Sturm gilt ihm.

Im selben Jahre werden die Fundamente der vier Säulen gesetzt, die die Kuppel der Kirche tragen. Carlos Lorenzo, der kleine Infant, stirbt. Wieder scheint der Stamm bedroht. Das Geschlecht welkt, die Macht wankt; der Bau wächst.
Droht dem Werke Gefahr? Der Alkalde hat ein paar Arbeiter wegen leichter Vergehen eingesperrt; dies wird zum Anlaß einer allgemeinen Revolte. Die Glocke, die zur Arbeit läutete, ruft jetzt zur Empörung auf. Villacastin wird wieder zum Retter. 1577 bringt der König eine Leibgarde mit, die Tag und Nacht das Bauwerk bewacht. Niemals noch bediente sich Philipp dieser Vorsicht. Plant man einen Anschlag auf den Bau und selbst auf den König? Wollen die Ketzer Vollendung und Vollender treffen? Ahnen sie jetzt, was hier im spanischen Gebirge geschieht?
Alba veranlaßte den König, sich zu schützen. Da er überall und immer Unheil spürte, wurde er oft zum Retter. Aber den Angreifer ahnte er nicht. Es ist Nacht; wieder tobt der Sturm der Guadarrama. Der Glöckner, ein junger Mönch, der erst vor drei Jahren das Gelübde abgelegt hat, wird in seiner Stube von einer unbegreiflichen Gewalt zu Boden geworfen. Wie seine Gedanken noch an dem Rätsel tasten, fällt der Blitz, kracht der Schlag. Aus dem Glockenturm schießt die Flamme. Der Mönch findet die Stimme, um »Feuer!« zu schreien; er läutet die Glocken, die in schon brennendem Gebälke schwingen.
Ein Eilender erreicht das Zimmer des Königs, der sich eben entkleidet. »Wurde ein Priester getötet?« ist seine erste Frage. Nein. Mit Alba eilt Philipp in eine der oberen Zellen des Krankenhauses, das der Einschlagstelle gegenüberliegt. Der Blitz hat ein paar Steine herabgeworfen; das trockene Holz des Turmhelms brennt hell, auch das Gestühl der Glocken. Schon schmilt das Erz. Alba befiehlt von einem Turme aus wie von einem Hügel in der Schlacht. Man soll Sand über die herabgestürzten lohenden Balken werfen, Ketten bilden für die Wassereimer. Von 11 Uhr nachts bis 6 Uhr früh steht der

König an seinem Fenster, der Herzog auf dem Turm. Da aber der Blitz des Himmels niemand getötet hat, so soll keiner sein Leben wagen für ein so geringes Ding wie eine Glocke; dieser Gedanke gehört ganz dem König, der nicht Herr, nur Verwalter des Lebens ist. Aber einer erliegt dem Unglück doch. Niemand bemerkt in jener Nacht eine Veränderung an dem Glöckner; doch bald zeichnet ihn der Schatten der Melancholie. Sein Gesicht verwandelt sich völlig; die helle Haut wird braun. Dunkle Flecken tauchen wie ein langsam sich ausbreitender, unüberwindlicher Schrecken herauf. Sehr selten läßt er sich sehen; kaum spricht er noch. Nach drei Jahren schweigt er für immer, der es nicht überwinden konnte, daß der Blitz des Herrn auf sein Haus gefallen war.

Sieben Jahre wurde an der Kirche gebaut. Im Juni 1582 schließt sich die Kuppel wie eine vollkommen reife Frucht. Die eiserne Kugel, die sie auf ihrer Spitze trägt, wiegt gegen 3000 Pfund; das Kreuz auf der Kugel mehr als 1500. Um diese Zeit ernennt Philipp von Lissabon aus zum Prior des vollendeten Klosters den Pater Miguel de Alejos, der in Yuste Profeß getan hat.

Nun zieht auch die Statue des Märtyrers ein, dem das Haus gehört; zu Füßen des Heiligen liegt das stolzeste Wappen, auf dem, vom Vlies umrahmt, in den Fängen des Adlers, der Löwe von Léon neben den Türmen von Kastilien die Pranken hebt.

Auf der Rückkehr von Portugal verweilt der König in der Sierra von Avila in der kleinen Eremitage Unserer Frau vom Schnee; dann sieht er, von Norden kommend, im mächtigsten Aspekt, sein Werk. Vier eckige Türme mit kantiger Spitze verteidigen das Geviert. Fenster steht über Fenster; kein Abstand wechselt; die Linien schneiden sich scharf und klar. In der Mitte hebt sich, aus dem Karree der Waffen, das vollkommene Rund. Kastilisch ist der Wall der Beter, Streiter, Verzichter, der leidenschaftlichen Kämpfer in kahlen Zellen, römisch die Mitte, die es zu schützen gilt, die Wölbung, in der die Freiheit wohnt. Der Sinn der kastilischen Geschichte wurde Gestalt.

Hier wagt kein maurischer Bogen seine Schwingung; hier entfaltet sich nicht in der verborgensten Ecke das Keimblatt der gotischen Ranke. Die Herrschaft der Kalifen ging vorbei; wohl stehen noch Moscheen und Minaretts, Schlösser und Säle, Zeugen heidnischer Hoheit über dieses Land, aber das alles berührte Spanien nicht. Wohl trieb nordisches Übermaß, diese erste zum Chaos hinüberzüngelnde Flamme, spitze Hallen, Bogen und Türme in den Himmel, um sie durch Dorngeschling und phantastische Gewächse noch zu übersteigern: während dieser Zeit war Spanien stumm, und nun, auf der unübersehbaren Hochebene seines Ruhms, findet es das Wort. Keinem Ornament, wie edel es sei, ist es erlaubt, diese Wände zu beflecken; geometrisch ist der Grundriß, kubisch die Form.

Der Escorial hat nur *ein Ornament*, den Stein und seinen Umriß. Parallele Linien, rechte Winkel zeichnen sich über die Fläche; Kugeln schließen die Prismen und Pyramiden ab. Auf jeder Kugel thront das Kreuz. Aus unzähligen Steinen wurde ein einziger Block: das Bauwerk ist Fels wie der Berg, aber noch reiner, durchsichtiger, sinnbildlicher und irdischer zugleich. Bis auf das letzte Korn des Granits durchglüht die Form den Stoff. Über der starren Fläche schwebt das Rund auf Bogen, durch die Landschaft und Berge verwandelt schimmern; eine Sammlung ohnegleichen stürmt gegen das Tor der Stummheit irdischer Dinge und stößt es auf.

Auch der Schatten fällt klar, ohne Brechung und Übergänge; Lineal und Zirkel brächten das Bild hervor. Aber das Gewicht, die Last sammeln sich an; die Form ist gefüllt bis zum Rand. In den geraden Gängen, dem Geviert der Zimmer, unter der Wölbung der Hallen regiert eine fast dämonische Kraft. Der Bau ist nüchtern, er ist es bis zum Übermaß, und das Übermaß durchstößt den Damm für eine ungeheuere innerliche Gewalt. Der Mensch wird fühlbar, seine leidenschaftliche Sehnsucht fängt an zu verdichten, zu gestalten, von der Höhe der Gestalt hinüberzugreifen in das andere Reich. Auch das Licht kommt vom Stein; es ist das graue Licht des Granits; doch in der Weite, der Höhe, auf diesen Straßen und Wegen im Block vertieft sich das Grau. In sicheren Abständen münden von den Seiten neue Ströme herein, die ausgleichen, weitertreiben, die Flut vermehren. Wieder wird die Masse, die Häufung, der Anfang zum Übergang. Das Licht wird tief, die Tiefe rätselhaft.

Nichts ist nüchtern in diesen Gängen und Gemächern, an deren Wänden sich unablässig das Viereck geschichteter Quadern wiederholt; nichts ist kalt in diesem Stein. Es flutet, es steigt; von Bogen zu Bogen spannt sich die Kraft; das Maß dient nur der Sammlung. In den Zahlen ist eine unbezähmbare Gewalt. Unwidersprechlich reißen sie fort; vom Grundstein, jenem einen kleinen Block, den der Bischof von Cuenca mit sanften Händen in die Linie der Südfront legte, schießen die Reihen auf. Die Wagen knarren, Höhlen wachsen in den Berg. Jeder Block ist eine Zahl, die zerspringt von Energie; nachreißend, weil er vorausgeht, fordernd, weil er trägt. Die Intensität der Bändigung verrät die Intensität der inneren Kraft. Bis in ihre letzte Ausbuchtung wird die Kapsel gefüllt von der Frucht.

War das Leben vor der Form, die Form vor dem Leben? Die Frage endet; der Herzschlag erkaltet nicht mehr im Stein. Gefühl ist Form. Es geht keinen Schritt über sie hinaus; es fühlt sich nirgends von ihr verlassen. So schwillt das Werk über alle Grenzen, um neue Grenzen zu schaffen und das Unaussprechliche unvermindert in sich zu tragen. Einmal fühlt sich das Herz nicht verwaist, fühlt sich die Hoffnung nicht verstoßen: sie finden ihre Heimat im Stein.

Der Escorial ist kein Haus für Menschen. Die durch die Gänge gehen, sind Diener des unsichtbaren Bewohners, zu dem alle Fülle hinüberdrängt. Schon ist das Unermeßliche spürbar; nur weil der Stein nicht mehr das Letzte ist, konnte er zur Heimat werden. Parallele Linien leiten fort; rechte Winkel wiederholen die Gewißheit. Von der Mitte, aus dem Kuppelbau des ewigen Herrn, strömt es herein. Eine steinerne Glocke ruht auf gigantischen Säulen; in der Glockenschale, über dem ungeheueren Ernst des Raumes, schwingt die Ewigkeit.

Noch ändert der König: die Brunnen in den Höfen sind aus gewöhnlichem Stein, er will sie aus Marmor haben. Nur das Außerordentliche ist erlaubt. Er selbst bewohnt drei Räume: ein Zimmer, in dem er arbeitet; eine Kammer, in der er schläft; eine dritte Kammer, in der er betet. Aber diese drei sind nur ein Gemach, kaum trennen sie Vorhänge voneinander ab; die Arbeit dringt bis in den Schlaf, das Gebet schützt beide.

So einfach sind die Zimmer eines Adelshauses in Avila. Vor weißen Wänden, die blanke Azulejos bis zur halben Höhe bedecken, stehen ein paar schwere Stühle und Tische aus dunkelm Holz; die Uhr tickt; in metallenen Sphären schwebt der Globus. Rechte Winkel, parallele Linien auch hier. Philipp sitzt an dem breiten, mit Büchern belasteten Tisch, schreibend wie immer. Aus der Kirche hallen Gebete, Gesänge; ein einziger Wachsoldat steht draußen im Gang. Alle Instruktionen sind geheim; verschlossen gibt der König sie weiter, wieder mit Instruktionen: an einem gewissen Ort, zu einer gewissen Stunde soll ein Gewisser sie öffnen. Gegen Morgen, nachdem er ein langes Schriftstück beendet hat, klingelt er dem Diener, damit er Sand darüber schütte; dieser kommt schlaftrunken, vergreift sich und gießt Tinte über das Blatt. »Du hättest Sand statt Tinte nehmen sollen«, sagt der König und schreibt den Erlaß noch einmal.

Seltsames, singendes Geräusch der Feder auf rauhem Papier! Das Licht wechselt; die Tageszeiten klingen mit lateinischen Gesängen, den Glocken der Ministranten herein. Die geheimen Beobachter, die er an allen Höfen unterhält, schreiben ihm, aber auch die Räte; was unter demselben Dach, ein paar Kammern weiter, verhandelt wird, erreicht ihn nur in der Schrift der Sekretäre. Statt der Menschen, die er längst kennt, betrachtet er ihre Schrift; das ganze leidenschaftliche Geschehen der Welt schlägt sich für ihn auf knisternde Blätter nieder, die er unter seiner Lampe sammelt, sorgfältig mit Kommentaren versieht. Aus Peru und Mexiko, aus Neu-Mexiko, das man vor kurzem entdeckte und eroberte, aus Südafrika, Indien und von der Grenze des chinesischen Reiches, den Molukken und Philippinen finden die Papiere den Weg zu diesem einfachen Tisch, dem schweren Mann, der, den gichtigen Fuß auf einen Schemel gelegt, nicht müde wird, die großen seltsamen Schriftzüge, Spiegelzeichen seines Innersten, zu wiederholen. Glaubt er so, als ein Schreibender, die Welt beherrschen zu können, sie zu meistern, ohne in ihr zu leben?

Aber neben ihm, nur durch die Schlafkammer und das kleine Oratorium von ihm getrennt, wohnt Gott. Er hört, wie man dem Herrn in allen Stunden dient. Die Gebete der Erlesenen, Untadeligen unterstützen sein Tun. Wie sonst könnte er die Gewichte tragen? Mit ein paar Schritten erreicht er, an seinem Bett vorübergehend, das Fenster neben dem Hochaltar. Hier brennt das Licht der göttlichen Gegenwart; auf diesem Tisch, den er durch die Glasscheibe sieht, dem er sich nicht zu nähern wagt, ereignet sich das Mysterium. Vielleicht regiert Gott mit ihm.

So lebt er ganz wie ein Mönch. Eine Stunde vor Sonnenaufgang wacht er auf. Nachdem der Barbier seine Beine massiert hat, erhebt er sich zum Gebet. Bis elf Uhr verharrt er am Schreibtisch, dann hört er die Messe. Meist speist er allein. Wieder beginnt die Arbeit; abends fährt er aus. Früher liebte er es noch, mit der Angel an einem der Teiche zu sitzen, im Schatten des Klosters; vielleicht spürte er in solchen Stunden die Ruhe und den Schmerz von Yuste; aber immer seltener verläßt er sein Zimmer. Er muß die Wand seines Hauses um sich fühlen, die kein Blick durchdringt. Sobald es Nacht wird, setzt er sich wieder an seinen Tisch. Tag um Tag, Jahr um Jahr ändert er nicht das geringste an seiner Zeiteinteilung; auch die Gerichte sind immer dieselben. Die Kammerdiener wollen beobachtet haben, daß er selbst die gleiche Anzahl Bissen zum Munde führt.

Er ist blaß; seine Lippen sind von häufigem Fieber gesprungen. Da er seine Leistungsfähigkeit ohne Fleischnahrung sofort zu verlieren glaubt, hat er sich vom Papst die Erlaubnis erwirkt, auch freitags Fleisch essen zu dürfen. Hände und Füße verbildet die Gicht. Mit leise schleppendem Bein geht er durch die kleine Galerie mit den undurchsichtigen Fenstern, durch die Gänge, deren geometrisches Ornament die Ordnung seiner eigenen Gedanken spiegelt. Als Kind schon liebte er vor allen andern Wissenschaften lateinische Grammatik und Mathematik. In römischer Ordnung, unter der Herrschaft der Zahl, baute er sein Haus.

Vom Fenster des Oratoriums beobachtet er die Ministranten beim Aufräumen des Altars. Wenn sie einen Leuchter nicht genau an den vorgesehenen Platz stellen, schickt er ihnen seinen Diener, um sie zu ermahnen. Während der Messe wacht der Verteidiger des Christentums auf das schärfste über das Zeremoniell. Später muß es der Abt hören, daß beim Gesang ein Wort ausgelassen wurde. Philipp selbst ist verantwortlich für die Unantastbarkeit der Form.

Die Feste seines Jahres sind die Feste der Kirche. Im Escorial sollen sie gefeiert werden mit der ganzen Schwere und Heiligkeit der Tradition. Bei der Überführung des Allerheiligsten in die neue Kirche tragen Philipp und der Infant den Thronhimmel; Isabel Clara Eugenia schreitet ihren Frauen mit einer weißen Kerze voraus. Für das Drama hat der König kein Verständnis: wie sollte er ein Bedürfnis nach dem irdischen Schauspiel fühlen, da sich in der von ihm selbst gebauten Halle täglich das größte, das sakrale Drama in seinem ganzen Ernste abspielt?

Niemals darf eine königliche Person in jenen Komödien auftreten, die man in allen spanischen Städten auf der Straße, unter offenem Himmel spielt. Derselbe aber, der als Wahrer seines Standes dieses strenge Verbot erläßt, unterwirft sich am Gründonnerstag im Escorial einer ehrfürchtigen Zeremonie: dreizehn alte Männer sind an diesem Tage beim König zu Tisch geladen. Philipp kniet vor ihnen nieder und wäscht ihnen die Füße; seine beiden Neffen Albert und Wenzeslaus von Habsburg halten dabei das Wassergefäß und das Tuch. Dann trägt der König selbst das Essen auf. Tat Christus nicht tausendmal mehr? Auf dieser Demut erhebt sich die habsburgische Macht.

Unermüdlich vervollkommnet er sein Werk. Wie man nach dem Escorial kommen muß, um die reinste Form des Gottesdienstes zu erfahren, so soll man auch dort die geläuterte christliche Wissenschaft finden. Augustiner besteigen das Katheder einer Schule für Auserwählte. Theologie, die Künste, die Beschlüsse des Konzils von Trient, Gesang, die guten Sitten werden einer Schar junger Geistlicher gelehrt, die bestimmt sind, in der Zeit der Bedrohung mit den stärksten und sichersten Waffen die Tradition zu behaupten. Auf den Wandgemälden des feierlich gewölbten Bibliotheksraums ist den Weisen des Altertums neben den christlichen Lehrern die Apotheose gegönnt. Es gilt zu sammeln, zu retten. Zerschlagen die Aufrührer im Norden nicht selbst die Bilder der alten, frommen Meister? Hier findet die christliche Kunst Schutz in unzerstörbaren Mauern. Und geht auch Flandern der alten Wahrheit verloren: Bosch und Breughel, die großen, leidenschaftlichen, vom Tod durchschauerten Katholiken des verdächtigen Nordens finden hier ihre Heimat. Noch einmal und ewig bricht die Klagende van der Weydens in nicht wiederdurchlebtem Schmerze neben dem Kreuze zusammen. Wieder leuchtet aus schon verwandelter Landschaft die Verheißung des Patinir.

Ist nicht alles Verehrungswürdige gefährdet in dieser Zeit? Was bleibt den Enkeln, seinem eigenen Geschlecht, wenn er jetzt nicht die Tore dieser Zuflucht öffnet, noch ehe das neue Unwetter zu toben beginnt? So schickt er die Sammler der

Bilder, bedrohter Reliquien aus nach den Niederlanden, Deutschland, in das hugenottische Frankreich und selbst nach Schottland, wo das heilige Königspaar Malcolm und Margareta heimatlos geworden ist. Von dem einen Bauwerk aus soll der Beweis für den Glauben geführt werden: was hier bewahrt ist, lebend wirkt, hat ein höheres Recht als die Zerstörer. An den eckigen Türmen muß der Ansturm zerbrechen; unter der vom grauen Licht durchfluteten Kuppel dauert noch immer die frühchristliche Zeit.

Von dem Zimmer des Königs führt hinter dem Chor hindurch ein schmaler steinerner Gang zu einer Zelle, die wie eine Höhle in einen Felsen gewölbt ist. Dort neigt der marmorne Christus des Cellini sein Haupt am Kreuz. Philipp duldete nicht, daß man ihn in einem Wagen brachte: er wurde auf Händen in den Escorial getragen. Niemand sieht den König auf seinem Weg in diesen Raum, wo der spanische Granit den römischen Marmor umschließt; vor dem Bilde tiefsten Leidens betet er unbemerkt. Diese Kammer ist die innerste Zelle seines Staats. Verborgen keimen in ihr die Entschlüsse und Ereignisse der Epoche; sie bleibt der unbetretbare Grund des Schweigens, aus dem alle Taten quellen.

Ist er ganz allein? Vorübergehend hatte er den Plan, sich ein fünftes Mal zu verheiraten, aber er mußte fühlen, daß diese Einsamkeit sich mit keiner Gemeinschaft versöhnte. Klingt nicht abends einmal der dünne Ton eines Spinetts durch die Galerie? In der Tat, es gibt eine Frau, die auch jetzt noch mit ihm zu leben versteht; eine einzige Frau, der es sogar erlaubt ist, die Papiere zu berühren, ihm bei seinen Geschäften zu helfen: Isabel Clara Eugenia, die Tochter der Isabel de la Paz. Sie drückt den Stempel auf die Blätter, die seine unermüdliche schmerzende Hand mit schwarzen Zeichen bedeckt; sie ordnet; sie liest und übersetzt ihm die italienischen Berichte. Ihr wird der Schatz der Erfahrung zuteil, die Karl der Fünfte zu sammeln begann, der Sohn gewaltig vermehrte, das geheime Erbe des Herrschergeschlechts.

Längst wehrt sie die Hofleute ab, die ihr an ihrem Geburtstag Glück wünschen wollen; für sie ist die Zeit vorüber, da eine Frau ein vollendetes Lebensjahr feiert und freudig in das neue geht, um sich in ihm noch schöner zu entfalten. Für sie tropfen die Jahre qualvoll herab, wie heißes Wachs auf eine schmale Hand, die eine Kerze hält. Sie weiß wohl, was man am spanischen Hof, an den fremden Höfen spricht von der reichsten Prinzessin Europas, die keinen Gatten findet. Ihre jüngere Schwester ist die glückliche Frau des Herzogs von Savoyen. Sie selbst, wie sollte sie es nicht wissen, war viel schöner als Catharina. Aber schon hat sie die Dreißig überschritten; sie ist schon viel älter als ihre Mutter war, die auf der Höhe ihrer Schönheit starb. Immer schwerfälliger, immer unentschlossenern Schrittes geht die Politik des Vaters. Er sucht die höchste Krone für sie zu gewinnen; doch immer weiter rückt die Welt von ihm ab. Werden seine Ideen, wird die Wahrheit selbst endlich aus dem Rad der Welt geschleudert wie eine zerbrochene Felge, die man leicht ersetzen kann? Wo sonst ist das Recht als bei ihm? – Liebte Catharina den Herzog? Und doch wurde sie glücklich. Nicht in der freien Wahl liegt das Glück: es liegt in der Unterwerfung, in dem Willen, zu dienen, in der Kraft des eigenen Herzens, das liebt, sobald ihm zu lieben erlaubt ist. Wie alle Frauen ihres Geschlechtes ist sie bereit, der überpersönlichen Idee sich zu fügen; zu lieben, hingebend zu lieben, wenn es gefordert wird. Doch noch ein Größerer wohnt im Escorial, dessen Schatten so greifbar wird wie die Gestalt eines Lebendigen: der Kaiser. Es ist, als lebte Philipp in Yuste. Um ihn sind dieselben Mönche; derselbe Baumeister fügte das Gemach. Vom Bett sieht er, genau wie Karl, durch das Fenster eines anstoßenden schmalen Raums auf den Hochaltar. Die Zeremonien, der Ritus, die Einteilung des Tages weichen nicht von dem in Yuste Geübten ab: wie Philipps ganzer Umkreis sich nach dem alten Gesetze dreht, so zieht es ihn selbst immer tiefer in das Vergangene, Ewiggültige hinein.

Unter den Menschen ist nur dieser eine, den Philipp verehrt. In dem Thronsaal des Escorial, dem würdigsten Raum, in dem je ein Fürst regierte, duldet er neben dem Wappen auf purpurnem Sammet nur dieses eine Bild: Karl V., von Sorgen gealtert, tödlich streng, von Falten durchfurcht, die wie mit einer Waffe gezogen sind, in den Harnisch gekleidet, den das Zepter überkreuzt. Geht ihm der Kaiser nicht voraus im Zimmer, auf dem Weg zum Altar? Strudelt ihn diese Nachfolge nicht langsam in des Kaisers Tod? Tiefe, unergründliche Ehrfurcht des Sohnes, der selbst schon des Vaters Alter überschritt, des Vaters Sorgenlast trug, so weißen Haares wie jener ist, als er starb, und noch immer als Sohn sich fühlt! Er liest die Bücher, die der Vater las; er betet vor des Vaters Kreuz. Welche Liebe ist größer als die Liebe dessen, der wiederholt?

Noch einmal wird das Vergangene, weil es das unvergleichbar Bedeutsamste war, verwirklicht: mit des Vaters Art sollen auch des Vaters Gebet, sein Schicksal, sein Verzicht und endlich sein Tod in allen Phasen erneuert werden. Die Natur des Vorausgegangenen wird zum Gesetz. – Tragischer Schritt hinter einem Toten, der die dunkeln Hallen vor dem Nachfolgenden öffnet auf seinem einsamen Weg! Verzicht und Schwermut des Geschlechts verlangen wieder ihren Träger; der, den das Los bestimmte, entzieht sich ihnen nicht. Die Einsamkeit der Väter ist viel gewisser als die Einsamkeit der Mütter. Denn der Stamm steht immer allein.

1597, erst ein Jahr vor seinem Tode, krönt der Sohn sein Verehrungswerk: in diesem Jahr finden die Statuen des Vaters, der Mutter und der drei Schwestern des Vaters ihren Platz links vom Altar. Von seinem Fenster aus sieht nun der Siebzigjährige den Kaiser knien im Ornat: streng sind die Hände des Gepanzerten gefaltet; über seine Schultern fällt der Mantel mit dem Kaiseradler, den er als der einzige König von Spanien trug; das Antlitz des großen Fremdlings in allen irdischen Reichen ist unnahbarer denn je. Dem Verklärten,

Unerreichbaren gehört die linke Seite, die Seite des Evangeliums; doch dies ist zugleich der Ort, wo die Augen des Sohnes ihn noch suchen können, wenn in der kleinen Kammer neben dem Altar die furchtbare Stunde der Erlösung schlägt.

Rechts, für Philipps Augen nicht sichtbar, kniet seine eigene Statue neben den Bildwerken der Maria von Portugal, der Isabel und Anna; Mary, die arme Unfruchtbare, fand keinen Platz. Und er, der als Vater am tiefsten verwundet wurde, sich am vergeblichsten sehnte, läßt nun, da seine eigene Nachfolge sich vollendet hat, dem unseligen Carlos Barmherzigkeit widerfahren. Er kniet hinter ihm, ängstlich-schmerzvollen Gesichtes, an der Seite seiner Mutter. Nun ist auch er seines Namens würdig. Noch einmal, in verzeihender Liebe für den Mißratenen, ehrt der Sohn das Gedächtnis des angebeteten Vaters.

HABSBURG

> Tu sueño imperios han sido.
> (Deine Träume waren Reiche.)
> *Calderon*

Noch ehe der Bau vollendet war, ließ Philipp die einziehen, für die er ihn errichtete: die Toten. 1574 bringt er einen Plan zur Ausführung, der ihn schon lange beschäftigt haben muß. Denn der Escorial, die Festung des Glaubens, die Wohnung des zum Mönche werdenden Königs, ist zugleich das habsburgische Grabmal. Das Gewölbe unter dem Hochaltar, das Fundament der Kirche und der Frömmigkeit, ist das Grab.

So war es in altchristlicher Zeit, als man auf finstern Treppen im Schein einer wehenden Flamme in die Krypta hinunterstieg. In dunkelm Rundbau steht zwischen den Särgen der Altar; das Gebet ist ein Dienst an den Toten. Der

Lebendige selbst, der bei ihnen verweilt, gehört schon nicht mehr der Erde an. Um den Vorausgegangenen nahe zu sein, übergibt er sich den Schatten ihrer Gruft; er teilt mit ihnen die furchtbare Stille, den Schrecken, ihre Not.

Noch einmal sollen die, denen der Tod das Zepter entriß, herrschen in Spanien. Philipp rief die Heiligen in den Escorial; nun ruft er die Toten. Sie liegen verstreut im Land, wie ihr Amt sie umhertrieb, wie der Tod sie überfiel. Noch wartet der Kaiser zwischen den Bergen von Grédos auf sein Grab; aber Isabel, seine einzige Frau, ruht in Granada; Maria, die Königin von Ungarn, die den Bruder begleitete auf der Heimfahrt aus den Niederlanden, schläft im Kloster Santa Clara in Tordesillas mit ihrer Mutter Johanna, die wahnsinnig wurde aus Liebe; Leonor, die andere Begleiterin, die der Tod auf einer Wallfahrt ereilte, wurde wieder in Granada gebettet; auch zwei früh verstorbene Kinder des Kaisers schlummern dort. Soll die Verwirrung, die der Tod anrichtet, für immer dauern? Und wäre diese Vereinigung nur ein Bild: wieviel Trost ist im Bilde; ja alle unsere Tröstungen kommen von Bildern her.

Nur weil die Früheren es verließen, gehört den Lebendigen das Land. Jene sind die heimlichen Herrn. Noch einmal soll man es wissen, daß sie es sind. Bis auf die geringste Einzelheit arbeitet der König handschriftlich die Vorschriften für die Überführung aus. Zuerst werden Isabel de la Paz und Don Carlos aus Madrid gebracht. Die Bischöfe von Salamanca und Zamora, der Herzog von Escalona begleiten sie; die Garde zu Pferd und die Capilla Real ziehen mit. Unterdessen sind der Bischof von Jaen und der Herzog von Alcala mit den Särgen der Kaiserin Isabel, der Königin Leonor, der Maria von Portugal, der Infanten Don Juan und Fernando auf dem Wege von Granada nach dem Escorial; am bestimmten Platz zu bestimmter Stunde treffen sie sich mit dem Zuge aus Yuste. Auch Maria von Ungarn und die Königin Johanna werden aus ihrer Einsamkeit befreit.

In größerer Majestät noch, als da sie lebten, ziehen die Toten durch ihr Reich. Den Edelleuten, die voraus reiten, folgen 24 Bettelmönche; acht Jeronimiten und die königlichen Kapläne schreiten unmittelbar vor dem Sarg. Vierundzwanzig Pagen mit brennenden Kerzen und die Königliche Garde gehen zu beiden Seiten des Schläfers; Herzöge und Prälaten schreiten ihm nach; Lanzenreiter schließen den Zug. – Vor dem Sarge des Kaisers weht der Adler, das Zeichen des Einzigen, das so viel wie sein Name sagt. Auf dem schweren Brokat liegt die geschlossene Krone, die noch kostbarer ist als der offene Reif der Könige. Wieder führt Karl sein Geschlecht. Johanna, seine Mutter, gewinnt ihren Rang zurück. Vierzig Jahre lang wurde sie mißhandelt von ihren Dienern; nun glänzt die Königskrone Kastiliens auf ihrem Sarg.

Die Städte, durch die die Toten kommen, sind geschmückt. Glocken hallen ihnen entgegen; dumpf antwortet die Musik aus ihrem Zug. Flor weht von den Wagen, den Pferden; wie Metall blitzt der Brokat. Die sie einst vorüberziehen sahen in geschmückten Wagen, auf eiligen Pferden, erkennen ihre Zeichen wieder; sie sind unendlich erhöht durch das Wappen des Todes. Er besetzt das geheimnisvolle letzte Feld, das noch offen war. Vor dem langsamen Schritt der toten Könige, die von schwerstem Pompe belastet fortziehen in ihr neues Schloß, stockt die Unrast der Lebenden; keiner überholt sie auf ihren Straßen; keiner kreuzt ihren Weg. Ihnen gehört das Land.

An ihren Kronen zerbricht die Zeit. Schwer stampfen die Pferde auf den strengen spanischen Straßen des Südens, des Nordens, der Mitte über Brücken, an Bergen hin. Flüchtig fällt ein Schatten auf sie aus phantastischen Gärten; dann folgt ihnen wieder die Sonne. Blaß, wie verwelkende Blüten, flackern die Kerzen in den Tag. Nicht der Wechsel des Wetters, nicht der Wechsel der Tageszeiten ändern ihren Schritt. Nachts ruhen sie in Kirchen aus. Um den Sarkophag wehen Flammen; Totenmessen schallen, bis der Morgen graut. Wieder verlassen sie eine Stadt, die ihnen mit dunkeln Fahnen noch nachwinkt. Unterwegs knien die Menschen nieder vor dem dahinziehenden Sarg. Staub treibt und überschüttet die schwarzen Decken; ein Pferd verletzt sich; ein Reiter bleibt zurück. Um ferne weiße Berge, die sich wie Muscheln wölben, singt das Licht.

Weit hinter Ebenen und langgestreckten Gebirgen bewegt sich ein anderer Zug. Die Straßen, auf denen die Stummen so langsam ziehen, laufen zusammen. Sie haben keine Eile; alle Straßen führen in die Gruft. Wenn die Räder an die Steine stoßen, bebt die Krone; die Fahne schwankt, und die Kerzen, die sinnlos brennen im überhellen Licht, zucken erschreckt. Das Gold der Tressen wird trüb. Aber die Schlafenden heben die Decke nicht. Sie sind dem allem so fremd, wie das Licht des Mondes, das nachts auf die großen Städte fällt, und doch nicht fremder als der Mensch auf der Erde ist.

Hoch über der Ebene steht die Burg. Ihr erster Wall ist fertig; schon ragen die Türme. Das Grün karger Bäume, das Gewog aufstrebender Felder weichen vor ihr zurück. Mit erzener Schneide zerteilt das Dach den Berg. Die Fenster selbst sind wie dunkle Blöcke in gleichen Abständen in die Fläche gesetzt. Unter ihnen ziehen die ruhigen Bogen des Fundamentes hin, wo das Gewölbe bereit ist. Noch liegen die Quadern umher, ist die Erde aufgewühlt; noch handelt und herrscht das Geschlecht, aber die Zeit, wo sein Denkstein sich schließen wird, ist nicht mehr fern. Der Schlag der Meißel wird noch in die Gräber hallen; bald jedoch ist es still, unwiderruflich still.

Auf dem großen Platz vor dem Gebäude, der Werkstatt, über die ein plötzlicher Feiertag kam, erwartet der König seine Toten. Drei Stufen führen zu einer Estrade hinauf. Umgeben von vier mit Brokat gekleideten Säulen, die einen Baldachin tragen, steht eine Tafel bereit für die Särge; auch auf ihr schimmert der Brokat. Alles übrige jedoch und die Einfassung ist mit schwarzem Sammet umhüllt. Glocken kündigen die Ankunft der Könige an. Aus dem Tor schreiten ihnen die

Mönche mit dem Kreuz entgegen; wie man die Särge von den Traggerüsten nimmt, beginnt die Orgel im Innern der kahlen Hallen zu tönen; der Gesang fällt ein. In der Mitte steht die Truhe des Kaisers.

Nun sind die wieder um Karl V. geschart, die er opferte, weil er sie führen mußte, Leonor, die als Witwe Emanuels von Portugal sich mit Franz I. vermählte, um eine Feindschaft zu überbrücken, die unüberwindlich war, und bald ihren Gatten im Kampfe sah mit ihrem Bruder; Maria, die, von Spanien bis Ungarn versprengt, die Herrschaft im fernsten Osten befestigen half. Über sie, über alle andern und den Kaiser selbst gebot die habsburgische Idee. Es gibt nur ein Geschlecht in Europa: Habsburg ist der erlesene Träger der Mission. Sollte dieses Geschlecht wirklich stark genug sein, die universale Macht mit der universalen Religion zu vereinen und die Welt in Frieden zu halten? War dies der Friede, von dem der Kaiser bei seiner Abdankung sprach? Scheiterte er an diesem Plan?

Welche Müdigkeit lag auf diesen Gesichtern, ehe der Tod sie verdeckte! Durch alle Jahre des Lebens wuchs der Schmerz, der sie endlich zu tragischen Masken erstarren ließ. Unterm Verzicht stand jeder Tag, der ihnen aufging; das Gebet war ihr Trost; die Idee trieb sie weiter. Nicht die Energie und der Ehrgeiz der Nationen, das Geschlecht soll führen; aber das Geschlecht hat diesen Auftrag von Gott, vor dem es sich beugt. Bedingungslos unterwerfen sich seine Glieder diesem Gesetz; kein Wert gilt weniger als das Glück.

Auf der Verneinung des Glücks stehen alle Werke. Nicht der Wunsch nach Macht, noch weniger nach Genuß reichen aus, um die Taten dieser Toten zu erklären: ihre Entscheidungen fielen alle unter der die Persönlichkeit erhebenden und zerstörenden Idee. Noch einmal, nachdem die päpstliche und die kaiserliche Macht zerschlagen war, machte das Geschlecht den Versuch, die zentrale Gewalt zu errichten. Aber es geschah im tragischsten Augenblick. Denn eben jetzt zerriß die Religion, die das Band um Europa schlang. Der Erdteil zerfiel, und niemals wird dieselbe Hand alle seine Trümmer umspannen. So fielen sie als Opfer für das Unmögliche. Klöster boten den Gescheiterten Zuflucht. Der Kaiser, Leonor und Maria, bald auch des Kaisers Tochter und Enkelin, Philipp entziehen sich der Welt. Mit dem Zepter vollbrachten sie ihre Aufgabe nicht; die Bitte soll sie an seiner Stelle vollenden. Die geängstigte Seele fleht um ein Gebet; ihr gelten die letzten Sorgen der Müden. Vor den Scherben des großen Planes bleibt ihnen allen nur eine persönliche Lösung.

Die meisten unter den Frauen in den brokatbedeckten Truhen starben jung: Maria von Portugal war kaum achtzehn Jahre, die Kaiserin nicht viel mehr als dreißig, Isabel von Frankreich noch nicht fünfundzwanzig, als sie hinunter mußten. Die Idee forderte Träger von ihnen. Mit dem Leben bezahlten sie die Erben. Von den Sechzehn-, den Siebzehnjährigen wurde schon der Thronfolger erhofft; immer neue Schwangerschaft zerbrach den zu früh geschwächten, kaum gereiften Körper. Fast noch von Kindern gezeugt oder von erschöpften Müttern geboren, konnten auch die Kinder nicht leben; kaum waren sie auf dem Schoß der Mutter getauft, so erloschen sie wieder, ohne die Augen geöffnet zu haben. Kränklich wachsen andere unter einer Überlast von Sorgfalt, gequält von unwissenden Ärzten auf; doch ehe noch die große Krise sie erproben kann, gehen sie hin. Dringender wird der Wunsch nach dem Erben. Schon berät man sich in Europa über den frei werdenden Thron; kaum unterworfene Provinzen hoffen sich zu befreien. – Vielleicht ahnt die Königin ihren Tod; doch im Vermächtnis wird das geopferte Leben dauern.

Dem Gatten bleibt keine Zeit zur Klage. Nur wenn die Vasallen dem Thronfolger geschworen haben, ist er seiner Herrschaft sicher, darf er hoffen, kein vergebliches Werk zu tun. So wird einem Kinde nach dem andern der Schwur geleistet; die kleinen Wesen fallen wieder vom Stamm wie zu früh aufgegrünte Blätter. Die Leiden der Mutter, ihre Reisen im holpernden Wagen, auf plötzlich scheuendem Pferd, ihre verheimlichte Qual während nicht endender Zeremonien wirken in ihnen fort; sie haben nicht die Kraft, den ewig kreisenden Krankheiten jener Zeit zu widerstehen.

Ihr Unglück grünte schon, eh sie geboren wurden. Immer wieder werden die Äste des einzigen Geschlechtes zurückgebogen zum Stamm. Habsburg findet nur in Habsburg seinen Partner; die einzige, die würdig ist, den alt ererbten Thron zu teilen, ist eine Habsburgerin. So gab Karl V. seine Tochter dem Sohn seines Bruders zur Frau; so freite Philipp wieder eine Tochter aus dieser Ehe. Aber auch Karl trug schon die Last vererbter Verhängnisse; Philipp nahm sie verdoppelt auf; so brach Don Carlos zusammen, ohne daß die Weiterschreitenden ihre Richtung änderten. Immer fester, immer absonderlicher verknoten sich die Äste; das Erbe der Wahnsinnigen wütet in allen Gliedern fort, die sich dennoch verbinden, die Gefahren steigernd, das Ende beschwörend. Tief in der Art droht das Unheil, sie wird dennoch gewollt, nichts anderes wird gewollt. Mit der Bejahung wächst das Verhängnis, und endlich erstickt es das Ja. Wie ein Schatten, der in der Berührung zergeht, schwindet endlich das leidenschaftlich ersehnte, gesteigerte Ich des Geschlechts, des Lebens nicht fähig, hin.

Sie alle, die in diesen Särgen liegen, verstanden zu lieben; sie verstanden es besser als die andern, die schwächlichen Herzens bei allen Entschlüssen nach der Liebe suchen und sie niemals finden. In der Stunde, da sie sich für immer verbanden, sahen diese Frauen zum erstenmal ihren Gatten. Ihr Herz hatte keine Wahl: es mußte sich diesem Einen erschließen oder kalt bleiben, solange es schlagen würde. Der Gatte diente der Idee; sie dienten ihm wieder. Unter der doppelten Pflicht fand die Liebe noch Raum, sich zu entfalten. Auch das Herz paßte sich an. Je stärker das Gefühl ist, um so leichter wird es bereit sein, zu gehorchen.

Für diese Toten paßt kein gewöhnliches Maß, keines späterer

Zeit. So zu dienen, verstand man zuletzt in ihrem Jahrhundert, als noch nicht der leiseste Zweifel die religiöse Sendung erschütterte, als die Nichtigkeit der irdischen Werte noch unangreifbar war. Mit ihrer Epoche schwindet der letzte große Fürst von Gottes Gnaden.

Eine unter ihnen kam nur als Gast. Es ist Johanna, die Mutter des Kaisers. Sprach sie nicht den furchtbaren Prolog zur Habsburgischen Macht? Mit dem Leichnam des Gatten zog sie von Valladolid durch die spanische Ebene, die Straße zu seiner Gruft. Niemandem gönnte sie den Toten. Ein Kloster verließ sie in der Nacht, als sie hörte, daß Nonnen in ihm wohnten: keine Frau sollte mit Philipp dem Schönen unter demselben Dache schlafen, ob auch längst sein Puls nicht mehr ging. Auf verschneitem Feld, bei dem geöffneten Sarg, die lebendigen Lippen auf die kalten dunkeln des Mannes gepreßt, klagte sie bis in den Morgen. In einer Nacht wie dieser steigt über den Erblindeten der Stern der Bestimmung zum Zenit. – Philipp erlöst sie aus der Verbannung und läßt sie nach Granada an die Seite des noch im Tode Geliebten führen, nachdem er sie geehrt.

Der blasse König steht vor den Särgen seines Geschlechts, vor den Opfern des eigenen Amtes. Erfüllt ihn der wütende Schmerz der Johanna, die Todessehnsucht des Vaters? Sein Bild ist am wenigsten dämonisch beschattet; er ist der große Verehrer, dem es zukommt, zu danken und zu bestatten. Ihn hat das Geschlecht nach kühnen gefährdeten Trägern seiner Macht als Sammler und Erbauer seines Grabmals geboren; Philipps Schwermut zieht ihn, wie dunkel sie sich auch ballt, nie zur Vernichtung, immer zur Religion. Zu verehren ist sein tiefstes Bedürfnis. Die zerrissene Verzweiflung der Johanna, die selbst das Heilige schmähte, die geheimnisvolle Traurigkeit des Kaisers sind ihm fremd; für ihn steht immer Gott hinterm Tod. Mit ihm löst sich Habsburg am schmerzlosesten von der Welt. Das Jenseits ist völlig im Übergewicht.

Aber wie nun nach langen Gebeten unter dem forthallenden

Gesang der Mönche die Särge in den noch fragmentarischen Bau getragen werden sollen, stürzt sich der Sturm durch die Bergschlucht herab. Der schwarze Sammet der Tribüne weht auf, der Brokat der Särge, in denen die beiden Infanten Don Juan und Don Fernando ruhen, wird vom Sturm gefaßt. Die fortreißende Gewalt ist so groß, daß keiner von der Garde des Königs, keiner der Träger es wagt, den Brokat zu retten. Er treibt über die Blöcke hinweg, auf das mit Steinen besäte Feld hinüber, schlägt gegen die Felsen, die gebogenen Stämme, zerfetzt und fliegt, wie von gigantischen Händen zerrissen, in Fetzen fort. Die Kronen, die Wappen und blinkenden Zeichen der Herrschaft, die breiten Initialen aus Gold wirbeln wie das Laub des vergangenen Jahres in die Öde hinaus.

Endet so die Macht? Es ist Zeit, einzuziehen in das unfertige Grab, noch ehe das Gewölbe gerundet ist. Schon fällt der Sturm über die Toten: sie werden verleumdet, geschmäht und endlich vergessen werden. Ihr Werk zerreißt wie der Pomp auf ihrem Sarg. Was ist die Kaiserkrone schon jetzt? Bald werden die kleinen Rechner kommen und fragen, was sie gekostet hat. Für sie ist das Vergangene nichts und nichts die einigende Gewalt der Tradition, ihre eigene arme Gegenwart allein scheint ihnen wert zu leben, eines engen und sanften Friedens zu genießen. Zerbrach Karl nicht den Glanz und die Freiheit der Städte? Richtete er ihre Führer nicht wie Verbrecher hin? Fließt nicht jetzt auch das Gold, das letzte des Imperiums, in den niederländischen Krieg? Und hat Karl nicht selbst Feldzüge in Deutschland mit erpreßten spanischen Schätzen bestritten?

Wie dieser Sturm kommt bald der Fluch der in ihrer Stille Gestörten über das Geschlecht. Auch Philipp steht schon allein. Welchen Hoffnungen jagt er noch nach? Wofür kämpft er? Kein Volk bedarf einer Mission zu seinem Glück. Und ist das Glück nicht mehr als alle Kronen? Dieses Geschlecht ist fremd; es kommt aus dem Norden; sein Ziel liegt im Grenzenlosen. Sind nicht die Pyrenäen von Gott als

Schranken gesetzt? Habsburg führt seine Soldaten über die Elbe hinaus bis nach Ungarn; es treibt sie über die Alpen und alle Straßen des verketzerten Reichs; es jagte sie nach England hinüber, würde Gott es nicht hindern. Und wenn das Volk nun plötzlich erwacht und nach seinem Glück fragt, nach nichts als dem Glück: was werden die Toten erwidern?

Es ist Zeit zu schlafen, den Kaisermantel über den Katafalk zu breiten, die Krone zu verhüllen. Niemand wird im Sturm sein Leben wagen, um das Wappentuch zu retten. Es mag treiben, zerreißen: besser ist es, zu vergessen, was man verlor; des Besitzes nicht zu gedenken, der so unheilvoll war.

Und doch ist dies der einzige Lohn für ungeheure Leiden: das Wappentuch, das Bild der Idee. Habsburg rechtfertigt sich allein mit dem Gedanken, dem Dienst und Einsatz, und keine Machtform weiß einen andern Verteidiger zu stellen. Wie der Aquädukt von Segovia zwischen geduckten, geschäftig sich drängenden Häusern stehn die Vermächtnisse in der Zeit: sinnlos und groß. Wie leicht ist es, das Wasser aus dem Gebirge herabzuleiten; kannten nicht auch die Römer schon Bleirohre, die sie sorgfältig in die Erde legten? Warum bricht man sie nicht ab, diese gefährliche Brücke, um Häuser zu bauen?

Aber der Aquädukt bedarf keiner Erklärung. Mit niedern, kaum aus der Erde ragenden Bogen setzt er an; in sicherer Linie erreicht er die Höhe der Häuser, dann biegt er fast in rechtem Winkel ab und unmittelbar auf den Abgrund zu. Wie Palmen, wie Zedern schießen die Pfeiler auf; die Bogen übersteigern sich in doppelter Ordnung; ohne Mörtel, ohne Klammern, nur vom Gesetz ihrer Form gefestigt, durchzieht die ungeheure Brücke den Himmel. Dahinter liegen Berge, Ortschaften, Kirchen; sie sind umrissen, bestimmt. Der Aquädukt wird zum Wappen der kleinen Stadt, die ihm fast nur beigeordnet wurde; Leben sammelt sich unter den Wölbungen; sie werden zur Festung, zum Mittelpunkte des Kampfes. Was liegt an der schmalen Wasserrinne, die sich einstmals über die Bogen zog und eilig zu Becken und Eimern strebte? Rom fand seinen Ausdruck, sein Wort, das sinnlose, ewige Wort.

Unsterblichkeit ist die Fortdauer als Symbol. Von Habsburg bleibt der Einsatz für das Unmögliche; die Bereitschaft, sich wie die Welt zu opfern für eine einzige Idee. –

Noch werden die Gebeine gerettet; aus den Hallen schallen Gesänge; der Zug schreitet die vielen Kreuzgänge ab, um seine Ordnung zu bewahren. Ehe das Gewölbe die Schläfer empfängt, bekunden die Zeugen ihre Namen. Nun wohnt Philipp unter demselben Dach mit dem Kaiser, seinem »geliebten Vater und Herrn«, mit Isabel de la Paz, der »sehr teuern und geliebten Frau«. Tag für Tag steigen vier Messen auf für die Seele des Vaters; an seinem Geburtstag wird für ihn die Vesper und am Morgen darauf die Totenmesse gehalten; des Sterbetages wird wieder mit der Vesper, der Vigil und einem gesungenen Requiem gedacht. In beiden Tagen bitten 24 Messen für seine Ruhe. Die Kaiserin Isabel, Maria von Portugal, Mary von England, die Königinnen von Frankreich und von Ungarn leben in dem entrückten Bau; hier werden die Tage nicht vergessen, an denen sie die Welt beraten, und nicht die andern, da sie, müde oder in früher Jugend gebrochen, die Welt wieder verließen. Einen Ort der Dankbarkeit soll es geben, wo die Toten in größerem Rechte als die Lebenden sind. Die Gesetze vergangenen Daseins geben den Stundenschlag an im Escorial.

Bald kommt Juan d'Austria zurück, der es verstanden hatte, den Sturm zu deuten. Das Schwert ließ sich nicht zum Pfluge machen und zerbrach. Kaum hatte er sich überwunden zu verhandeln und den ersten glücklichen Vertrag geschlossen, als das Fieber, vielleicht der heftigste, unüberwindliche Protest gegen die Vergewaltigung seiner Natur, ihn befiel. Das Schicksal gönnte ihm einen soldatischen Tod. Durch Oraniens Anschläge aus dem Norden vertrieben, starb er in einer Hütte auf freiem Feld, mitten unter seinen Soldaten. – Gevierteilt wird der Körper auf geheimen Wegen durch das feindliche Frankreich nach dem Escorial gebracht; am 24. Mai 1579 läßt Philipp »mit derselben Feierlichkeit wie für andere königliche Personen« die Totenmesse lesen. Ihm war, im Jahrhundert der Alternden, die Aufgabe der Jugend zugefallen: die heroische Forderung zu stellen; doch endlich besiegt der Dienst auch die Jugend. Don Juan ist in gewissem Sinne der letzte spanische Held.

In diesen Steinen findet auch das Schicksal der Frau einen Widerhall, von der Don Juan sein Inselreich erhoffte. Im Frühjahr 1587 schallt das Totenamt für Maria Stuart unter der grauen Kuppel. Sie ist für den spanischen König eine zur Märtyrerin erhobene Zeugin für den alten Glauben, eine der Unbesieglichen im Untergang. Vielleicht waren die vertriebene Königin und der Kaisersohn ohne Land in der Tat berufen, einander Gefährten zu sein. Sie bilden das glänzendste unter den Paaren, die sich nie zusammenfanden. Nur das Requiem in denselben Mauern brachte sie einander nah.

Auf der Höhe dieser Felsenstufe begleiten der König und seine Mönche alle Erschütterungen des katholischen Lebens. In den Wechsel auf dem Stuhle Petri, die Krönung des Kaisers, die Geburt katholischer Fürsten, in Feldzüge und große Unternehmungen fallen ihre Gebete ein. Im Escorial ist die Politik untrennbar von innerlichster Religion, von ihm geht das Gebet aus als letzte Macht der Geschichte. Nachts fällt das Arbeitslicht des Königs durch die Fenster des Oratoriums in die dunkle Kirche. Es bleibt auf den Platten liegen, unter denen seine Toten ruhn. Wendet er sich an seinem Tische um, so kann er die Stelle sehen, wo sie sich versammeln. Fernando, Carlos Lorenzo, die kleine Maria, die Mutter dieser Kinder selbst, deren Geburt ihn so glücklich machte, und der Thronfolger Diego schlummern schon unterm Stein. Dem Einsamen sind sie nun näher, als sie es je in ihrem Leben waren; der Boden, der ihn trägt, bildet die Decke ihrer Gruft. Von dem Gedanken, eine Krypta zu bauen, in der Messen gelesen werden sollen, kam er ab: zwischen den Sarkophagen der Schläfer sollen keine Schritte gehen. So ließ er sie in einem einfachen Gewölbe unter dem Altar niedersetzen: der Sarg des Kaisers wurde in der Mitte aufgestellt, dort wo der Geistliche steht, wenn er die Messe zelebriert. Der Imperator liegt unter den Füßen des Priesters *.

Es ist völlig Nacht. Draußen steht der Wind wieder auf; lange noch schallt die Glocke der Mönche nicht. Nur aus dem niedern Fenster zur Rechten des Altars dringt in die riesige schweigende Halle ein Schein. Vor den Stufen und dem knienden Kaiser liegt ein mattes Schattenkreuz. Wieder schreibt der König; aber die rastlosen Hände kommen, wie sehr sie sich mühen, dem viel rascheren Spiel der Fäden und sausenden Räder nicht mehr nach. Auf seinem Tisch häufen sich die Anfragen ohne Antwort; die Generäle, die Gouverneure, die Gesandten sind ratlos: nur der Wille eines Einzigen gilt, und dieser Einzige kann sich nicht entschließen zu handeln.

Schon lange riet ihm Granvella, sich helfen zu lassen; doch er ist zu mißtrauisch dazu. Hat er nicht einen großen Helfer in der Zeit? Wie viele Anschläge, wie viele Sorgen, wieviel Konflikte löst sie auf! Rauscht sie nicht an diesen Stößen beschriebener Blätter vorbei, um sie langsam mit fortzuziehen; steht sie nicht draußen über den Platten, still wie ein See? Er selbst und die Zeit, antwortete er oft den lästigen Fragern, gelten für zwei. Ohne ihn kann nichts geschehen; doch ehe er sich entscheidet, spinnt er seine Überlegungen aus, die sich um immer andere Gründe und Gefahren ziehen. Er ist allzu erfahren: nicht eine Möglichkeit des Mißlingens kann sich ihm verbergen. Unter der Gesamtheit der Gründe und Vorsichten erstickt die Tat. Karls Wissen, sein eigenes: die Folgerungen aus zwei Regentschaften von zusammen achtzig Jahren wer-

* Das heutige Pantheon widerspricht in der Anlage wie in der Ausstattung Philipps II. letzter Intention. Es wurde erst unter Philipp IV. vollendet.

den ihm zum Verhängnis. – Wartet er auf eine Antwort von Gott?

Um den Kaiser standen Bevollmächtigte, Vertraute, Menschen, die in seinem Willen zu leben und zu handeln wußten; Philipp regiert nachts allein in seinem Zimmer. Auch die Räte treten nicht mehr ein, nachdem die wenigen, die er ins Vertrauen gezogen, ihn tief enttäuscht hatten. Nur die Zeit, den verdächtigsten Bundesgenossen, der am wenigsten zu dienen, am besten zu überwältigen versteht, läßt er gelten. Am übersteigerten Verantwortungsgefühl stauen sich die Entschlüsse; draußen warten die Boten; sie kommen von dem Hofe des Mannes nicht mehr zurück, dessen Stolz es ist, auch das Geringste selbst zu tun. Unsicher allen Hilfsmitteln gegenüber, nur dem eigenen Auge vertrauend, verschiebt er das Große; dafür drängt sich das Nebensächliche unter die Hände, die nicht zu feiern gewohnt sind. Bei der Lampe, neben dem Globus, der unbeweglich in seinen Sphären ruht, als gäbe es keine Eile draußen im Raum, füllt der König sonderbare Dokumente: er stellt ein Legat aus über 25 Dukaten; er trifft eine Verfügung über den Transport eines Pferdes; er prüft die Rechnungen des königlichen Haushalts. Ja, er hat noch Zeit, die Fehler seiner Sekretäre zu korrigieren: »nicht am 1. August hat der Graf von Fuentes Durlans genommen. Es scheint mir, daß es am letzten Juli war. Seht nach, ob es so ist, und verbessert die Zahl; die Briefe sollen keinen Irrtum enthalten, wie klein er auch sei.« – »Aus dem, was Euch schon einige Male geschrieben wurde, werdet Ihr gesehen haben, wie erwünscht es ist ...« beginnt Perez einen Brief an den Kardinal Granvella. Doch der König ersetzt diesen Satz durch den folgenden: »Aus dem, was *ich* schon einige Male geschrieben habe, werdet Ihr gesehen haben, wie sehr *ich* wünsche.« Dann gibt er auf dem Rand dem Sekretär die absolutistische Instruktion: »Mejor es que vaya siempre en mi persona, que no en tercer persona, y así lo guardad en todo lo de aquí adelante ...« (Besser ist es, daß es immer in meiner Person geht, nicht in der dritten, und so haltet es in Zukunft.)

Doch unter den kommentierten Pergamenten mit Siegeln und Unterschriften, gefalteten, fleckigen Blättern aus den Ledertaschen der Boten, den scharfformulierten Berichten der Feldherren und umständlichen italienischen Benachrichtigungen, deren Inhalt der Schreiber in wenige klare Linien zusammenzog, schichten sich Papiere, auf denen die breite Schrift des Königs in kurze Zeilen gebändigt ist; die Zeilen ordnen sich wieder zu gleichgroßen Blöcken. In den allen Rechnern und Sekretären bekannten Zeichen verbirgt sich ein Klang, der nur auf lebendige Lippen wartet, um zu tönen; die Worte strudeln in einem seltsamen, feierlich-wehmütigen Rhythmus hin. Aber wer wird sie sprechen in dieser Kammer neben den Toten? Philipp schreibt das Gedicht vom Glück, von der Gefangenschaft der Seele. Da Dein Schatz zeitlich ist, Fortuna, so kannst Du nie die Seele befriedigen, die unsterblich ist. Du gabst mir und gibst mir noch Ehre, Rang, Reiche und Macht, und es ist so wenig, was Du gibst, daß ich wieder und immer wieder frage: wo bist Du, Zufriedenheit? Du bist nicht in der Gunst dieser Welt und ihren prahlenden Versprechungen; nicht am Ziel ihrer Wünsche, in ihren Reichtümern und der Liebe, nicht in Siegen und Triumphen. Es findet Dich keiner, denn alle sagen, sie fanden Dich nicht. Da aber ich selbst Dich nicht errang, so mag die Welt wissen, daß niemand Dich je gewinnen wird. Wer Dich, Zufriedenheit, auf der Erde sucht, der kann Leid im Himmel suchen, Trost im Abgrund, Ruhe im Krieg, Wärme im Eis. Nicht in Spanien und nicht vor seinen Grenzen wirst Du zu finden sein; denn Du wohnst am Thron des Dreifachen und Einen; wer Dich an einem andern Orte zu besitzen glaubt, betrügt sich selbst. Wer Dich, einzige Freude, unter vielen Freuden sucht, hat Dich schon verloren; denn Du pflegst unter den Schmerzen zu sein. Und wenn Gott, fern von Dir, für mich litt, damit ich dort hingelange, wo Du bist, so wird jeder, der dieses Ziel nicht erreicht, niemals erfahren, wohin Du gehst. – Kaum sind achtzig Jahre vorüber, seit Philipp I. stolz und rücksichtslos den Thron seines Hauses in Spanien errichtete; dem Enkel bleibt nur noch die Bürde der Mission. Neben den Opfern, in dem prunklosen Gemach findet er in den Erfahrungen des Königtums eine neue, die tiefste Bestätigung der alten erdfeindlichen Glaubenswahrheit: das Schicksal der Herrscher zwingt zu einem bedingungslosen Nein. Sie sollen die Besitzer der reichsten irdischen Güter sein, nur um darzutun, daß keine Macht, kein Besitz zu befriedigen vermag. Mit der aufkommenden Nichtigkeit des höchsten Glanzes verwelken alle Versprechungen. Der König widerlegt die Forderung nach Glück; er selbst, dessen Ahnen für Reiche und Kronen fielen, wird der eindringlichste Mahner zum Verzicht. Weil er am meisten auf Erden besitzt, verlangt er am innigsten nach dem Jenseits, und gerade diese Wendung allen vorzuleben, entspricht seinem von Gott ihm auferlegten Amt. In ihm soll sich vor den Augen seines Volkes die Entwertung der Güter vollziehen. Wenn der Wipfel verdorrt, stirbt der Baum.

Das brüchige Werk der Toten, sein eigenes Tun, der Leidensweg des Geschlechtes werden von der religiösen Sendung der Vergeblichkeit entrissen. Wie der Vater, als er in Brüssel gebeugt vor dem flandrischen Adel stand, die Nichtigkeit der Welt erwies, so tut der Sohn sie dar als Mönch; die Schläfer unterm Stein, den das Licht seiner späten Kerze streift, verstärken den Chor. Sie alle waren Gefangene, in tote Masse verirrte Funken der Unsterblichkeit. Und wie das einsame Licht in dem finstern Koloß, den er baute, so ist er selbst noch gefangen zwischen den Trägern und Stützpfeilern vergänglicher Reiche; doch in der nicht zu überwindenden Verlassenheit selbst, in der Unzufriedenheit ohne irdischen Trost liegt das Versprechen der Heimkehr.

Mehr als die Krone des sinkenden Geschlechtes gilt sein Bekenntnis. Am größten war Karl nicht als Kaiser, sondern als Christ.

KÖNIG UND KETZER

Während so im Süden die Vermächtnisse aus dem bewegten Wurzelgrund der Kämpfe und Leiden gerettet wurden in die freilich dem Tag schon entrückte Sphäre bleibender Gestaltung und der Zeiger dem erlösenden Glockenspiel entgegenlief, war im Norden schon seit einem halben Jahrhundert der Streit im Gang, der die Macht der Vollender zum erstenmal brechen und die Bedingungen ihrer Tat für immer erschüttern sollte. Die Krönung des Werkes und der Fall derer, die es vollbrachten, eilten ihrer Überkreuzung entgegen; das Getane sollte unwiederholbar werden.

Nachdem vom Jahre 1520 ab bereits zehn Edikte vorausgegangen waren, gab der elfte und letzte Erlaß Karls V. vom 25. September 1550 auf das unmißverständlichste den Willen des Kaisers kund, die Ketzerei in den Niederlanden mit jedem zu Gebote stehenden Mittel zu ersticken. Von nun an sollte kein Zweifel mehr darüber bestehen, wie jeder Untertan, die Richter und Behörden sich gegen dic aus Deutschland hereindringende Lehre zu verhalten hatten. Mit dem Schwert, im Grab, das für den Lebendigen geschaufelt wurde, im Feuer erwartete die der Tod, die ketzerische Bücher verkauften, erwarben oder vervielfältigten; die verunglimpfende Bilder malten oder verkauften; Heiligenbilder schändeten oder stürzten; Konventikel in ihrem Hause abhielten oder erlaubten; öffentlich oder im geheimen über die Heilige Schrift disputierten. Es war verboten, Anhänger des falschen Glaubens aufzunehmen; jedes Amt und Ehrenamt wurde ihnen verweigert, auch dann, wenn sie der Ketzerei nur verdächtig waren; selbst nachdem sie Buße getan hatten, blieben sie ausgeschlossen vom bürgerlichen Leben. Dem Angeber fiel die Hälfte der konfiszierten Güter zu. Alle Beamten und Vasallen des Königs wurden verpflichtet, die geistlichen Richter bei der Festnahme der Ketzer zu unterstützen. Ausdrücklich war es untersagt, die Strafen unter dem Vorwand zu mildern, daß sie nur zur Abschreckung dienen sollten. Die von Ketzern geschriebenen Testamente, alle ihre sonstigen Verfügungen hatten keine Gültigkeit; wer Fürbitte für die Schuldigen einlegte, wurde von derselben Strafe betroffen. Nach diesem Edikt, so schien es, konnte die neue Lehre in den Niederlanden nicht mehr gepredigt werden, noch auch offene oder geheime Anhänger haben.

Außer diesem Erlaß galt schon seit dem Jahre 1535 ein Gesetz gegen die Gegenpäpstler, das diese zum Feuertode verurteilte. Waren die Schuldigen bereit, in letzter Stunde ihren Irrtum abzuschwören, so gewährte ihnen der Kaiser eine Gnade: die Männer sollten dann durch das Schwert sterben, die Frauen lebendig begraben werden. Sieben Jahre, ehe diese Verfügung in Kraft trat, hatte das Heer des Gesetzgebers Rom geplündert.

Bereits 1522 hatte Karl einen brabantischen Rat, van der Hulst, beauftragt, alle von der Ketzerei Angesteckten ausfindig zu machen und zu bestrafen; dieser erste Inquisitor hatte das Recht, einkerkern, hinrichten zu lassen, zu verbannen und zu konfiszieren. Schon 1523 wurde er von Adrian VI. als Generalinquisitor für Brabant, Flandern, Holland, Zeeland, Hainaut, Artois und alle niederdeutschen Besitzungen des Kaisers bestätigt. Zwar mußte er vor einem Volksaufstand aus Holland fliehen, doch bereisten schon von 1525 an drei Inquisitoren das Land, die selbst die Macht hatten, Geistliche und weltliche Richter vor ihr Tribunal zu fordern. Zugleich war es ihre Pflicht, die Priester zu überwachen, Unfähige und Untaugliche den Bischöfen zu melden.

Im festesten Zusammenschluß der kirchlichen Verwaltung mußte die Verteidigung des alten Glaubens ihre stärkste

Stütze finden. Da in den siebzehn Provinzen nur drei Bischöfe residierten und große Distrikte zu ausländischen Diözesen gehörten, wie zu Münster, Osnabrück, Paderborn, so entwarf schon der Kaiser den Plan, eine Anzahl neuer niederländischer Bistümer zu gründen.

Aber sonderbar! Wie richtig auch diese Verfügungen schienen, wie sicher sie sich auf eine in allen Jahrhunderten anerkannte Tradition stützten, so verfehlten sie doch ihr Ziel. 1554, zwei Jahre vor seinem Verzicht, beklagte sich Karl im Tone tiefen Erstaunens über die dennoch nicht aufzuhaltende Verbreitung der Reformation. »Das Übel dauert nicht allein fort, es vermehrt sich sogar an einigen Stellen infolge widersetzlicher Bemühungen und der Betriebsamkeit einiger schlimmer Geister, die nicht davon ablassen, mit allen Mitteln und an allen Orten zu arbeiten; schlimmer aber ist es, daß sie den Namen und das Amt der Inquisitoren dem Volke verhaßt und ihre Personen verächtlich machen.« – Karl, der in dem Widerstand und der geheimen Rebellion nur das Werk einiger Ruhestörer sah, kannte seinen Gegner nicht. Es war der Mann, dessen Grab er in der Schloßkirche zu Wittenberg vor Albas Haß mit den Worten verteidigt hatte: »Ich führe keinen Krieg mit den Toten, sondern mit den Lebenden.« Aber dieser Tote war nicht tot.

Philipp bestätigt bei seinem Regierungsantritt allein das Edikt von 1550. Er hat keine andere Absicht, als die Grundsätze des Vaters beizubehalten, Karls schon vor Jahren proklamierte Gesetze zu übernehmen. So lautet der Auftrag, den er in Brüssel empfing. Ja, er verzichtet sogar darauf, das Gesetz gegen die Gegenpäpstler zu erneuern. Dafür greift er, ein Fanatiker der Ordnung, in einer andern Richtung übers Ziel: statt der geplanten sechs Bistümer gründet er deren 14. Im Kampf gegen diese Maßregel eines freilich unpopulären und fremden Fürsten bildet die Opposition ihre Streitmacht aus.

Philipp will fortführen, erhalten. Es ist die unveränderte, hundertfach auf übernatürliche Weise verbürgte Wahrheit, die es zu behaupten gilt. Noch vor wenigen Jahrzehnten wagte niemand, an ihr zu zweifeln, wäre dieser Zweifel wie der erschreckende Ruf eines Frevlers während des Gottesdienstes ohne Widerhall verstummt. Ohne einen lauten oder ernsthaften Widerstand hervorzurufen, wurden die Gesetze des Vaters verkündet, befolgt; ja, die ersten Edikte fanden zum Teil die Genehmigung der Ritter vom Goldenen Vlies, oder sie entstanden unter der Mitarbeit der Generalstaaten.

Aber während kein Zeichen sich änderte auf dem langsam vergilbenden Papier und keine Zacke brach von den Türmen der hohen Dome am Meer, fiel der Herzschlag der Menschen, die diese Blätter lasen und durch die alten Hallen schritten, in einen anderen Takt. Verständige Verordnungen wurden sinnlos; verehrungswürdige Bilder verloren ihren Glanz. Auf denselben Stufen, wo die Vergangenen knieten, empfand man doch nicht mehr ihren Schauder, wenn der Priester die Hostie hob. Durch die farbendunkeln bleigefaßten Scheiben fiel nicht mehr das Licht der Gnade ins Herz. Der Umschlag des Wetters legte sich auf die Saiten und veränderte ihren Ton. Etwas Unerklärliches, eine Wandlung in den Seelen, war geschehen. Wäre sie nicht im Innersten erfolgt, sie hätte nicht mit dieser Macht ihre Form gefordert.

Die Toten verloren ihre Autorität. Wieder, nach einem Zeitalter der Ruhe, der Sammlung und der Verehrung unterbrach eine Generation, die den Mut und die Überheblichkeit hatte, an einen tausendjährigen Irrtum zu glauben, die Stille der Welt. Aber der Irrtum ist nur eine Erkenntnis, mit der sich das Leben nicht mehr deckt. Geheimnisvoll verwandelt die Zeit alle Bedingungen des Daseins. So vorsichtig, wie man einen Schlafenden in ein anderes Zimmer trägt, tut sie ihre Arbeit an den Generationen; unmerklich vertauscht sie jeden Gedanken, ersetzt sie jedes Gefühl, treibt sie den Puls zu einem neuen Rhythmus an; endlich fangen die umgewandelten Organe nur neue Reflexe auf. Nun beginnt der Aufstand des Erwachten gegen die vererbte Form, die ihn so lange schützte. Er

kann nicht mehr in ihr bestehen. Wie starr sie sich weigert, wie stark sie ist: er wird sie, als Kämpfer für das Rätselhaft-Neue, zersprengen, auch wenn er zu unterliegen scheint.
Hinter dem Bild des Königs kreuzen sich zwei Zeiten wie Schwerter. Die Zeiten wählen sich Völker, die für sie kämpfen. Im Widerstand dient das eine; im Verlangen nach Freiheit und in der tragischen Hoffnung auf eine neue Form dient das zweite der großen Verwandlung.
Zum erstenmal steht eine zweite Wahrheit neben der einen; im Zeichen steinerner Unduldsamkeit beginnt das Zeitalter der Relativität. Philipp ist zu keiner Konzession bereit; denn er ist nicht des leisesten Zweifels am überlieferten Glauben fähig. Nähme die ganze Welt Luthers Wort an, Spanien ließe es nicht ein. Und würde selbst Spanien sich zu Luther bekennen, so wäre Philipp der letzte katholische Christ. Niemals wird er es begreifen, daß Menschen in der neuen, von einem rebellierenden Mönche gezimmerten Wohnung ruhig leben und sterben können, es sei denn, daß Satan ihre Sinne umnebelt; unumstößlich gewiß aber ist es für ihn, daß sie den Preis des Lebens verlieren und mit ewigem Tod ihren Irrtum bezahlen. Wo geschehen in seinem Umkreis die Taten, die ihn widerlegen könnten? Das Fundament seines Königtums ist metaphysischer Natur; seine Politik, die mit raffinierter Klugheit und selbst mit Verschlagenheit ihre Wege sucht, untersteht, zum letztenmal in Europa, bedingungslos der Religion. Dem Zeitalter, das nun begonnen hat, wird sie ihrem Wesen nach kaum mehr verständlich sein. Immer freier entwickelt sich auf dem Boden letzter, blutigster Kämpfe das Ideal des Nebeneinanderbestehens gegensätzlicher Ideen, während unter der Masse sich widersprechender und gleichberechtigter Forderungen der zur Gestaltung nicht mehr taugliche Geist der Wirtschaft die Führung überläßt. Für den Reichtum der Schattierungen opfert er die Macht.
Man spricht von Toleranz; man meint, ebenso wie man verschieden gearteten Menschen das gleiche Recht zuteil werden

läßt, müsse man auch mit den Religionen verfahren. Aber es gibt nur eine Religion, nur eine Gewißheit über Bestimmung und Zukunft. Sollen Väter und Vorfahren im Irrtum gestorben sein? Ist nicht Verehrung für das Vergangene das wichtigste Gebot? Aber die Stimmen der Verführten erheben sich ohne Furcht: es sei tyrannisch, über das Gewissen der Nächsten zu bestimmen; barbarisch, die mit dem Tode zu bestrafen, die anderer Meinung sind. Was ist geschehen? Nie, bis zu seiner letzten Stunde nicht, wird es sich der König erklären können. Die Wahrheit ist da, und weil sie da ist, fordert sie alles: die Verwaltung aller Dinge, die Führung der Völker und Staaten, den Gehorsam des Geistes. Selbst Teresa rechtete mit Gott: »Was soll das heißen, mein Herr und mein Gott? Entweder lasse die Welt zugrunde gehen oder schaffe Abhilfe für diese schweren Nöte. Kein Herz kann es ja mehr mit ansehen, selbst wir Unwürdigen nicht. Ich beschwöre Dich, ewiger Vater, sieh Du nicht länger zu! Lösche den Brand, denn Du kannst es, wenn Du willst!« – Ohne sich zu zerteilen, liegt über den Gläubigen des 16. Jahrhunderts die Wolke des Rätsels. Sie beten, sie eifern; ihre Argumente gleiten ab, ihre Sprache dringt nicht ein. Doch auch die Dunkelheit erhellt sich nicht. Etwas Vergebliches ist in ihren Worten und nimmt ihnen den Klang. Selbst ihre Wut vertobt ohne Wirkung; ihre Abwehr verstärkt nur den Feind. So nehmen sie die alte Richtung wieder auf, fester, entschlossener in der Nacht; sie zweifeln nicht, aber im stillen sind sie verzweifelt über das Los der Welt. Eine tiefgeheime, nie ganz zu Ende gedachte Frage an Gott bleibt in ihnen zurück.

Philipp verbirgt seine Meinung nicht. Noch in den Niederlanden, am 8. August 1559, richtet er ein Schreiben von stählerner Härte an die Gerichtshöfe. Die Erlasse Karls V. sollen mit größter Strenge befolgt werden ohne Rücksicht auf wen es auch sei. Nicht allein die Ketzer, auch die Richter, die deren Schuld verschleiern wollen, trifft das Gesetz. Noch einmal verwirft er jede Milderung, die sich auf die Härte der Strafe beruft: »Wir haben euch, Richter, nicht eingesetzt, um über das Gesetz und die Edikte zu urteilen und zu erklären, daß sie zu mild oder zu streng sind, sondern damit ihr sie auf das pünktlichste vollstreckt, zu den festgelegten Strafen verurteilt und diese vollziehen laßt.« Alle Skrupel sollen ein Ende haben; denn die Verbote stammen von dem Fürsten, der die Macht hat, sie zu erlassen.

In dieser Frage ist der Mann, der sich so schwer vor der Unzahl ergrübelter Möglichkeiten entschied, für immer entschlossen. Kaum hat er die Niederlande verlassen, so formt sich der Widerstand; das Tor des Mittelalters fiel zu; in den Gesetzen, die so gebieterisch erneuert werden, spürt man seinen schon verhaßt gewordenen Geist. Aber ohne die leiseste Schwankung im Tonfall der Worte gibt der König nach sechs Jahren, die doppelt schwer wiegen in der zu grundsätzlicher Umwertung drängenden Zeit, Egmont die Antwort: lieber wolle er hunderttausendmal sein eigenes Leben verlieren, als in die geringste Änderung der Bestimmungen einwilligen, die die Religion betreffen. Auf das Drängen Egmonts verspricht Philipp dennoch, über andere Mittel nachzusinnen, um die Ketzerei zu unterdrücken. So reist der Graf, bestrickt von der persönlichen Liebenswürdigkeit des Unerbittlichen, mit großen Hoffnungen zurück; in einem Abschiedsbrief aus Valladolid findet er kaum Worte genug, um den Escorial und den Wald von Segovia, wo des Königs Landhaus steht, zu rühmen. Denn er wußte wohl, daß er Philipp in seiner Landschaft am sichersten traf. Als der zufriedenste aller Menschen erklärt der Arglose nach Flandern heimzukehren, ohne zu ahnen, daß er schon auf der Straße zum Tode zieht.

Inzwischen verfaßt der König in dem gerühmten Kiefern- und Pinienwald vor den scharfen Graten der Guadarrama eine vernichtende Depesche an Margarete von Parma: Egmont ist nicht beauftragt, irgendeine Neuerung bekanntzugeben; denn was die Inquisition betrifft, so ist es des Königs Wille, daß sie wie bisher von den Inquisitoren ausgeübt wird, wie es ihr nach göttlichem und menschlichem Rechte zukommt. Und das ist nichts Neues; denn sie wurde immer auf diese Weise durchgeführt seit des verstorbenen Kaisers Zeiten, »meines Herrn und Vaters, den Gott selig haben möge«. So nachdrücklich er es kann, befiehlt er der Regentin, das Unerläßliche zu tun und keine Änderung zuzulassen; sie wisse wohl, wie sehr ihm diese Dinge am Herzen liegen und welche Freude und Genugtuung er über die Vollstreckung dieser Anordnungen empfinde. Auch die Antipapisten sollen nicht geschont werden. Die Ursache des Übels und seiner Ausbreitung liegt nur darin, daß die Richter bisher zu nachsichtig, zu schwächlich und mild verfahren sind. Aber die getroffenen Maßnahmen sind notwendig zur Erhaltung der Religion. Dies ist der Weg zur Gerechtigkeit, zur Ruhe und zum Frieden.

Der König, der im spanischen Wald, in der tiefen Stille eines einsiedlerischen Landhauses diese Worte schreibt, ist im Innern noch viel weiter von dem Lande entfernt, das er regiert. Bedauernd, ja selbst mit dem Geständnis, daß sie undurchführbar sind, teilt die Regentin den Gerichtshöfen die Beschlüsse mit. Es ist vorauszusehen, was die Gouverneure der einzelnen Provinzen zu erwidern haben: ein jeder von ihnen wird 50 bis 60 000 seiner Landsleute dem Scheiterhaufen überliefern müssen. Die Ungeheuerlichkeit der Forderung beginnt schon, den Widerstand unüberwindlich zu machen.

Die Konsequenz richtet sich selbst. Erregung kocht auf; der Adel schließt sich zusammen und zieht in Brüssel ein. Wieder, noch dringender, wendet sich Margarete an den König; dieser beharrt bei den Edikten. Um so sicherer fühlen sich die Rebellen: schon fordern sie außer der Aufhebung der Gesetze gegen die Ketzer und der Abschaffung der Inquisition die Einberufung der Generalstaaten. Das Volk ist bewaffnet; vor den Städten verkünden zugewanderte Prediger die neue Lehre. Egmont sieht vor Brügge 4000 bis 5000 Menschen um einen solchen versammelt.

Spät, nachdem Margarete vergeblich seit Wochen die Antwort

erwartet hatte und man in Brüssel längst erfahren hat, daß Boten aus Spanien eintrafen, ohne den gewünschten Erlaß zu bringen, gebietet Philipp den Inquisitionsgerichten Einhalt; zugleich verspricht er die Milderung der Edikte. Heuchelt er, wenn er schreibt, daß er nie einen andern Wunsch gehabt habe, als seine Vasallen und Untertanen mit größter Milde zu behandeln; daß er nichts mehr verabscheue als Härte? Diese Annahme ist nicht notwendig; es ist sogar wahrscheinlich, daß jener Wunsch immer in ihm bestand. Gehorcht er ihm aber mit dieser Begnadigung zum Schaden der Religion? Begnadigt er in der Zeit, um der Verdammung in der Ewigkeit ihren Lauf zu lassen? In der Tat, Philipp ließ sich auch jetzt zu keinem Zugeständnis an das Luthertum verleiten. Mit dem Ziel, ja selbst mit der geringsten Verrückung des Ziels, fiele sein Thron. Aber die Konzession liegt in der Wahl des Mittels. Ein Kunststück der Staatskunst, das die Fürsten der Zeit, soweit sie fürchteten, unter ihrem Gewissen zu leiden, oft genug anwendeten, rettet auch ihn. Während der Widerruf abgeht, wird im Wald von Segovia ein sonderbares Schriftstück von dem Notar Pedro de Hoyos in der Gegenwart des Herzogs Alba, eines Lizentiaten und eines Doktors der Rechte beglaubigt. In ihm erklärt der König, daß er nur gezwungenermaßen die Herzogin von Parma bevollmächtigt habe, Milde und Duldsamkeit zu üben, und sich durch diesen Erlaß nicht für gebunden halte. Er verzichte nicht auf das Recht, die Schuldigen zu bestrafen. – Der Brief, den die Regentin mit Genugtuung, die Niederländer mit Mißtrauen und ohne Befriedigung lesen, war nur bestimmt, eine, wie es noch immer scheint, vorübergehende Empörung zu besänftigen und die Wiedererrichtung des unverfälschten Glaubens vorzubereiten.

Im spanischen Wald spinnt kein Idyll seine schimmernden Sommerfäden. Über den Wipfeln stehen die sieben eisernen Spitzen der Guadarrama. Das geheime Schriftstück mit dem Siegel des Notars dient nicht allein zur eigenen Rechtfertigung, vielleicht soll es auch einmal vor dem Papst eine Rolle spielen. In einem umfangreichen Schreiben beauftragt Philipp seinen Gesandten in Rom, vor dem Oberhaupt der Kirche die vorübergehende Aufhebung der Inquisition in den Niederlanden zu entschuldigen und zu erklären. Der Brief ist das rücksichtsloseste und tragischste Bekenntnis zur Religion und zur Gefährlichkeit der Religion, das ein Fürst ablegen kann.

»Und so könnt Ihr Seiner Heiligkeit versichern, daß ich, ehe ich den geringsten Bruch in der Religion und im Dienste an Gott geschehen lasse (antes que sufrir la menor quiebra del mundo en lo de la religión y del servicio de Dios), alle meine Staaten verlieren werde und hundertmal mein Leben, wenn ich es hätte; denn ich denke nicht daran, noch ist es mein Wille, Herr von Ketzern zu sein. Ich will versuchen, den religiösen Streit in den Niederlanden zu schlichten, ohne die Waffen zu ergreifen, wenn das möglich ist; denn ich sehe ein, daß der Krieg den völligen Ruin bedeuten würde. Wenn aber ohne Waffen nicht alles sich so wieder herstellen läßt, wie ich es wünsche, so bin ich entschlossen, sie zu ergreifen und selbst in eigener Person bei allem anwesend zu sein, ohne daß mich weder die Gefahr, noch der Ruin aller jener Länder, noch der aller andern, die mir bleiben, daran hindern könnte, das zu tun, was ein christlicher und gottesfürchtiger Fürst tun muß im Dienste Gottes, zum Zeugnis seines katholischen Glaubens und der Macht und der Ehre des apostolischen Stuhls.«

In der Kolonialpolitik proklamierte er die religiöse Forderung in Übereinstimmung mit der staatlichen Expansion, wenn auch schon zu jedem Opfer entschlossen; in dem Konflikt, der sich nun bietet, trennt sich die Idee von der Macht, ohne daß sich die Stellung des Königs verändert. Im Namen der religiösen Aufgabe allein empfing er sein Reich; an ihrem Primat kann nicht gerüttelt werden, so wenig wie er selbst aufhörte, der eigenen Seele zu dienen, auch wenn alle Kronen verloren gingen. Mag die Zerstörung herabkommen: Reich und Leben sind das letzte nicht; todfeindlich richtet sich die Macht des

Jenseits mitten im irdischen Treiben auf, und alle Gestalten und Verlockungen fliehen vor ihr zurück.

Die Nonne von Avila jubelte im voraus über den Fall der Herrschaften; sie hatte ihre höchsten Stunden, wenn sie die Welt unter ihren Füßen spürte. Dann glühte das Leben in zerstörender Intensität. Die Frömmsten unter den Meistern konnten sich nicht sättigen an der Darstellung der Vernichtung alles Bestehenden. Auch der Schöpfer des Escorial, der sorgsamste Erhalter, widersteht der Zertrümmerung nicht. Sollte sie wirklich drohen, so mag sie ihn treffen: an der Güter Fall erweist sich die Unantastbarkeit der Idee. Zeugnis ihres göttlichen Ursprungs ist ihre Unvereinbarkeit mit dem irdischen Gesetz.

So kann, während versöhnlich Gestimmte noch auf einen Ausgleich hoffen, die Konstellation nicht verhängnisvoller sein. Aber auch die äußern Ereignisse verweigern in diesem außerordentlichen Fall von sich fast übereilender Folgerichtigkeit den inneren Entscheidungen nicht lange die Sprache. Denn der Angreifer ist seiner Sache ebenso sicher wie der Verteidiger. Für ihn ist die neue Lehre zur Wahrheit geworden; zwei Wahrheiten sind bereit, sich zu zerfleischen.

Schon werden Taufen, Hochzeiten, Beerdigungen auf lutherische oder kalvinistische Weise abgehalten; gestützt auf eine im Widerstand unbesiegbar gewordene Überzeugung fordern die Aufrührer ihre eigenen Kirchen. Auch ihnen befiehlt die Notwendigkeit. Im August 1566, genau in demselben Monat, da der König in dem Brief an den Gesandten in Rom sein Bekenntnis ablegt, geschieht das Unheilbare. Rasend schnell verbreitet sich der Aufruhr; in Flandern, Brabant, Holland, Zeeland fallen die alten Kirchen. Nun erleiden auch die Bilder der Märtyrer den Flammentod; Taufbecken werden zertrümmert, Altäre niedergerissen; die ruhige Ordnung der Orgelpfeifen, der Spiegel ihres Zusammenklanges, splittert unter Äxten und Steinen.

Was sind die Toten für die Erwachten? Verstärkt ihre Stimme

nicht noch immer den irrigen Glauben? Ihre Bildnisse stürzen von den Postamenten; die Platten, die ihre Namen tragen, bersten und stäuben; auch die Gebeine müssen wieder ans Licht und werden verstreut auf dem Pflaster, unter den schweren Schuhen der Lebendigen schmachvoll zermahlen. Sie sollen nicht mehr sein, es wäre besser, sie wären nie gewesen. Während der König im Süden bestattet und ehrt, erkennen die Aufrührer im Norden dem Vergangenen keine Rechte mehr zu. Alles Frühere hindert den Beginn des Neuen; es ist nichts Ehrwürdiges am Staub, nichts Bedenkenswertes am Tod. Der große Anfang hebt alle seine Ansprüche auf.

Aber auch den Schrein, der das Heiligste hütet, sprengt die Wut. Auf den besudelten Platten liegt Christi Leib, und die Nägel der Schuhe pressen ihm Wundmale ein. Andere werfen die Hostien wie entwertete Pfennige unters Volk. So werden in Flandern allein vierhundert Kirchen verwüstet; der Gottesdienst ist zu Ende; die Priester mußten fliehen; alles Geräte ist zerschlagen und geraubt.

Nie war ähnliches geschehen. Ist die Heiligkeit der alten Religion plötzlich erloschen? Wer unter den Aufrührern hätte noch vor wenigen Jahren diesen Frevel gewagt? Und selbst wenn es allein Verbrecher, herumziehende Soldaten gewesen wären, die auf solche Weise das Vermächtnis schändeten, so sahen ihnen doch die Bürger, die Beamten zu, ohne einzugreifen. Auf dem Gefährt sitzt die Zeit, der Drang zur Verwandlung; sie wirft den Wagen so rasch herum, daß die Räder aus dem Geleise springen. Ist es Satan, der lenkt?

Sonderbare Überschneidung des Innen und Außen! Wieder wohnt der König in dem kleinen Sommerhaus im Gehölz von Segovia unter den Bergen; Glück und Sorge teilen sich in seinen Tag; Isabel erwartet den Erben. Da kommt die Nachricht von den niederländischen Freveln. Den fast immer Beherrschten überflutet eine maßlose Wut. Zum erstenmal bemerkt man an ihm eine Geste des Zornes: er rauft sich den Bart. Bei dem Verehrungswürdigsten, das er kennt neben der Religion: bei der Seele seines Vaters, schwört er, das Verbrechen zu sühnen. Von nun an ist er sich auch über die Mittel, die er gebrauchen muß, nicht mehr im Zweifel. Nur Gewalt wird zum Recht verhelfen. In seinen, des katholischen Königs, Ländern erlitt Christus von neuem hundertfach die Passion: er wurde geschlagen, verspottet, bespien; diese Untat der Rebellierenden, die nach anderthalb Jahrtausenden der Verehrung geschah, wiegt viel schwerer als der Frevel der Juden. Nicht einen Augenblick wird Philipp zögern, in ihr die notwendige Folge der neuen Lehre zu sehen, gleichsam die endlich skrupellos gewagte Enthüllung von Luthers Einspruch.

Noch nach Wochen und Monaten bebt sein Schmerz in einem Brief an Granvella: Ich werde es Euch nie sagen können, welchen Schmerz ich über die Plünderung und Beraubung der flandrischen Kirchen empfand; kein persönlicher Verlust könnte mich tiefer betrüben als die geringste Beleidigung und Mißachtung unseres Herrn und seiner Bildnisse, dessen Dienst und Ehre für mich höher stehen als alle Dinge dieses Lebens.

Diese Worte sind durchaus wahr, so unverständlich sie späteren Ohren klingen; sie werden ja auch ohne Absicht gesprochen, einfach als Ausdruck eines unveränderlichen, immer wirkenden Gefühls festester Überzeugung. Noch beiläufiger und deshalb noch bezeichnender äußert sich Philipp ein Jahr später in einer Randbemerkung zu einem Briefe Albas. Dieser hatte seinem König von der Genugtuung berichtet, die der Papst über das unerbittliche Vorgehen der Spanier in den Niederlanden empfand, obwohl er annahm, daß Philipp schon auf direktem Wege von seinem Gesandten informiert worden sei. Doch über die Angelegenheiten der Religion soll Alba immer berichten, und zwar so rasch wie möglich: sie sind die wichtigsten und gehen allen andern vor (pués son las principales, y que devenir delante). Richtunggebend in der Politik ist allein die Religion; um sie ordnen sich die Pläne, die Unternehmungen unabhängig von der Wirtschaft. Ihretwegen beginnt Spanien den vierzigjährigen, eigentlich achtzigjährigen

Krieg mit den Niederlanden, der seine Kräfte erschöpft; ihretwegen rüstet Philipp die Armada. Ohne das religiöse Ethos vermag er nicht zu handeln.

Dieser Dienst ist vernichtend und zugleich bestärkend. Schon mit der Rüstung beginnen die Opfer. Die alte italienische Infanterie des Kaisers wird aus Neapel, Sizilien und Sardinien nach der Lombardei berufen; durch Deutschland gehen die Werber. In der Pfalz, in Hessen, in Arenberg, Braunschweig und Sayn, in allen den kleinen, des Handelns nicht fähigen, der großen Ziele entbehrenden deutschen Staaten werden Soldaten eingehandelt; ein Fürst von so geringer Macht wie der Markgraf von Baden stellt tausend Reiter. Auch die Aufständischen werben in Deutschland; das Volk der meisten Herren und Knechte, der Freiesten und Gebundensten, das Volk der Spaltung wird von der Spaltung angezogen und stellt sich an beiden Rändern des Abgrunds auf.

Ein einziger Spanier genügt, wie Margarete von Parma schreibt, um die ganze spanische Nation in den Niederlanden verhaßt zu machen: es ist der Herzog Alba. Er selbst fühlt denselben Haß: »Jedesmal, wenn ich Briefe der flandrischen Herren sehe (Egmont, Oranien, Horn)«, gesteht er schon 1563 dem König, »gerate ich so in Zorn, daß ich glaube, meine Meinung würde, wenn ich mich nicht zu meistern suchte, Eurer Majestät als die eines frenetischen Mannes erscheinen.« Doch dies ist nur die Einleitung; denn einige Zeilen weiter rät er wirklich dazu, den Aufrührern den Kopf abschlagen zu lassen, freilich zu gelegener Zeit.

Philipp ernennt Alba zum Generalkapitän des niederländischen Heeres; er tut es gegen den Willen seiner Räte, selbst ohne die Regentin zu befragen. Nichts ist ungünstiger, nichts konsequenter. Andere, milder gestimmte Gouverneure hätten vielleicht die Katastrophe verzögert; nun aber schickt Spanien als ersten seinen entschiedensten Repräsentanten. Ohne den warmen vermittelnden Ton des Fleisches, ohne die verwischende Schwäche des Gefühls vertritt er die Rasse: so zeigt der Grundriß einer Festung, wie ein Stern, die Schärfe der Winkel, die geometrischen Spitzen vorspringender Ecken an, ohne daß Mauerwerk und gerundete Wälle ihre Härte mildern; er ist ein schmales schneidendes Erz aus den innersten spanischen Bergen, die Formel kastilischer Art, in der alle Energien vielfältiger Erscheinungen geballt enthalten sind. Als Repräsentant wird er gehaßt; man ahnt die ganze Nation in ihm und bekämpft sie in ihm. Als Repräsentant wird er auf dem Marktplatz in Brüssel sein erzenes Standbild errichten lassen und eine rasende Wut entfesseln. Dieser Mann ruft die ganze Gegnerschaft auf, deren die Niederlande fähig sind; die Feindschaft des Blutes setzt das letzte Dorf auf der entlegensten Insel in Brand. Denn die Rassen in leidenschaftlich bejahter Unversöhnlichkeit bemächtigen sich der Religionen als furchtbarster Waffen; die Ideen kämpfen noch, wenn die späteste Kraft versiegt.

Alba, der Rächer einer nicht zu tilgenden Schmach, handelt zunächst mit dem vollen Einverständnis des Königs, dem Beifall Roms. Von dem nordischen Brand, der bald hemmungslos wütet, sprüht ein tödlicher Funke bis nach Spanien; ihm fällt Montigny, der letzte niederländische Gesandte, der noch vor dem Ausbruch des unheilbaren Konfliktes an Philipps Hof kam, zum Opfer. Das Gericht, das Alba in Brüssel über den aufständischen Adel hielt, verurteilte den Abwesenden zum Tode; darauf läßt ihn der König als Vollstrecker des herzoglichen Urteils in Spanien verhaften.

Von dem Alcazar in Segovia, jenem kastilischen Ungeheuer auf dem Felsen, wo man ihn zuerst gefangen hielt, bringt man Montigny tief geheim nach Simancas bei Valladolid; die in Spanien lebenden Flamen dürfen von seiner Verhaftung nichts wissen und noch weniger von seinem Tod. Dort, in einem Turme des alten Schlosses, wird er mit der »garrote«, dem eisernen Ring, mit dem man die Ketzer erstickte, erdrosselt. Die Leiche wird in einen Franziskanerrock gesteckt. Selbst die ihn begraben, kennen seinen Namen nicht und glauben, daß er eines natürlichen Todes gestorben sei. Der König beauftragt Alba, diesen Glauben in Flandern zu verbreiten.

So läge völliges Schweigen über Montignys letztem dunkeln Tag, hätten nicht spät ein paar Dokumente sein Ende verraten. Unter ihnen das sonderbarste ist ein Brief des Kommandanten von Simancas an den König, in dem über den Tod des Gefangenen berichtet wird. »Allem Anschein nach starb er auf eine so katholische Weise, daß man die beste Hoffnung nähren kann für sein ewiges Heil.« Dieses todernste Wort, das vielleicht den König befreite, hätte, wenn es in den Niederlanden bekannt geworden wäre, einen wütenden Schmerz, zugleich aber auch frenetischen Spott erregt. Und nicht anders wäre es dem Bekenntnis Albas ergangen, das dieser zehn Jahre später auf seinem Totenbett ablegte: er habe an seiner Haltung in den Niederlanden nicht das Geringste zu bereuen und sich stets auf das sorgfältigste von jeder Todsünde freigehalten.

Die Kämpfer, die sich nun entgegentreten, werden jeden Blick, jede Geste des andern mißdeuten; es besteht keine andere Gemeinschaft unter ihnen als der Gehorsam eines jeden gegen sein Gesetz.

UNÜBERWINDLICHER NORDEN

Wodurch siegte Oranien? Der Herr eines kleinen Territoriums von grotesker, echt mittelalterlicher Gestalt, der seiner niederländischen Besitzungen wegen Vasall des Königs von Spanien, zugleich aber, als Graf von Nassau, von Katzenelnbogen und anderen mitteldeutschen Herrschaften deutscher Reichsfürst und nur dem Kaiser untertan war und in der Provence noch ein seltsames Fürstentum besaß, wagte, gestützt auf wenige Provinzen, den Krieg gegen den mächtigsten König seiner Zeit; er gab diesen Krieg niemals auf, und wenn er auch selbst sein Ende nicht erlebte, so war die Befreiung der Niederlande doch sein Werk. Ihm hatte Spanien den empfindlichsten Verlust an Besitz, eine noch peinigendere Einbuße seines Ansehens zuzuschreiben. Der Jüngling von dreiundzwanzig Jahren, auf dessen Schulter sich der Kaiser im Saale zu Brüssel gestützt hatte, um ihn auch in dieser bedeutungsvollen Stunde noch auszuzeichnen und gleichsam mit dem Anblick solcher Stützen seines Vermächtnisses die Aufgabe seiner Pflichten zu rechtfertigen, wurde zum rücksichtslosen Zertrümmerer von Karls Reich.

Auf dem Konflikt der Zeiten, der Religionen, mitten im Wirbel der Verwandlung steht das Werk Oraniens. Auf Dillenburg an der Dill, dem alten Bergschloß seines Stammes, wurde er im Jahre 1533 geboren; er ist Deutscher und bekannte sich zu seinem Ursprung auch, nachdem ihm seine Tat und seine Liebe zum niederländischen Volk eine neue Heimat zugewiesen hatten. Wie seine Besitzungen alle Schattierungen europäischer Landschaft, alle Grade der Helligkeit umspannten vom verschwimmenden nordischen Küstenstrich bis zur provençalischen Residenz, wo festgefügte römische Bauwerke unter übermächtiger Sonne Barbarenstürme und das Mittelalter überdauerten, so trug sein Leben die Gegensätzlichkeit der Vielfalt aus. Er war vielem zugänglich, vielen Verhängnissen, vielen Beglückungen; vor allem dem einen: der Verwandlung, dem aufziehenden Neuen, das zerstören muß, ehe es kommt.

Seine Eltern gehörten dem reformierten Glauben an; doch er wurde am katholischen Hof der Königin Maria von Ungarn, der niederländischen Regentin, erzogen. Früh erkannte ihn der geübte Blick des Kaisers: schon mit einundzwanzig Jahren hatte der Prinz Gelegenheit, sich als Feldherr zu bewähren. Einige Jahre darauf, als ihn eine auszeichnende Mission nach Frankreich führte, tat er den ersten Blick in den Abgrund der Zeit. Auf der Jagd, in vertrautem Zusammensein, machte ihn der französische König Heinrich II. zum Mitwisser eines Anschlags, der gemeinsam von den katholischen Herrschern gegen die Andersgläubigen ausgeführt werden sollte. Die Bartholomäusnacht warf ihren ersten Flammenschein auf Europa. Oranien schwieg, aber er vergaß nicht. Als später Philipp von den Niederlanden nach Spanien reiste, nahm Oranien in Zeeland einen seiner letzten Befehle entgegen: einige wegen ihres Glaubens Verdächtige sollten dem Gericht überliefert werden. Der Prinz, der zu dieser Zeit schon Gouverneur von Holland, Zeeland und Utrecht war, warnte vor dem Befehl, anstatt ihn zu vollstrecken. Später bekannte er, daß er ihn nicht mit gutem Gewissen hätte ausführen können.

So gewiß es ist, daß auch hier die Überschneidung zweier Machtkreise den Konflikt beschwor, daß die Herrschsucht des von Philipp zum Gewalthaber eingesetzten Kardinals Granvella auf den Stolz der niederländischen Fürsten prallte und zum Widerstand trieb, so unbezweifelbar ist es doch, daß Oranien in dem Kampfe, der nun folgte, ein rein menschliches Empfinden vertrat und daraus die stärkste, unbesiegliche Kraft seines Angriffs und seiner Abwehr nahm. Es ist grausam, einen Menschen seiner Meinung wegen zu töten, selbst dann, wenn diese Meinung irrig ist: diese Ansicht konnte er nicht verbergen. Vielleicht bedachte er nicht, welche Voraussetzung dieses Wort hatte und gerade damit verriet, wie sehr er der neuen Zeit gehörte, wie fest er auf dem andern Ufer stand; denn Luthers gesamtes Werk und die ihm schon vorausgegangene, vom Glauben fortstrebende Bewegung der Generationen waren nötig, damit es gesprochen werden konnte; nun war die Offenbarung zur »Meinung« geworden; die Wahrheit stand zur Wahl.

In der Tat schieden sich an der Frage des Ketzergerichtes die Parteien; wer es ablehnte, mußte verdächtig werden: für ihn waren das Diesseits, die Dauer des Lebens, das Glück und die Vermeidung der Qual wichtiger als das ewige Heil. Der König hatte ein rein irdisches Amt. Oranien pflegte das Wort eines Deutschen an Karl V. zu wiederholen: »Sire, servez-vous des corps, sans vous soucier des âmes.« Oder er erkannte Gott allein die Gerichtsbarkeit über das Gewissen zu. Doch weiter ging er zunächst nicht. Den Abscheu gegen die Inquisition konnte er nicht verhehlen; gegen den Glauben wandte er sich nicht. So schien noch lange Einigkeit zwischen ihm und dem König zu bestehen; zum mindesten machte sich das Unausgesprochene nicht bemerkbar. Zwei Schweiger verstanden, einander zu behandeln. Da brachte Oraniens Heiratsplan die religiöse Debatte in Fluß; er wählte die Prinzessin Anna von Sachsen, die einzige Tochter des Kurfürsten Moritz, jenes schändlichen Verräters, der unter der Maske der Freundschaft und Glaubenstreue den Kaiser überlistet hatte: sie war protestantisch erzogen worden. Der Prinz hielt es für geraten, den König von seiner Absicht zu unterrichten. Was die Religion betreffe, schrieb er, so habe er diesen Punkt vor allen andern erwogen; da aber die Verwandten der Braut ihm keine Schwierigkeiten gemacht und alles seinem Willen und seiner Klugheit überlassen hätten, so versichere er dem König, daß er sich ganz zu seiner Zufriedenheit verhalten werde.

Philipp war unzufrieden; in einem Brief an die Regentin drückte er seine wahre Meinung aus; an Oranien schrieb er in seiner gewohnten Höflichkeit, die freilich von den späteren Ereignissen auf eine fast teuflische Weise ironisiert wurde: Ihr könnt sicher sein, daß Ihr niemals so viel Gut und Ehre haben werdet, als ich Euch im voraus wünsche. – Doch Oraniens Mitteilungen waren so sehr nach den Rezepten habsburgischer Diplomatie formuliert, daß Philipp mit Recht eine entschiedenere Erklärung forderte. Der Prinz indessen verhehlte der Regentin gegenüber nicht, daß es sein freier Wille war, den König um seine Einwilligung zu bitten, daß kein Gesetz ihn dazu zwinge.

Wie konnte ein katholischer Fürst die Verbindung mit einer Protestantin suchen? Und überdies galt Anna von Sachsen, die einzige Tochter des verstorbenen Kurfürsten, als eine der reichsten Erbinnen Deutschlands. Was wollte Oranien? Suchte er Verbindungen mit deutschen Fürsten? – Er verhandelte lange wegen dieser Heirat; er scheute selbst eine Reise nach Deutschland nicht. Bei der Hochzeit in Leipzig verlangte man von ihm die Zusicherung, daß er seiner Frau die Zugehörigkeit zur protestantischen Kirche gestatte. Er werde es damit halten, wie er es vor Gott und der Welt verantworten könne, erwiderte er. Glich diese Erklärung nicht ganz seinen Briefen? Mußte sie Philipp nicht verstehen, in dessen Stil sie gehalten war? Dennoch bezeigte bei der Hochzeit ein Ritter des Goldenen Vlieses, als Gesandter Philipps ein Brautgeschenk überreichend, die Huld seines Herrn.

Zugleich war Oranien bereit, alles zu tun, um das Aufkommen der Reformation in seinem Fürstentum zu verhindern. Da ihn ein Schreiben des Königs durch seine Kühle verletzt hatte – auch im Escorial gelingt es nicht immer, die Wahrheit mit Worten zu verbergen –, so versicherte ihn Philipp in einem persönlichen Brief seiner Zufriedenheit; wo der Prinz angehalten wird, auch künftig für die Religion sich einzusetzen, schaltete der König handschriftlich eine Unterstreichung ein: »und dies ernstlich; denn außer dem, daß Ihr mir damit viel Freude macht, erweist Ihr mir einen großen Dienst (muy de veras, porque en ello, demás de hacerme mucho placer, me servireis mucho).« In seinem Danke vertraute sich Oranien der »großen Klugheit und Weisheit« des Königs an; dieser habe es nicht nötig, ihn zum Dienst an der Religion anzueifern; denn so lange ihm Gott das Leben lasse, werde er nicht aufhören, der ergebene Diener seines Herrn zu sein. Auch jetzt vermied er das verpflichtende Wort.

Im Jahre 1564 ist die Harmonie zwischen den beiden so groß, daß Philipp eine außerordentliche Bitte an den Gouverneur von Holland richtet: er brauche einen neuen Koch, der gut und vertrauenswürdig sei, und da er gehört habe, daß Oranien einen Meister Herman in seinen Diensten habe, der sehr gut sein solle und an dessen Zuverlässigkeit kein Zweifel bestehe, weil er eben Oraniens Koch sei, so bitte er, ihm die

Freude zu machen und diesen Koch so bald wie möglich zu schicken. Er solle so behandelt werden, daß er Grund habe, zufrieden zu sein. – Keine Angelegenheit war im Zeitalter italienischer Diplomatie heikler als die Beschaffung eines Küchenmeisters; sollte das Vertrauen entwaffnen, die Großmut auf eine königliche Weise die Großmut anerkennen und damit hervorrufen?

Inzwischen hatte Oranien die ersten Empörungen geschlichtet, wurden aber zugleich die eigentlichen Absichten Philipps immer deutlicher. Offen erklärte der Prinz, daß er ein Geschenk von 50 000 Dukaten, das ihm die Staaten für seine Friedensarbeit angeboten hatten, zurückgewiesen habe, um nicht in den Ruf der Habsucht zu geraten, und zugleich, weil das Gerücht umgehe, daß der König einen neuen, verpflichtenden Eid von den Gouverneuren fordern werde, den er nicht leisten könne. Alba ist im Anzug; die Ketzeredikte sollen in ihrer ganzen Härte durchgesetzt werden; die Opposition hat das Gericht zu erwarten. Kurz ehe der Prinz sich von Egmont und Horn trennt, empfängt er noch einen lobenden Brief des Königs: ein Mann wie Oranien sei unentbehrlich; sein Abschiedsgesuch könne nicht bewilligt werden. Es ist Philipps letztes Schreiben an den Gouverneur von Holland. In höflichstem, anerkennendem Tone endet die Korrespondenz. Indessen, Alba hat seine Befehle und Vollmachten; Oranien seine Gründe. »Leb wohl, Fürst ohne Land!« soll Egmont dem Freunde zugerufen haben. »Leb wohl, Graf ohne Kopf!« soll Oraniens Antwort gewesen sein.

Noch viele Jahre später hielt Granvella Oranien für feig; schwerlich würde dieser etwas getan haben, um die falschen Meinungen seiner Gegner zu widerlegen. Er hatte, wie Philipp, Karl V. zum Lehrer und bekämpfte Habsburg mit dessen eigenen Waffen; ebensogut wie ihm konnte man Alba, Karl V. und seinen übrigen Feldherrn Feigheit zum Vorwurf machen; sie alle waren vorsichtig bis zum Übermaß. Philipp suchte immer ein Geheimnis zu bleiben; er wog jedes Wort, ehe er es ausgab, und sprach am liebsten nichts, um nichts zu verraten. Oranien, den man den Schweiger nannte, wußte noch besser, was Schweigen ist: er erkannte, daß der am tiefsten schweigt, der sehr viel redet. Sein Schweigen war unlösbar, weil es niemals auffiel; verrät Stummheit noch das Vorhandensein eines Geheimnisses, so decken Worte auch das Geheimnis zu.

Katholiken hielten ihn für katholisch, Lutheraner für lutherisch; er sprach über beide Religionen und suchte lange die Entscheidung zu umgehen. Den katholischen Theologen warf er ihre Strenge und die Sanktionierung des Ketzergerichtes vor; doch schien er mit der Lehre einverstanden und ein Feind von Neuerungen zu sein. Schärfer war sein Tadel am Kalvinismus. Obwohl seine Frau und seine Tochter sich zu Luther bekannten, so erschien er doch täglich in ihrer Begleitung in der Messe. Der Spalt ging mitten durch seine Familie wie durch sein Leben.

Vielleicht trifft die Vermutung eines Zeitgenossen zu, daß Oranien eine Versöhnung zwischen beiden Bekenntnissen wünschte, auch wenn sie mit Opfern auf beiden Seiten erkauft worden wäre. Er gehörte zu den ersten, für die das Dogma von untergeordneter Bedeutung war. Während der Süden, der in der Form auch den Inhalt begriff, mehr und mehr sich bereit fand, der Wahrheit in ihrer einzigen Gestalt sich zu opfern und in Spanien das Diesseits gleichsam dem Jenseits unterlag, vollzog sich in Oranien ein Ausgleich: für ihn war das Jenseits eine Stütze des irdischen Lebens, nicht mehr. Es war im Recht, so lange es half. Galt gewissen Verfechtern des alten Glaubens die Welt als ein Mittel, so war es für Oranien die Religion oder zum mindesten ihre Form. Die Sphären wechselten in ihrer Drehung, und wieder fiel das volle Licht der Hoffnung auf die Erde. In dieser gegensätzlichen Bewertung des Gegenwärtigen und Künftigen, der Wirklichkeit und der Verheißung, entsprang die Feindschaft, die sich nicht versöhnen ließ. Die Freiheit der Religion, die Oranien endlich forderte, als der Gang der Dinge ihn zur Entscheidung gedrängt hatte, bedeutete seinen Schritt zur Totalität des irdischen Daseins, das von der metaphysischen Bestimmung nicht beeinträchtigt, sondern gesteigert werden soll; sie deckte sich mit der Ausbreitung einer neuen Macht und stand somit in einer sieghaften Perspektive.

Auch der Türke ist tolerant, warf Oranien 1574 dem Gesandten des Generalgouverneurs von Kastilien vor. Toleranz, erwiderte jener, ist eine Erfindung des Teufels. – Dem Bericht des Unterhändlers nach soll Oranien in diesem Gespräch die Befürchtung ausgedrückt haben, daß die Religionsfreiheit, die er nun auf das entschiedenste verlangte, Atheismus zur Folge haben könne. Es ist erlaubt, diese Behauptung zu bezweifeln; es ist zugleich erlaubt, in ihr eine erste Ahnung des Zieles zu sehen, das der unwiderruflich eingeschlagene Weg einmal erreichen oder überwinden mußte. Zunächst wird es gefürchtet, durchaus nicht gewünscht; auch jener Graf von Calemburg, der sich den Tisch decken ließ in einer geplünderten Kirche und seinem Hunde Hostien hinwarf, wäre gewiß eines unbedingten Atheismus noch nicht fähig gewesen; er hätte geschaudert, hätte er ihn wirklich erfaßt. – In demselben Gespräch, aus dem, bezweifelbar und vielleicht doch wahrscheinlich, diese Ahnung einer künftigen europäischen Situation aufblitzt, beruft sich Oranien der spanischen Übermacht gegenüber in fester Überzeugung auf den Beistand Gottes.

Nachdem Alba in den Niederlanden eingezogen, das Urteil an Egmont und Horn vollstreckt, Oranien vor ein Gericht gefordert, doch nicht erschienen ist, und seine Güter konfisziert sind, hat der spanische König seinen gefährlichsten und persönlichsten Gegner gefunden. Denn Oranien hat Philipps Vorzüge; er ist ebenso gemessen, ebenso vorsichtig. Er ist jeden Verzichtes fähig; er versteht jahrelang zu warten; er versteht vor allem, zurückzugehen und seine Hoffnung immer wieder in die Zukunft zur verpflanzen. Auch er scheint den Zorn nicht zu kennen. Stets ist er liebenswürdig, besonnen, weiß er ohne Heftigkeit zu gewinnen. Aber in der Fähigkeit zu wirken, vor allem auf den Niederländer zu wirken, ist er Philipp unendlich überlegen. Oranien weiß zu grüßen wie der Kaiser. Fast scheint er ergeben; demütig nennt ihn ein Zeitgenosse; er ist viel weniger stolz als ernst.

In voller Meisterschaft verfügt der Schweiger über das Wort. Er führt seine Korrespondenz in drei Sprachen: in Französisch, Niederländisch und Deutsch; dreisprachig sind auch seine Besitzungen. Philipp konnte sich stets nur einer Sprache bedienen. Oranien, der nicht von der Peripherie, sondern aus der Mitte kommt, ist in vielen Landschaften zu Hause. Auch Juan d'Austria muß zugeben, daß sein Feind die Menschen bezaubere; den Spaniern ist die Fähigkeit zu überreden, zu überzeugen, aus Gegnern Freunde zu machen, aus Freunden Eiferer und Kämpfer, rätselhaft, fast teuflisch.

Wie mit den Sprachen und Ländern, ist er auch mit allen Zeiten und Menschen vertraut; Rom, das Mittelalter sind bereit, ihm Gleichnisse zu leihen; vergangene Helden bietet er wieder auf, um mit ihnen zu kämpfen. Entschieden, aber äußerst gewandt, gläubig und doch ohne Dogma, populär, dienstbereit und doch, nach Don Juans Wort, von allen zum Herren gewünscht, ein Meister über die Menschen, während er ihnen ergeben scheint, nur selten, dann aber nachdrücklich und gegen gesicherte Leistung sich verpflichtend, Verfechter des Neuen mit einer tiefen Kenntnis des Alten, Umstürzler mit der ganzen Erfahrung derer, die er überwinden will, ein aristokratischer Revolutionär, hat er den Sieg vor sich, allein Kraft seiner Persönlichkeit und der Zeit, an die er glaubt.

Er hat nur sich. Kaum hat er die Niederlande verlassen, so beginnt er den Krieg. Mit einem Heer, für das er, bei zerrüttetem Vermögen, persönlichen Besitz und selbst Familienschmuck geopfert hat, fällt er im Oktober 1568 in den Niederlanden ein. Aber der Beistand, auf den er hoffte, wird nicht gewährt; niemand wagt, sich für ihn zu erklären. Wieder meidet Alba die Schlacht und beschränkt sich mit überlegener Taktik auf kleine Gefechte, in denen er dem Feinde schwere Wunden schlägt. Schon im November muß Oranien sein Heer auflösen. Er hat verloren, seine Mittel verspielt.

Der Krieg bietet fast immer dasselbe Bild. Oranien wird geschlagen; seinen Brüdern ergeht es noch schlimmer: einige Jahre später verlieren beide das Leben in der Schlacht. In ständig sich wiederholenden Niederlagen behauptet der Führer seinen Anspruch. Von dem alten deutschen Familienschlosse aus bereitet er den Angriff von der See vor, der den Spaniern endlich gefährlich wird. 1572 zieht er wieder ins Feld, obwohl ihn der Kaiser mit dem Bann bedroht. Wenn nur vier oder fünf Plätze den Spaniern widerstehen, so hat er gewonnen; denn die Zeit, die man in Madrid nicht begreift, ist auf seiner Seite. »In drei Jahren können Dinge geschehen, über die Seine Majestät erstaunt sein wird.«

Das persönliche Ziel kann nicht genügen. Aus dem Vertriebenen, der seinen Besitz zurückgewinnen will, wird das Haupt einiger Provinzen, eines Volkes; die Holländer wählen ihn zum Gouverneur, und nun beginnt Oranien den offenen Krieg gegen den alten Glauben: das Volk, das sich ihm verpflichtet hat, darf nicht mehr zurück; die Kluft soll so tief aufgerissen werden, daß sie unausfüllbar bleibt. Der Brand, der am Waldsaum begann, wütet nun im Dickicht der Mitte. So wächst seine Anhängerschaft, während er fort und fort unterliegt und fast nur Zufälle und Verwegenheiten oder Mißgriffe des Gegners ihm zu Hilfe kommen. Von Anfang an weiß er, daß er mit den alten Werten nicht rechnen darf, daß nicht Ehren und Lorbeeren lohnen: er hat den Mut zu jedem Fehlschlag und jeder Verleumdung seines Ansehens und sieht seinen Anwalt allein in der Zukunft. 1579 schließen sich alle Provinzen ihm an.

Bald erkennt man in Madrid, daß die Niederlande sich nicht unterwerfen werden, solange dieser Mann am Leben ist. Der Krieg verschlingt riesige Summen; gegen die Türken, die Moriskos sind neue Rüstungen nötig; dazu fehlen dem Weltreich seit seinem Bestehen die wichtigsten Mittel. Gegen einen Ketzer ist jede Notwehr erlaubt. Man unterscheidet in Spanien zwischen dem Papst als einem weltlichen Fürsten und dem Papst als dem Oberhaupt der Kirche; zwischen der Staatsmoral und der Moral des einzelnen, der zur Vollkommenheit strebt.

Schon 1573 tauchte der Mordplan auf. Am 21. Oktober schreibt der Staatssekretär Cayas aus Madrid an den Sekretär Albas: »Zugleich berichtete ich seiner Majestät von der Unternehmung, die gegen den Urheber aller Übel geplant ist; der König freute sich, da er diese Sache aufrichtig wünscht, und wird noch zufriedener sein, wenn beide Brüder von der Erde verschwinden. Hände ans Werk und Nachricht vom Erfolg.« Am gleichen Tage unterrichtete ein zweites Schreiben den Großkommandeur von Kastilien von Philipps vollem Einverständnis mit dem Mordplan; auch hier wird das Verbrechen mit dem Schaden entschuldigt, den Wilhelm und Ludwig von Nassau der Religion zugefügt haben. Doch darf es keinesfalls bekannt werden, daß der Mord ein Auftrag des Königs ist; ja, niemand darf erfahren, daß Philipp etwas davon weiß. (Que esto no conviene.)

Indessen, es findet sich kein Mörder. Don Juan d'Austria der dem Großkommandeur folgt, schenkt dem unrühmlichen Geheimbefehl seines Königs keine Beachtung: vor dem Sieger von Lepanto bleibt auch der Ketzer ein Edelmann. Ein Brief Don Juans an seinen Gegner enthält das sonderbare Bekenntnis, daß es kein größeres Glück auf Erden gebe, als zufrieden und ruhig, im Genuß seiner Ehren, auf seinen Besitzungen zu leben, und Oranien, den dieses Traumbild zur Versöhnung verlocken soll, ehrt dieses Wort durch eine Erklärung noch persönlicherer Art: er habe bei allen seinen

Handlungen seine eigenen Interessen unter seinen Füßen. – Denn auch hier ist es der Dienst, der unbesieglich macht.

Nach Don Juans Tod wird das Projekt wieder aufgenommen, und 1580 entschließt sich Philipp, der kein anderes Mittel zur Vernichtung sieht, zu seiner tiefsten Erniedrigung: in einem schmählichen, seiner Stellung wie seiner Aufgabe unwürdigen Erlaß erklärt er Oranien für vogelfrei und setzt einen Preis auf seinen Kopf. Dieser ist der »einzige Führer, Urheber und Anstifter« des Aufruhrs, la peste publique. Allen Untertanen ist es verboten, mit ihm zu sprechen, zu leben; es ist ihnen erlaubt, ihn zu verhaften, zu beleidigen, zu schädigen an seinem Leben wie an seinen Gütern. »Endlich – in dem Willen, die Tugend zu belohnen und das Verbrechen zu strafen, versprechen wir als König und Diener Gottes (comme ministre de Dieu) dem, der so edlen Herzens und von so großem Eifer für uns und das allgemeine Gute wäre, daß er ein Mittel wüßte, um unsern Befehl auszuführen und uns von dieser Pest befreite, indem er uns ihn (Oranien) lebend oder tot auslieferte oder ihm das Leben nähme ... die Summe von 25 000 Goldtalern.« Wer vorher ein Verbrechen begangen hat, gleichgültig welcher Art, dem wird es verziehen; ist der Mörder nicht adligen Geschlechtes, so wird er geadelt, »pour sa valeur«.

Dieser Bann, den der mit dem Kaiser im Bunde stehende Herr eines unübersehbaren Reiches gegen einen kleinen Territorialfürsten erläßt, dokumentiert die schwerste Niederlage Philipps und seines Systems: er ist militärisch geschlagen, denn er konnte Oraniens Widerstand trotz seiner Siege nicht brechen; die Überzeugung versagte, denn Oranien und die Seinen ließen sich trotz ihres Unglücks nicht überzeugen; das Königtum ist von seinem stolzesten Repräsentanten geschändet, denn als König und Werkzeug Gottes befiehlt Philipp den Mord; der Adel ist entwertet, denn er wird für Mord verliehen und selbst dem, der irgend welche Verbrechen noch außer diesem Mord begangen hat: dem Dieb, dem Räuber, dem Nichtswürdigsten und Verworfensten, ja selbst dem Ketzer und Kirchenschänder. Nicht nur der Erlaß hebt sich selbst auf: Philipp begibt sich aller seiner Rechte und verrät die Ziele, für die er forderte, opferte und herrschte. Mit zwei Völkern treffen sich zwei Männer; im Lärm des politischen und religiösen Streites führen Oranien und Philipp einen leidenschaftlichen, haßerfüllten Dialog, freilich besonderer Art. Denn keiner richtet mehr das Wort an den andern; wie der Bann von Oranien als von einer dritten Person spricht, so redet der von ihm Betroffene den König in seiner Verteidigungsschrift nicht mehr an, aber Angriff und Erwiderung, jede Tat, jeder Vorsatz entspringen persönlicher Feindschaft. Nur einer empfindet die Wut des Gegners ganz: der eine, der sie erwidert. Schon drei Jahre vorher hatte Don Juan dem spanischen König über seinen Feind berichtet: »Nichts verabscheut er mehr in diesem Leben als Eure Majestät. Wenn er Euer Blut trinken könnte, er würde es tun.« Der Geächtete, gegen den die ganze Welt, der Auswurf der Welt aufgeboten wird, hält mit seinem Haß nicht zurück. Wieder ergreift der Schweiger das Wort; dieses eine Mal, um wirklich sein Schweigen zu brechen, seinen Haß, seine Absicht zu enthüllen und sich zu rechtfertigen, indem er sagt, was er ist. In der »Apologie«, die vor dem Forum der niederländischen Herren, ihre eigentliche Bestimmung überschreitend, das Gehör ganz Europas fordert, stehen jene Schmähungen, die das Urteil aller Zeiten trübten und nie mehr ganz getilgt werden können. »Was ist angenehmer auf dieser Welt, als tödlich gehaßt zu werden von seinen Feinden und den Feinden seines Vaterlandes?« Mit diesen Worten beginnt die Apologie des Hassenden, des Kühnen, der ein so »außerordentliches Werk« unternommen hat, wie es die Befreiung eines »so guten Volkes« ist. Philipp ist der Mörder der Isabel de la Paz, seiner rechtmäßigen Frau, die ihm zwei erbberechtigte Kinder gebar; er ist der Mörder des Don Carlos, seines Erben. Den

Infanten mußte er töten, weil er illegitimer Abkunft war; denn zur Zeit seiner Geburt lebte der König in rechtmäßiger Ehe mit Doña Isabella Osorio; seine Verheiratung mit Maria von Portugal war ein Betrug. Blutschande lud der König auf sich, als er die Ehe mit Anna d'Austria schloß; mit einem Mord befleckte er sich, als er den Prinzen von Ascoli zwang, die Mutter eines Bastards zu heiraten, und der Prinz starb aus Kummer darüber, daß der Bastard der Erbe seiner Güter werden sollte.

So sieht der König dieses Volkes aus, das am besten durch seine Grausamkeit charakterisiert wird, jener teuflischen Verbrecherhorden, die in Indien wüten. So ist der Herr Albas, der von seiner Kindheit an die Niederlande unversöhnlich haßte und jede nur denkbare Art der Täuschung, des Verrats, der Niedertracht gegen sie brauchte. Aber nicht die Spanier, dieses Gewürm, das man vertreiben muß, diese unerträglich Hochmütigen, Stolzen, Verachtenden, nicht Alba trifft die eigentliche Schuld: alles geschah auf Philipps Befehl, und Philipp gilt es zu stürzen.

Jetzt kommt der Stolz des uralten Geschlechtes zu Wort in dem kühnen Gründer der Republik: er ist aus kaiserlichem Haus; ist nicht Adolf von Nassau sein Ahne? Aber gegen Adolf empörte sich der Herzog Albrecht von Habsburg, und bei Göllheim fiel der Kaiser durch die Lanze des Aufständigen, der ihm die Krone raubte. In Oranien brennt jene Stunde noch fort, da den verwundeten Kaiser aus seinem Stamm, als er ein neues Pferd besteigen wollte, die Waffe des Feindes mitten ins Antlitz traf. Zwischen Habsburg und Nassau besteht eine dreihundertjährige Feindschaft, und jetzt ist die Zeit gekommen, da sie ausgetragen wird. Als Rächer der noch nicht überwundenen Niederlage seines Geschlechtes ist er ganz persönlich; der Haß der Familien reicht aus dem Mittelalter tief in die neue Zeit, und selbst im Aufstand gegen das Alte, in der protestierenden Gründung eines neuartigen Staats bekriegen sich noch Dynasten; aber Oranien

ist klug genug, in seiner Verteidigungsrede den Instinkt zu verschweigen und folgert aus dem Vergangenen einzig ein Recht. Er ist Habsburg ebenbürtig; nichts kann ihn dazu bewegen, vor ihm zurückzustehen. Auch jetzt schont er das Andenken Karls V., dem er eine letzte Dankbarkeit bewahrt; sein Werk zu zertrümmern kann sie ihn nicht nicht hindern.
»Ich bekenne es, daß ich die Union erstrebt habe; ich habe sie gefördert; ich habe gesucht, sie zu unterhalten; ich bin dessen zufrieden und sage es euch, ihr Herren, und sage es so laut, daß ich dessen zufrieden bin, damit nicht nur ihr es hört, sondern ganz Europa. Erhaltet eure Union; schützt eure Union; aber sorgt, sorgt dafür, ihr Herren, daß es nicht durch Worte geschieht.« So stellt er sich ohne Vorbehalt auf den Boden seiner Schuld und ihrer Folgen; er weiß, daß die ganze Umwandlung Europas sich mit Notwendigkeit vollzog, »daß sie eher ein Werk Gottes als der Menschen ist«.
Er ist verschuldet; schon seit mehr als zehn Jahren ist er des größten Teils seiner Güter und seiner Einkünfte beraubt; sein Sohn wird von Philipp als Geisel gefangengehalten; seine Brüder, die er liebte, fielen im Kampf. Mit allem, was ihm noch bleibt, zu jedem Einsatz bereit, eine Sache vor Augen, einen Haß in seinem Herzen, steht er vor den Generalstaaten und ruft sie zur Entscheidung auf. »Je ne dirai rien«, beginnt er einen neuen Abschnitt der gewaltigen Rede, um dann alles zu sagen, was er angeblich übergehen will; eine Apostrophe an Granvella greift diesen wie einen Gegenwärtigen an. Jede Schwingung seines Lebens, jeder Herzschlag dient dem Ziel. Ob auch sein Besitz fast verzehrt und seine Mittel geschwächt sind: er bietet sich als ein Mensch an, den die politische Leidenschaft vom Haupt bis zur Sohle durchflammt, in dessen klügsten Argumenten, in dessen berechnender Rhetorik das Leben zittert und glüht.
Er, den man wie einen Hund der Gemeinheit der Gasse überlieferte und jedem Verbrecher als reiche Beute bot, läßt sich seinen Triumph nicht entgehen und verteidigt den Adel.

Das ist der Weg der Ehre in Kastilien, daß man sich mit einem Mord das Wappenschild erwirbt; Verbrecher gelten den Spaniern als adlig. Aber er, der Stolze, den Habsburgern Ebenbürtige und selbst Überlegene, beugt sich vor einem freien Volke; in der Zeit, da dem Absolutismus jeder Fehlgriff erlaubt, keiner vorgerechnet wird, spricht der Enkel des Kaisers im Widerspruch gegen das Bestehende, im Vertrauen auf das noch nicht erprobte Neue das zerstörende, moderne Wort: »Hier ist mein Kopf, über den kein Fürst und kein Herrscher Gewalt hat: verfügt über ihn zu euerm Wohl, zum Heil und zur Erhaltung eurer Republik.« Auch die Republik ist aristokratischen Ursprungs.

Wenn aber nicht sein Tod, nicht seine Verbannung, sondern sein Leben dem Ganzen zum Heile ist, »dann laßt uns zusammen desselben Herzens, desselben Willens die Verteidigung dieses guten Volkes ergreifen, das nichts weiter als gute Ratschläge verlangt, um sie zu befolgen«. – »Und wenn ihr mir, da wir so tun, weiter die Gunst erweist, die ihr mir bisher erwiesen habt, so hoffe ich, daß das, was ihr mit Hilfe Gottes beschließen werdet, zu euerm Heile, eurer Erhaltung und der Erhaltung eurer Frauen, eurer Kinder, aller heiligen und hohen Dinge sein wird. Je le maintiendrai.«

Ebenso sieghaft, ebenso sicher, ebenso unbekümmert um die Folgen seines Entschlusses bekannte sich einst Hutten zu der Feindschaft, die er suchte. Oranien nimmt, am Ausgang des Jahrhunderts, diesen Ton noch einmal auf. In seinem »Je le maintiendrai« schwingt die unbändige Freude des »Ich hab's gewagt«; Huttens wilder Jagd steht die Bedächtigkeit des im zerrissensten Jahrhundert Gereiften gegenüber; doch unter dem Panzer der Klugheit lebt die gleiche verwegene Hoffnung, und noch fester, bewußter tönt das Ja an das Neue, das mit keinem Verhängnis schreckt.

1581 erklärten die Generalstaaten im Haag Philipp II. der Souveränität über die Niederlande für verlustig.

Im selben Jahre wurde das erste Attentat auf Oranien ausgeübt; die Kugel durchdrang beide Wangen, ohne den Statthalter ernstlich zu verletzen. Schon hielt ihn die spanische Partei für tot. Der Kardinal Granvella hörte zu seiner Freude, daß Oranien große Schmerzen erlitten habe. »Il a esté merveilleusement tormenté et avec grandes douleurs.« Auch in der Qual des Feindes war man bereit, ein Wunder zu sehen.

In Lissabon verhandelte Philipp mit einem Spanier aus Avila, der sich als Mörder anbot und eigens dieses Planes wegen von den Niederlanden nach Portugal gereist war. Er wurde, ehe er sein Vorhaben ausführen konnte, entdeckt und hingerichtet. Der spanische Irrtum, jene aus einem völligen Mangel an historischem Blick hervorgehende Überzeugung, daß ein einzelner oder wenige Urheber des Aufruhrs und des religiösen Umschwungs seien, diese tragische Unfähigkeit, den Wandel zu begreifen, ließen von ihrem Projekt nicht ab; endlich fand sich ein Werkzeug, mehr noch, ein Held: Balthasar Gérard, der aus der Franche Comté stammte. Schon als neunjähriger Knabe soll er den Wunsch geäußert haben, Oranien zu töten.

Nicht des Lohnes wegen geschah es, daß Gérard am 10. Juli 1584, nachdem er im voraus seine Tat gebeichtet hatte, mit zwei Pistolen bewaffnet im Prinsenhof zu Delft darauf wartete, bis der Statthalter die Tafel verließ. Auch zu jener Zeit noch stand die Sache Oraniens schlecht: der Krieg dauerte fort; die Hilfeleistung, auf die er gehofft, hatte ihn enttäuscht; selbst im eigenen Volke regte sich Widerspruch, so daß es ihm geraten erschienen war, aus Antwerpen nach Delft zu übersiedeln. Er speiste nach seiner Gewohnheit öffentlich, in einem allen zugänglichen Raum zusammen mit seiner Frau, zwei Töchtern, seiner Schwester Gräfin Schwarzburg und dem friesischen Bürgermeister Uylenburgh, der ihm während des Essens über die Zustände in Friesland berichtete.

Als der Statthalter aufstand und zur Treppe ging, näherte sich ihm Gérard unter dem Vorwand, einen Paß von ihm zu erbitten und drückte aus nächster Nähe auf seine Brust ab. Oranien wußte sofort, daß er tödlich getroffen war. »Mein Gott, habe Erbarmen mit meiner Seele und mit diesem armen Volk.« Kaum hatte seine Schwester, die Gräfin von Schwarzburg, noch Zeit, ihn zu fragen, ob er seine Seele in Christi Hände befehlen wolle; er antwortete mit einem Ja. Die Frage wurde in deutscher Sprache gestellt, und auf deutsch kam die Antwort.

Es wäre leichter, über jene Zeit zu urteilen, wenn sich in ihr Größe und Erbärmlichkeit, Klarheit und Verschwommenheit, Helden und Schwache gegenüberständen. Aber die Geschichte der Bestrafung Gérards, den die Diener des Hauses Oranien einholten, noch ehe er die Wälle von Delft erreichte, gehört zu dem Außerordentlichsten, was uns von menschlicher Leidenskraft überliefert worden ist. Zwei Henker überboten sich im Ersinnen mehrere Tage währender Martern; bis zu dem Augenblick, wo dem furchtbar Verstümmelten der Leib geöffnet, das Herz aus der Brust gerissen und zur letzten, noch denkbaren Beschimpfung ins Gesicht geschleudert wurde, gab er kein Zeichen der Reue. In einem hinterlassenen Schriftstück gestand er ein einziges Bedauern ein: darüber, daß die Hellebardiere ihn verhindert hatten, noch einen zweiten Schuß auf den Statthalter abzugeben. Unerschüttert vertraute er auf den Dienst, den er Gott und der Wahrheit erwiesen.

Bis heute versöhnten sich die zwei großen Gegner nicht. Der Schatten der Verbrechen, deren ihn der Haß Oraniens beschuldigt, liegt, wenn auch von der Zeit gemildert, auf dem Antlitz des Königs; nicht nur das Werk, auch das Andenken Philipps litten unter der Feindschaft des Mannes, der ihn zur empfindlichsten Niederlage gedrängt hatte und als ein Unbesieglicher gefallen war.

SIEG IM UNTERGANG

Der Tat Oraniens, deren langsam wachsende Auswirkung erst im nächsten Jahrhundert zu ihrem Gipfel schwoll, folgt ein dröhnender Schlag. Mit der Armada schien zugleich der Glaube besiegt zu sein. Ihre Aussendung war der letzte Vorstoß des gläubigen Südens in das neblige nordische Meer.

Gewiß war der Zusammenstoß der Seemächte unvermeidlich. Schon lange vor der Unternehmung bestand ein Handelskrieg zwischen Spanien und England, der immer mehr zum Seekrieg wurde. Auch für diesen Kampf mußten zunächst die Niederlande als Schauplatz dienen. Bereits in den sechziger Jahren des 16. Jahrhunderts verbot Elisabeth die Einfuhr von Waren aus den Niederlanden, um deren Industrie zu lähmen und die dadurch freiwerdenden Arbeitskräfte nach England hinüberzuziehen. Philipp antworte mit dem Verbot, Rohstoffe nach England zu exportieren. Aus jeder Tat geht ein noch größerer Kampf um eine neue Tat hervor. Nachdem die Halbinsel geeint, die Kolonialmacht um den Globus geschlossen war, wurde der Krieg unabweislich.

Aber mit den politischen und kommerziellen Konflikten tragen sich nur die menschlichen, die ideellen und religiösen Konflikte aus. Die Macht eines Staates hat die Herrschaft seiner Ideen zum Fundament. Durch den Tod der Mary Tudor und die Unfruchtbarkeit ihrer Ehe mit dem spanischen König war der gewagte Versuch, England katholisch zu machen, zum erstenmal mißlungen. Zu später, schon viel zu später Stunde, wiederholte ihn Philipp mit der Armada. Wie ein abgewiesener Werber, der seinen ersten Lebensplan nicht vergessen kann, kehrte Philipp zum Vorsatz seiner Jugend, der zugleich ein Auftrag des Vaters war, zurück. Als nach Marys Tod Elisabeth sein vorsichtiges Angebot, wenn auch indirekt, so doch unmißverständlich abgeschlagen hatte, fand der König das Wort, daß es einen Mann nicht schände, in einer Sache abgewiesen zu werden, die er Gottes wegen unternehme: er konnte dieses zweite Mal, als er die einstmals verlangte Braut mit Waffen vom Throne stoßen wollte, sich ebenso auf seine Dienstbereitschaft berufen.

Denn nicht allein mit dem Aufgebot aller materiellen Kräfte Spaniens wurde der seit zwanzig Jahren durchdachte Plan ausgeführt; er bedeutete zugleich ein Aufgebot des katholischen Glaubens. Der Papst selbst nahm daran teil. In einer Bannbulle gegen Elisabeth, die in englischer Übersetzung bei der Landung verteilt werden sollte, zählte er die Gründe für die Unternehmung auf. Sie sind rein religiöser Natur: Es ist unmöglich, England auf eine andere Weise als die kriegerische für die alte Wahrheit zurückzuerobern; Elisabeth unterdrückt den Glauben; sie besitzt den Thron widerrechtlich, da nach dem alten (durch den englischen Abfall längst verleugneten) Gesetz der englische König der Bestätigung des Papstes bedarf; sie hilft den Niederländern, den Rebellen und Glaubensfeinden; sie hat die katholische Maria Stuart hinrichten lassen. Das Ziel der Expedition ist nicht Unterdrückung oder Usurpation, sondern einzig die Wiederherstellung der katholischen Religion durch die Absetzung Elisabeths.

1588, im Jahre der Ausfahrt, endeten die Gebete in den spanischen Kirchen nicht. Durch alle Städte zogen die Prozessionen. Tag und Nacht ohne Unterbrechung hallten die Bitten um den Sieg in den Klöstern. Jeden Donnerstag wurde im Escorial vor der Messe das Sakrament ausgesetzt; in den Prozessionen schritt der König selbst mit seinen Kindern. Ja, selbst die Geißler vergossen wieder ihr Blut in den Straßen: durch Madrid und von dem Dorf Escorial zum Kloster hinauf bewegte sich ihr furchtbarer Zug. Nie mehr, seit dem Siege Juan d'Austrias, setzte der spanische König eine Unternehmung ins Werk, die gottgefälliger sein mußte. Auf den Schiffen zogen nicht nur gewaffnete Soldaten aus: es war das Vermächtnis selbst, das eingesetzt wurde, mit aller

Zuversicht, die es gewährte; mit der Forderung, die es unerbittlich umschloß. Die Flotte gehörte dem Herrn, der sich im alten Glauben geoffenbart hatte; der Sieg, den sie vielleicht erringen würde, mußte eine tief religiöse Bedeutung haben.

Indessen, das Volk, dem der Angriff galt, war ebenso einig und in seiner religiösen und politischen Überzeugung ebenso sicher wie sein Feind. An den Rauchsäulen, die bei Tag, den Flammenzeichen, die bei Nacht von der englischen Küste aufstiegen, erkannten alle die Drohung und die Gnade ihres gemeinsamen Schicksals. Nie wurde Elisabeth stürmischer begrüßt, als wenn sie um diese Zeit sich der Menge oder den Soldaten zeigte. Sie war zur anerkannten Repräsentantin geworden. Selbst der katholische Adel verweigerte ihr seine Unterstützung nicht.

Wer immer Schuld tragen mag an der Katastrophe: Philipp selbst, der in verhängnisvoller Unentschlossenheit den Angriff von 1586 auf 1587, dann auf 1588 verschob und so dem Feinde seine Absicht verriet und ihm Zeit ließ, sich zu rüsten, der unglückliche Admiral, das Unwetter: im Gedanken selbst lag sein Mißlingen. Wie ein Herrscher, der längst abgesetzt wurde, noch immer Boten aussendet und Befehle gibt, schickte Philipp diese Flotte in den Norden: die Zeichen, auf die sie sich berief, die von größerer Wichtigkeit waren als Macht und Waffen, galten nicht mehr. Ihr Ethos hatte in dieser Breite keinen Hall. Der Verfechter des Unveränderlichen war unsagbar fremd im Lande des Aufstandes, wo unter immer neuen Formen, aber festem, tiefeigentümlichem Gesetz Freiheit und Entwicklung gesucht und verworfen werden.

Selbst wenn die Landung gelungen wäre, so mußte doch die Absicht scheitern. Jedoch Philipp durfte und konnte die Zeit nicht verstehen. Daß ein Projekt, das schon dreißig Jahre zuvor zerbrach, sich inzwischen um eine nicht mehr meßbare Strecke von seiner Erfüllung entfernt hatte, mußte dem unerschütterlich Glaubenden unfaßbar bleiben. Von diesem Tag an war der Bann, den die Halbinsel über die Meere ausübte, zersprengt: da sie in ihrer größten Anstrengung und zugleich als Verfechterin ihrer Idee versagte, so konnten die kleineren Kräfte keinen Schrecken mehr erwecken. Die Niederlage wurde sofort zum Symbol und als solches vernichtend; denn nicht der Verlust: die Bedeutung ist gefährlich. Einer der stolzesten Titel: der des Herrn der Schiffahrt im Osten, des Königs der Inseln und Meere im Westen wird zum erstenmal erschüttert; schon bereitet sich die Zeit vor, wo nur die Titel, die majestätischen Namen, vom Besitze bleiben. Niemand versteht des Unglücks erstes Wort. Es entstammt einer fremden Sprache, die das Ohr überrascht, ohne es zu treffen. Auch der Untergang der Armada stellte sich zuerst als ein Sieg dar. Der Gesandte in Frankreich hatte von der Schlacht gehört. Die spanische Flotte sollte 15 Schiffe versenkt und die Engländer bis nach Dover vertrieben haben; rasch berichtete es der Gesandte seinem König. Dann, am 10. August 1588 erreichte der Donner der Katastrophe den Escorial. Auch jetzt blieb Philipp gefaßt; so ruhig, wie er damals war, als Don Juans Bote ihm die Trophäe von Lepanto zeigte, erwiderte er: er habe nicht gegen Stürme kämpfen wollen.

Doch ist nicht gerade im Sturm die Stimme Gottes? Das furchtbare Rätsel der Zeit, des unwiderstehlichen Umschwungs, stand niemals schrecklicher da. Fiel die Entscheidung des Höchsten gegen den König und gegen seinen Plan? Wie konnte sie gegen ihn fallen? Hatte er nicht die ganze Kraft des Gebetes aufgeboten, das Volk bis zum Letzten betend teilnehmen lassen? Unterlag der Glaube nicht mit ungeheuerm Aufsehen vor den Augen der Ketzer?

Diese Schlacht für Gott zu schlagen, war Philipps höchster Wunsch. Rücksichtslos setzte er die Kräfte Spaniens dafür ein, dieses Landes, dessen Bestimmung es ist, die Idee allein zu tragen in allen abhängigen Reichen, in der ganzen Welt. Nach der Niederlage muß er sich an den Vizekönig von Peru wenden, um Hilfsgelder zu fordern. Aber Piraten beherrschen dort das Meer, Räuber die Landstraße; ohne Gefahr kann man sich aus keiner Ortschaft entfernen. Die Gerichtshöfe und selbst die Inquisition sind ohne Verbindung mit dem Vizekönig. Plata gilt schon fast für verloren, weil die Besatzung unzureichend, die Regierung unfähig ist. Auch das Silber der Minen fließt nur in die Hände von Räubern, Abenteurern, Betrügern. Aus China werden die Waren frei eingeführt, ohne Zöllen und Angaben unterworfen zu werden.

Unter der Wucht der europäischen Aufgabe ließ der König den Verfall seines Ansehens an den Peripherien des Reiches geschehen; durch den großen Feldzug für den vertriebenen Glauben sollten die Opfer entschuldigt, die Katastrophen bezahlt werden. Doch das Verhängnis wuchs ins Ungemessene fort; die Bestätigung wurde verweigert. Aus Peru ist keine Hilfe zu erwarten; wieder muß Spanien bluten. In den Niederlanden wütet die Zerstörung, die der König voraussah, ohne sie zu meiden. Unersättlich verlangt der Krieg die letzten Opfer vom Land der Verteidigung.

Fehlt die Gnade? und warum? Seine Gefaßtheit kann über seinen Schmerz nicht täuschen. »Obwohl ihn die Nachricht schon hart traf, als sie hier anlangte, so schmerzt sie ihn doch jeden Tag mehr. Da er auf so christliche Weise und mit so heiligem Eifer sich an diese Unternehmung machte, so quälte es ihn über alle Maßen, Gott diesen großen Dienst nicht erwiesen zu haben, nachdem er sich schon am Vorabend des Sieges gesehen und seinerseits mehr getan hatte, als verlangt oder nur gedacht werden kann«, schrieb einer seiner Räte an den Herzog von Parma.

Dennoch gerät die Idee nicht ins Wanken. Auch jetzt, nachdem die höchste Erwartung zertrümmert ist und das Werk langer Jahre sich als vergeblich gezeigt, ist ein Sieg möglich: es gibt in diesem Dienst keine Vergeblichkeit; es gibt auch keinen Lohn. Das Ziel selbst kann von dem Unglück dessen, der es zu erreichen sucht, nicht betroffen werden. In einem Brief vom 31. August an Alexander Farnese, den Kommandeur der niederländischen Streitmacht, sprach ein Sekretär die Hoffnung aus, daß die Armada sich wieder sammle, die Engländer von neuem angreife, und dann der Herzog seine Instruktionen ausführen, das heißt, dennoch in England landen werde, »damit das zur Ehre Gottes unternommene Werk vollendet und der Ruhm aller, der so sehr verdunkelt wurde, wieder hergestellt werde«. Aber Philipp durchstreicht diese letzten Worte und vermerkt am Rand: »Seht zu, ob Ihr das Durchstrichene nicht besser weglaßt, denn in dem, was Gott nach seinem Willen tut, ist weder Ruhm zu verlieren noch zu gewinnen.«

Scheiternd wie landend vertraut der Unerschütterliche seinem Glauben. Nicht der Erfolg allein bestätigt die Wahrheit des Ideals: auch der Mißerfolg wird zum Zeugnis. Nun gilt es das Bekenntnis zum unveränderlichen Ziel, und wenn die Waffen versagten, so wird dieses Bekenntnis siegen. Unabhängig von Triumphen und Zusammenbrüchen, unabhängig von ihrer Verwirklichung lebt die Idee: daß der Sieger sich zu ihr bekennt, versteht sich von selbst; daß der Unterlegene es tut, macht sie unangreifbar. Sie besteht; sie wird wieder fordern; von ihrer Rettung im Willen, im Glauben hängt alles ab.

Nachdem auch die letzte Hoffnung auf eine Wendung gefallen ist, erläßt der König unter dem Spott der Welt ein Schreiben an seine Bischöfe, in dem er diese beauftragt, Gott für das Geschehene in allen Kirchen danken zu lassen: »Die Geschicke auf dem Meer sind so wandelbar, wie euch bekannt ist; von neuem hat das Los der Armada es gezeigt. Wie ihr gehört haben müßt, ist der Herzog von Medina Sidonia mit einem Teil der Flotte in Santander angekommen, und andere Schiffe an anderen Orten; einige von ihnen sind beschädigt von der langen, mühevollen Fahrt. Und weil Gott für alles, was ihm zu tun gefällt, Dank gebührt, so habe ich ihm dafür und für die Barmherzigkeit, die er an allen übte, gedankt;

denn bei dem feindlichen Wetter und der Gefahr, in die die ganze Armada durch einen Sturm versetzt wurde, und der Zerstörung, die sie erlitt, konnte man mit Grund einen schlimmeren Ausgang befürchten ...« »In allen Kirchen soll eine feierliche Dankesmesse gelesen werden; die Geistlichen sollen bei den Opfern in besonderen und geheimen Gebeten fortfahren zu danken und dem Herrn alle meine Handlungen auf das eindringlichste anempfehlen, damit Seine göttliche Majestät sie richte und wende zu seinem Dienst, zur Erhöhung seiner Kirche, zum Wohl und zur Erhaltung der Christenheit, denn das ist es, was ich erstrebe.«

Das Schicksal findet seinen Bekenner; es wird nicht verleugnet, nicht widerrufen, nicht verfälscht. Auch ein zweites Mal stellte sich ihm der König. Nur Gott, in dessen Dienst die Flotte stand, konnte sie vernichten; niemals der Feind. Gott hat es getan; auch im Untergang bestätigt sich die Geltung seines Willens. Das Ziel, das stark genug ist, um zu zerstören, übt mit Recht eine unbegrenzte Herrschaft aus. So wird die Flotte, die herrlichste, die je das Meer zerteilte, doch noch gerettet. Weil sie versank, fuhr sie nicht vergeblich aus. Ein Unglück wie dieses entspringt nicht dem Irrtum, nicht einem Zufall, sondern dem Gebot. Wie Philipp selbst auf dem Totenbett noch den Anspruch des alten Glaubens auf die fast schon verlorenen Niederlande vertritt, so hält er auch mit der Armada die von Anfang an ergriffene Stellung. Die Unmöglichkeit, einen Plan zu verwirklichen, widerlegt seine Richtigkeit nicht: im Beweis gelten nicht nur irdische Faktoren.

Wieder zieht die Armada, ziehen die zehntausend, die sie hinunternahm, auf dem Meer. Sie ist in der Tat unbesieglich, weil die Idee, für die sie unterging, nicht widerrufen wurde. Aber wie ein neuer Befehl die Steuer richtet und die hohen Schiffswände leise schwanken, verrät sie ihr letztes Ziel: sie sucht nicht mehr die Herrschaft, nicht mehr den Sieg, sie wird an keiner Küste mehr landen. Denn der Triumph spricht nicht stärker für den Glauben als der Fall.

Der Übergang

DIE SCHMERZLOSE STUNDE

> Dejó paz en sus reinos, reputación en sus armas, amor en sus vasallos, temor en sus enemigos, porque vivió disponiendo su muerte y murió acreditando su vida.
>
> *Quevedo über Philipp II.*

Die Gebeine der Heiligen erreichten vor dem König den Escorial. Im Dezember des Jahres 1597 hatten die Beauftragten Philipps die in Deutschland gesammelten Reliquien in vier Kisten versiegelt; Vollmachten des Papstes und der Bischöfe sowie das Entgegenkommen einiger deutscher Fürsten hatten sie bei ihrer Arbeit unterstützt, so daß sie nun von Köln aus einen noch niemals aufgespeicherten Schatz nach Spanien bringen konnten. Die Reise war gefährlich. Anfangs Januar langten sie in Frankfurt an, nachdem sie die rauhen, von Eis und Schnee starrenden Gebirge dieses Landes durchquert hatten, aus dem Gott vertrieben worden war. Obwohl sie erklärten, in den Kisten nur Waren mit sich zu führen, wurden sie doch in der Frankfurter Gegend von Kalvinisten verfolgt. – Über die Alpen hinweg erreichten sie Mailand; nun endlich waren sie sicher, und die Namen der Heiligen, die Werte der alten Zeit, galten noch unvermindert. In Genua schifften sie sich nach Barcelona ein. – Vom Fenster des Madrider Schlosses sah der König die feierliche Prozession, die auf seine Anordnung zu Ehren der Reliquien veranstaltet wurde. Dann ließ er den kostbarsten unter allen seinen Schätzen nach dem Escorial bringen. Der Norden, das Land des Aufruhrs, konnte für die Märtyrer des Glaubens keine Heimat mehr sein. Waren nicht viele dieser Heiligtümer schon entweiht worden? Standen nicht andere täglich in der Gefahr, in die Hände der Ketzer zu fallen? Unvermeidlich wurde endlich der große Rückzug aus dem Norden: den spätesten verehrungswürdigen Resten der Zeugen, die man nicht mehr achtete, gewährte das graue Grabmal in den spanischen Bergen den letzten Schutz. Der Norden suchte die Heiligkeit nicht mehr.

Schon seit fast zwei Jahren kann der König nicht mehr gehen. Auf einer Fahrt durch Madrid bat er den Infanten, an seiner Stelle einem mit dem Sakrament vorüberschreitenden Priester zu folgen: er selbst hätte es getan, aber seine kranken Beine erlauben es ihm nicht. Nun kommen Stunden, da die Kälte der Majestät von seinen Zügen weicht; wenn einmal der strenge hohe Hut das kahle Haupt nicht bedeckt, so leuchtet über dem dunkeln Kleid das einfache, tiefermüdete Antlitz eines Greises, den das Alter allein besitzt. Er ist erschöpft; der Tod wird kommen; das ist das einzige Ereignis seiner Tage. – Zu anderen Stunden wieder beherrscht ein schneidender Schmerz sein Gesicht: die hellen Augen scheinen dunkel, den Mund verschließt der leidenschaftliche Wunsch zu schweigen, erlöst zu werden, wie mit eiserner Klammer. Das Außerordentliche der Züge kommt dann allein von gramvoller Erfahrung. Noch ist er durchaus König; aber mehr als je ist das Zeichen seiner Herrschaft der Ernst. Er ist so müde wie Karl war; aber der Sohn, den ihm sein Vater für diese Zeit wünschte, wurde ihm nicht geboren. Isabel Clara Eugenia und der Erzherzog Albert sehen ihn dieses eine Mal weinen, da er über seinen schwachen Sohn klagt und über das verwaisende Reich. – Auch Philipp schließt wie der Kaiser einen fast gewaltsamen Frieden mit Frankreich, um das Wirrsal der Politik zu enden. Des Glaubens wegen, als Feind der Hugenotten, führte er auch diesen letzten langwierigen Krieg; seine Stellung war längst unhaltbar geworden, seit Heinrich von Navarra, um Paris zu gewinnen, der Messe sich bequemt hatte und zum Glauben zurückgekehrt war; dennoch stritten die Heere noch durch Jahre siegend und unterliegend fort.

Glühte noch einmal der habsburgische Traum auf? Glaubte er wirklich an das Recht der Infantin auf den französischen Thron? Wenn sie aber, als Tochter der Isabel, Königin von Frankreich werden sollte, wen sonst konnte sie dann heiraten als einen Habsburger? Dies ist noch immer das Geschlecht, dem es allein zu herrschen ziemt. Indessen, in Frankreich hätte man nie einen habsburgischen Fürsten geduldet. So fällt zuletzt der Plan, und auch der andere, der noch phantastischer aufflammte, die Kandidatur seines Sohnes für das römische Königtum, verlischt ohne Wirkung. Wie ein seit Jahren nicht mehr beschrittener Weg bei der Heimkehr plötzlich täuschend eine vergangene Zeit erweckt, so spürte Philipp an der letzten Wendung seiner Bahn noch einmal den kühnen, verwegenen Geist des Kaisers; doch erst die Erinnerung zeigt, wie unwiederbringlich das Vergangene ist. Über die Unfähigkeit des eigenen Sohnes kann er sich nicht täuschen, wie sehr er ihn liebt, wie treu dieser der Kirche ergeben ist. Das Geschlecht bringt keine Männer mehr herauf; schon wurden der Kaiser und sein Plan zum Gleichnis. Es ist zu Ende mit Habsburg, seinem höchsten Anspruch.

Gegen den Rat der Ärzte bricht Philipp am letzten Juni des Jahres 1598 von Madrid nach dem Escorial auf. Man fürchtet, es werde seine letzte Reise sein. Keine andere kann seine letzte sein, als die nach dem Escorial. Die von der Gicht zermarterten Glieder ertragen die Erschütterungen des Fahrens nicht. So trägt man den König auf einem einfachen, nur mit Leder bezogenen Stuhl, über den eine Plane gespannt ist. Trotzdem der Sommer glüht, wählt man den weitesten Weg, weil er ebener verläuft als die andern.

Noch einmal ist Philipp dem Land so nah, als schritte er hindurch. Isabel Clara Eugenia und der Infant gehen mit. Begegnenden scheint er so gelassen, als empfände er keine Schmerzen. Am Mittag schenken dem Zug Pinien und Steineichen oder eine kleine Schenke ihren Schatten. Wieder ist der Vollender mitten unter den Seinen und doch schon von ihnen getrennt. Fünf Tage dauert die Reise, die ein Reiter in ein paar Stunden macht. Am 5. Juli erreichen sie Fresneda, ein Gut des Klosters, das kaum eine halbe Meile von ihm entfernt liegt. Der König sieht die Türme, die Kuppeln, die mächtige graue Front. Aber wie kurz der Weg hinüber ist: in dieser Nacht, der einzigen seines Lebens, bleibt er in Fresneda. Die Bäume hier ließ er pflanzen, als man noch den Boden ebnete für den Bau; nun legen sie ihm, am spätesten Abend, ihren Schatten auf sein Haus. Drüben, auf der Felsenstufe, steht die Wohnung der Heiligen und des Kaisers, das bis zur letzten dünnen Turmspitze vollendete Werk. –

Der Prior und die Mönche kommen ihm entgegen und fragen, wie es ihm geht. Sehr gut, erwidert er zufrieden. Auf seinem Stuhle liegen ein paar Bücher; er ergreift eines und blättert darin mit Leichtigkeit: seine Finger gehorchen ihm wie früher. – Nun ruht er wieder in dem Bett neben dem Altar, zwischen dem ernsten Raum seines Dienstes und dem immer gegenwärtigen Herrn. Zwei Tage nach seiner Ankunft betrachtet er noch einmal sein Werk. In der Bibliothek verweilt er lange. Der Bibliothekar wagte einige Änderungen; Philipp prüft und ist zufrieden.

Von den Schreinen, in denen die Gebeine der Heiligen ruhen, kann er sich nicht trennen. Er hatte eine heimliche Furcht, daß man ihm diese Kostbarkeiten rauben könnte; nun endlich sieht er sie gesichert in seinem Bau. Auf dem Tragstuhl sitzend, unter leise beginnenden Fieberschauern blickt er auf diese Trümmer menschlicher Gestalten; nichts ist vergänglicher als dieser Staub, diese letzte, noch einmal sich zerlösende Form, in der sich doch das ganze Geheimnis der Ewigkeit birgt. Der Siebzigjährige, einer beispiellosen Last langsam Erliegende beugt sich zu den Gebeinen hinab; kann der Tod vielleicht doch ihn den Unerreichbaren näher bringen? Die tiefste Ehrfurcht gebührt dem Staub. Aus dem namenlosen Leiden dieses Gebeins, das die irdische Qual, das himmlische Feuer verzehrten, erhebt sich die Verheißung: weil

die Größten vergänglich sein müssen, um zu dauern, wird auch die Geringen und Unvollkommenen die Ewigkeit berühren.
Der König wird nicht müde, seine schmerzenden Hände über die heiligen Reste gleiten zu lassen; er bittet, daß man sie ihm auf die Lippen, die Augen lege, damit sein erschöpfter Leib ganz die Ewigkeit im Vergänglichen spüre. Dann ordnet er auf das genaueste an, wie man die Reliquien aufbewahren, welche Gefäße man für sie anfertigen soll. Auch die Papiere, die ihre Echtheit belegen, müssen auf das sorgfältigste erhalten werden.
Doch die Erregungen dieser letzten Sorge, die allein seiner Ehrfurcht entstammte, wecken das Fieber; noch scheint es, daß er genesen könne, als am 22. Juli ihn die Krankheit mit ganzer Macht überfällt. Ein unerhörtes Leiden beginnt. Am Knie bildet sich eine immer stärker anwachsende Geschwulst, die furchtbare Schmerzen erregt. Die Gichtwunden an den Fingern brechen wieder auf, der Zeigefinger der rechten Hand trägt vier, der Mittelfinger drei; auch die Zehen öffnen sich. Zugleich schwellen die Schenkel und der Leib gewaltig an, während die übrigen Körperteile immer schwächer werden. Wie die Wunden brennt der Durst; die Ärzte verweigern die Getränke. Obwohl sie fürchten, der Kranke werde den Qualen erliegen, entschließen sie sich, eine Operation am Knie vorzunehmen; während dieser Marter läßt sich der König von seinem Beichtvater das Matthäusevangelium vorlesen.
Bald aber hat sich die Empfindlichkeit des von der Zerstörung ergriffenen Körpers so gesteigert, daß man nicht mehr wagen kann, die Wunden zu behandeln, unter denen die am Knie die grausamste ist. Auch die Wäsche kann nicht mehr gewechselt werden. Damit beginnt die eigentliche, die tiefste Schmach der Krankheit. Sie ist unerträglich für den König, der während seines ganzen Lebens mit größter Genauigkeit auf seine Kleider achtete, keinen Strich an den Wänden seines Zimmers und keinen Flecken auf dem Fußboden duldete.

Er, der durch die Feinheit seines Empfindens in allen körperlichen Dingen seine Umgebung in Erstaunen versetzte, muß die tiefste Peinlichkeit des Leidens erfahren: auf verfaulendem Bett sieht er die Verwesung seines eigenen Leibes mit an. Es bleibt ihm nichts erspart in diesen 53 Tagen, während denen er nicht einmal die leiseste Drehung ausführen kann: auch die Schultern bedecken sich mit Wunden, und selbst die Hände werden unaufhörlich von den giftigen Ausflüssen befleckt. Wenn ihn der Schlaf für eine kurze Stunde begnadet, so mischt sich das Fieber in seinen Traum und hetzt grauenvolle Bilder an ihm vorüber, das Herz springt auf wie ein getroffenes Tier und tobt und wirbelt in seinem Gefängnis. In grellem Mißklang zerreißt der Körper, der so oft wegen der Vollkommenheit seiner Proportionen bewundert wurde.

Wenn irgendwann, so muß sich jetzt die Religion des Leidens bestätigen. Zu allen Seiten seines Bettes läßt der König Kreuze und Heiligenbilder aufhängen: ist sein Leib auch unbeweglich gefesselt, so finden doch die Augen auf ihrer kurzen Wanderung unermeßlichen Trost. Neben der schmalen dunkeln Kammer liest der Priester die Messe auf dem kleinen Altar des Oratoriums. Dort und auf einem kleinen Tische neben dem Bett ruhen die Reliquien. Der Beichtvater reicht sie ihm täglich, daß er sie mit den Lippen, den Augen berühre. Unersättlich in seinem Verlangen nach Gnade verfolgt der Kranke jede Handbewegung des Priesters; seine Blicke hängen fast von Angst erfüllt an den Heiligtümern. »Seht, die Reliquie jenes Heiligen habt Ihr vergessen; Ihr habt sie mir noch nicht zum Küssen gegeben.«

An seinem Bett sitzt die Infantin, die einzige Frau im Escorial. Sie hat eine List gefunden, um den Kranken aus seinen quälenden Träumen zu wecken. »Berührt die Reliquien nicht«, sagt sie ziemlich laut, als ob einer der Kämmerer an den Tisch stoße. Sofort öffnet der König die Lider, »als ob man seine Augäpfel selbst berührt habe«, und blickt nach seinem Schatz.

Es ist Zeit, Gewißheit zu erlangen. Am 1. August beantwortet ihm der Beichtvater seine Frage: ja, diese Krankheit wird das Ende seines Lebens bedeuten. Der König findet kaum Worte genug, um zu danken. Nun ist er von allen Zweifeln befreit und hat nur noch das Einzige, das Notwendige zu tun. Von der ganzen Summe der Verantwortung, die er trug, bleibt allein die für seine Seele. Die Klugheit des Diplomaten, des Beobachters und kalten Enträtslers seiner Umgebung weicht der höheren Klugheit dessen, der die Ewigkeit spürt; wieder nötigt er seinen Vertrauten den Beinamen »el prudente« ab durch seine umsichtige vorbereitende Sorge für das ewige Heil. Die armen Rechenkünste der Welt sind zu Ende; die letzte, der Seele dienende Klugheit sucht allein die Sakramente und das Gebet. »Pater, Ihr seid an Gottes Statt, und vor ihm erkläre ich, daß ich das tun werde, was Ihr mir als notwendig bezeichnet für meine Rettung; und also trifft Euch die Schuld an dem, was ich unterlasse, denn ich bin bereit, alles zu tun.« Drei Tage dauert die große Beichte dieses Lebens. In der Hölle seiner Schmerzen beglückt ihn das Sakrament. Je mehr der Leib zerfällt, je schmählicher die Zersetzung wird, um so reiner entfaltet sich die Seele. »Bei Euerm Leben bitte ich Euch, tut das und das für mich«, sagt er zu seinen Dienern. Vor den Ärzten entschuldigt er sich, wenn er ohne ihre Erlaubnis trank. Statt der Klage wiederholt er unermüdlich das eine Wort: »Pater, non mea voluntas, sed tua fiat.« Die Unergründlichkeit der Offenbarung lockt ihn immer tiefer in die Geheimnisse des göttlichen Wortes. Er sieht, wie der Priester über dem Vorlesen ermüdet und läßt die Vorleser des Infanten und der Infantin kommen; von Stunde zu Stunde tönt die Verheißung des Evangeliums neben dem dunkel verhängten Bett, von dessen Himmel nur noch matt das Wappen der sinkenden Herrschaft glänzt. Nur das bleiche Antlitz bewahrt noch menschlichen Adel, während am Leib die tiefste Entwürdigung geschieht; unbeweglich lauschend nimmt der Sterbende alle Anzeichen der geschehenden

Verwandlung auf. Draußen, am Altar der hohen steinernen Kirche zelebriert der Priester; die Kerzenflammen wehen; der Gesang schallt herein; in dem ganzen gewaltigen Bauwerk schwingt und summt die Verkündigung.

Eines Tages spricht der Beichtvater über die Vergebung der Sünden. Zuerst sagte Christus zu Magdalena: Remissa sunt ei peccata, und zu den Aposteln sprach er, als er ihnen die Macht zur Lossprechung erteilte: Quorum remiseritis peccatur... Immer, wenn der Herr einem Sünder verzieh, schickte er die Verkündigung seines Heils voraus, ehe er die Sünde nannte; seine Barmherzigkeit wollte den Sündern die Qual ersparen, zuerst aus dem Munde des Richters ihre Schuld zu hören und dann erst ihre Rettung zu erfahren. – Den König ergreifen diese Worte so tief, daß der Beichtvater nicht fortfahren kann; nach zwei Stunden läßt sich Philipp die beglückende Botschaft wiederholen.

Unter der nicht zu stillenden Marter fügt sich der König vollkommen in den Willen des Herrn. Seine Schmerzen werden enden, wenn er für immer sich beschieden hat, wenn sein eigener Wille bis in die letzte Wurzelfaser gebrochen ist. Er wird so völlig eins mit der überirdischen Macht, daß ihm der Beichtvater zu sagen wagt: er wünsche jetzt, daß er sterbe; denn wenn der König wieder genese, so werde er vielleicht diese Ergebenheit verlieren, die Gott ihm gesandt habe. – Philipp hört das Wort ohne Schmerz, mit tiefer Dankbarkeit.

In der einzigen Kammer, die dem Herrscher noch bleibt, gelten die Gebote der Erde, die Erfordernisse des Staates nicht mehr; nur die Seele regiert, deren Ziel wie ein unversöhnlicher Stern über allen Straßen und Landschaften steht. Der in der Enge seines Bettes, in der Schmach des Leibes Gefangene kann sich nicht sättigen an den Gleichnissen vom verlorenen Sohn und vom guten Hirten: siebzig Jahre währten seine Verbannung, sein Irrweg; nun kehrt er heim. Mächtig hallt der 41. Psalm in die Seele, die sich unwiderstehlich vom Staub und den Ekeln des Körpers losreißt: Quemadmodum desiderat cervus ad fontes aquarum, ita desiderat anima mea ad te, Deus.

Er hat nur noch einen Wunsch, ein einziges Gebet für die Zeitlichkeit: daß die Stunde des Übergangs, wie qualvoll sie sich auch vorbereiten mag, schmerzlos sei. In diesem einen Augenblick soll ihn der Körper nicht mehr martern, daß er ungetrübt, mit freiem geöffnetem Auge dem Ungeheuern entgegensehe. Die Entscheidung, die er durch siebzig Jahre erwartete, die sein ganzes Tun im voraus bestimmte und allen Plänen eine Richtung gab, soll ihn bewußt und verantwortlich antreffen.

Es gilt, den Tod zur Tat zu machen; er ist die letzte Möglichkeit der Wirkung, der größten Wirkung vielleicht. Noch einmal und nun endgültig soll die Wahrheit bestätigt werden, für die Philipp herrschte und opferte. Am Tod muß sich die Kraft des Gedankens erweisen; wenn jetzt sich der Glaube behauptet, so steht er unverrückbar da. Die verwirrte, zerspaltene Welt soll die Stimme des Verteidigers noch von seinem Sterbebette hören; mehr vielleicht als seine Taten wird dieses Bekenntnis zu dem Glauben bewirken, aus dem die Taten kamen. Der Sterbende übergibt den Lebenden den Protest gegen die Zeit, die im grausamsten Leiden erhärtete Erklärung für die unveränderliche Tradition:

»Ich, der niedrigste Sünder, der losgekauft wurde mit dem kostbaren Blut unseres Herrn Jesu Christi, erkläre auf das deutlichste: daß ich mit ganzem Herzen allen verzeihe, die auf irgendeine Weise und irgendwann mich beleidigt oder bekämpft haben; demütig bitte ich alle, die Anwesenden wie die Abwesenden, daß sie auf die gleiche Weise mir verzeihen, wenn ich sie in irgendeiner Sache beleidigt habe. Ich bekenne, daß ich bis jetzt nicht mit jener Reinheit und Heiligkeit in der Furcht des Herrn gelebt habe, die sich gebührt. Ich bekenne, daß ich viele Sünden begangen habe. Ich bekenne, daß meine Verfehlungen und Nachlässigkeiten zahlreich sind.« Dennoch vertraut er. »Ich habe die allerheiligste Passion als Zuflucht und Verteidigung, und wie eine undurchdringliche Rüstung lege ich sie um mich gegen meine unsichtbaren Feinde.« Dann legt er das Glaubensbekenntnis ab: «Ich glaube an Gott den Allmächtigen, Schöpfer des Himmels und der Erde und an Jesum Christum, seinen eingeborenen Sohn ... Ich erkläre vor demselben allmächtigen Gott, daß ich mein Leben in dem Glauben zu enden wünsche, in dem ein gehorsamer Sohn der Heiligen Mutter Kirche sterben soll. Ich erkläre, daß ich an alles das glaube, was die heilige katholische Kirche glaubt und was die wahren und katholischen Diener Christi glauben ... Ich freue mich und danke meinem allerbarmherzigsten Schöpfer und Retter, daß ich in dem heiligen christlichen Glauben sterben kann; in die allerheiligsten Hände des Herrn befehle ich meine Seele und meinen Leib, jetzt und in der Stunde meines Todes.«

Hat er nun das Recht zu ruhen? Unter den Stufen des Altars, an dem seine Blicke hängen, steht der Sarg des Kaisers; zur Linken, den Augen des Gefesselten nicht mehr ganz erreichbar, kniet Karl im Ornat. Ein Wunsch, vielleicht der innigste, den er neben dem Verlangen nach der Ewigkeit hegte, darf sich nun lösen vom Grund der Seele, die ihn so lange bewahrt hat. Er gibt zwei Mönchen den Auftrag, Karls Sarg genau zu messen, ihn zu öffnen und nachzusehen, wie man den Kaiser gebettet hat: ebenso soll man mit ihm selbst verfahren. Die Nachfolge geht bis ins Grab. Wenn ein Schrein neben dem andern steht, ohne daß sie sich unterscheiden, die Schläfer dasselbe Gewand umhüllt und dieselbe Decke sich über ihnen wölbt, so ist der Forderung genügt, und das große Vorbild empfing seinen letzten Tribut: Vater und Sohn, Schläfer in derselben Gruft, durchmaßen den einen, eisernen Tagkreis und fanden sich wieder. Die habsburgische Form der Herrschaft wurde zweimal durchlebt, um auf dieselbe Weise zu enden.

Auch das Holz für den Sarg ist bereit, und der König sagt den Mönchen, wo sie es finden. Zwanzig Jahre lag im Hafen von Lissabon ein Block des schweren, selbst dem Feuer widerstehenden Holzes, das man in Ostindien Angelîn, in Europa Paradiesbaum nannte. Die Seefahrer hatten es über die Meere gebracht und den Kiel einer Galeere daraus gezimmert, die den Namen Cinco Chagas, die fünf Wunden, trug. So durchschnitt der Stamm des wunderbaren Baumes die See, folgte den brennenden südlichen Küsten, kämpfte und stampfte am Kap, gewann wieder die Freiheit der Wellen, bis das Schiff mit dem heiligen Namen vermorschte und zerfiel wie die alte portugiesische Macht. Dieses Holz verging nicht. Es diente den Armen, Fischern, Anglern, kranken elenden Seeleuten als Bank, bis der König während der portugiesischen Unternehmung davon erfuhr und es in den Escorial bringen ließ. Dort schnitt man zwei Kreuze daraus: eines für den Hochaltar, das andere für einen Altar neben dem Eingang ins Kloster. Noch immer blieb ein Klotz, der, vor dem Haustor liegend, wieder, wie in Lissabon, den Armen als Ruhebank diente. Aus ihm soll man den Sarg des Königs bauen. Das Holz der Armen und des Kreuzes soll dienen zur letzten Überfahrt.

Schon vor sechs Jahren, auf einer Reise nach Aragon, zeigte der König seinem Diener ein Kästchen, das den Kaiser auf seinen Fahrten begleitet hatte. Es enthielt das Kreuz der Kaiserin, das Karl in Yuste sterbend in seinen Händen hielt, und zwei auf dem Montserrat geweihte Kerzen. Nun ist es Zeit, sich daran zu erinnern. Mit diesem Holz, diesen Kerzen in den Händen will Philipp sterben. Man befestigt das Kruzifix am Himmel des Bettes, vor den Augen des Kranken; seine Blicke hängen mit einer solchen Inbrunst daran, als ob er es zu sich niederziehen wolle, um es sich ganz im Innersten zu eigen zu machen.

Mit der größten Sorgsamkeit bereitet er sich auf die letzte Ölung vor. Der Beichtvater muß ihm die Art, wie sie gespendet wird, erklären und vom ersten bis zum letzten Buchstaben die Vorschriften vorlesen. Nachdem der Geistliche eine etwas lange Ermahnung vorgetragen hat, meint er, es sei nicht notwendig, bei der Erteilung des Sakramentes diesen Anfang zu wiederholen. Doch der König ist nicht einverstanden: »Doch, wiederholt diese Worte noch einmal und noch einmal; sie sind sehr gut.« Auf Philipps Wunsch wohnt der Thronfolger der heiligen Handlung bei; er soll das Sakrament nicht wie sein Vater erst am Ende des Lebens kennenlernen. Nachdem die andern gegangen sind, behält der König den Sohn zurück: »Ich wollte dich gegenwärtig bei dieser Handlung, damit du siehst, womit alles endet.« Dem Beichtvater übergibt der Sterbende das Vermächtnis für seinen Nachfolger; es ist die Abschrift der Worte, die der heilige Ludwig auf dem Totenbett an den Sohn richtete. Der Herrscher von Frankreich war zugleich ein Heiliger: er löste vollkommen die Aufgabe, die den Königen gestellt ist. Auch er litt an dem furchtbaren Gegensatz zwischen Religion und Staat: »Wenn du findest, daß du fremdes Gut besitzest, so gib es ohne Aufschub zurück, auch wenn du es von deinen Vorgängern ererbt hast; ist der Fall aber ungewiß, so setze Gelehrte ein, die ihn prüfen und ohne Verzögerung entscheiden. Führe keinen Krieg ohne eingehende Überlegung und besonders nicht mit Christen.« Wie sein Vater, so soll auch Philipp III. den Glauben verteidigen; er soll so leben und regieren, daß der Tod ihn mit ebenso ruhigem Gewissen antrifft.

An dem Tag der letzten Ölung, dem 1. September, enden die Geschäfte der Welt. In den zwölf Tagen, während die Seele des Königs noch in dem zerstörten Körper wohnt, ist er frei von seinem Amt; er duldet nur noch Gespräche über die himmlischen Dinge. Er lebte für Völker, für Zeiten; nachdem er sein letztes Wort gesprochen, stirbt er für sich allein.

Er ist der Verheißung gewiß; sein Gewissen spürt keine Lasten mehr. Die ungeheure Verantwortung, die ihm der Verzicht des Vaters übertrug, fand ihn nicht zu schwach. Da er bereit war, zu opfern, wenn er ohne Verfälschung nicht besitzen konnte, so überlieferte er das kostbarste Gut ohne Verminderung. Aber vor der Ewigkeit, der seine Seele entgegensteht, verlöschen alle Gebote. Wann schlägt die Stunde? »Sagt mir, wann sie kommt; ich will mit Gott sprechen.«

Am Eingang in sein Gemach steht der Sarg, in den ein zweiter aus Blei eingelassen werden soll. Er ist innen mit weißem Atlas ausgeschlagen; außen wird ihn ein schwarzes Tuch bedecken, auf das in der ganzen Länge des Sarges ein rotes Kreuz aufgeheftet ist. Nur die beiden vertrautesten Kammerherren dürfen seinen Leichnam entkleiden und waschen. Er bedarf allein eines frischen Hemdes und eines reinen Tuches; um den Hals soll man eine einfache Schnur legen, an der ein Kreuz aus Holz befestigt ist.

Das alles ist gewiß; wird aber Gott ihm die Gnade erweisen und die Schmerzen vor dem Leben enden lassen, eine einzige Stunde, ehe der Tod ihn berührt? Wäre das ein Zeichen? – Oft ist ihm die Stimme versagt; er kann dem Vorleser nur durch Husten andeuten, daß er fortfahren soll. Das Buch, das ihn auch jetzt am innigsten tröstet, ist von Luis de Blois, jenem frommen Schriftsteller, den der Kaiser mit seiner Freundschaft auszeichnete, als er in Flandern war.

Am 11. September nimmt er Abschied von der Infantin. Ist ein heimlicher Dank für ihren Verzicht in seinen Worten, oder bedeuten sie nur eine Mahnung an das Unabweisbare? Er hätte gewünscht, sie noch verheiratet zu sehen; wenn er ihr aber als Mitgift in ihre Ehe mit dem Erzherzog Albert die Niederlande zugesagt habe, so sei es in der Hoffnung geschehen, daß sie während ihrer Regentschaft den Glauben stärken und vermehren werde. Noch sind die Niederlande Habsburg wie dem Glauben nicht verloren.

Am letzten Tage verweigert man ihm das Sakrament. Die Beichtväter fürchten, daß er die Hostie nicht mehr zu sich nehmen könnte. Er bittet, aber dieses tiefste Verlangen nach Gott, das von Stunde zu Stunde wächst, kann auf Erden nicht

mehr befriedigt werden. Es ist der Ansturm der Wünsche, der impetú de los deseos, den die Heilige erlebte. Seine Lippen bewegen sich; sein Blick hängt am Kreuz.
Um Mitternacht scheint das Ende gekommen. Auf einen wilden Schmerzenskrampf folgte Stille. Doch wie der beauftragte Kämmerer sich niederbeugt mit der brennenden Kerze vom Montserrat, trifft ihn das Auge des Königs mit seiner vollen Gewalt: »Es ist noch nicht Zeit.«
Dann, im Übermaß des Begehrens, streckt die arme verwundete Hand sich aus nach dem Kreuz des Kaisers, als greife sie nach des Vaters Tod. Sie schien zu schwach für den geringsten Dienst; nun führt sie das Holz an die Lippen mit einer wunderbaren Kraft. Unzählige Male küßt der König das Heiligtum. Die am Bett Stehenden erstaunen. Sie waren ein unbewegliches, ernstes Gesicht selbst während der heftigsten Schmerzen gewöhnt; aber in dieser Stunde, die unbezweifelbar die letzte ist, breitet sich, wie ein nicht mehr irdisches Licht, ein beglücktes Lächeln darüber aus.
Wieder neigt sich der Kämmerer herab: »Ja, es ist Zeit.«
Während in das düstere Zimmer seines Dienstes der erste Schein des Tages fällt und in der Kirche zu seiner Linken die Chorknaben die Frühmesse anstimmen, stirbt der König. Die Priester stützen seine blutenden Hände; er hält in der einen das Kreuz des Kaisers, dem er folgte; in der andern die Kerze, die auf dem heiligen grauen Berg der Jungfrau geweiht worden ist.

CALDERON

Y los sueños sueños son.

Der König starb als ein Heiliger; so erlebten die Zeitgenossen seinen Tod. Auch der geistliche Chronist des Escorial scheute sich nicht, das kühne Wort der Teresa zu übernehmen und Philipp den »Heiligen König« zu nennen. In dem engen Zimmer zur Rechten des Altars war nicht der bittere, reue- und tränenvolle Menschentod gestorben worden, in dessen von Angst verdunkeltem Blick noch eine vergebliche Hoffnung aufblitzt: kein Seufzer wurde dem beharrlich betenden Munde entpreßt; ja, es schien sich zuletzt die seltenste menschliche Leidens- und Glaubenskraft bis zu jener Höhe zu erheben, wo der Strahl der Gnade erlösend niederfällt. Vom Himmel selbst wurden das Werk und das Opfer Philipps gesegnet, seine Mission bestätigt.

Damit war die höchste Forderung erfüllt. Die lange, aus frühester, kampfdurchtobter Zeit heraufsteigende Reihe gekrönter Glaubenskämpfer gipfelte in Philipp: unter ihm war das Stammland zu größtem Umfang gewachsen; er, als der Mächtigste, war zugleich der Ergebenste, der von Gott in der Sterbestunde noch sichtbar Ausgezeichnete. Alle Tendenzen hatten sich in der zeitlosen Epoche seiner Herrschaft, in den zeitlosen Augenblicken seines Todes erfüllt. Bis zum Thron war die Inbrunst der Einsiedler gedrungen, um selbst den König in ihren schweigsamen Bereich zu ziehen.

Dieser Augenblick, da der Sterbende die himmlische Liebe fühlte, ist zeitlos, wie rasch er verging: nun erst empfing der Escorial seine Seele, ist er ganz zur Burg des Glaubens geworden. Die Hoffnungen sind bestätigt, die Überzeugungen mit einer letzten Tat erhärtet. Das Haus des Königs ist das Haus des christlichen Todes. Die Wahrheit wurde bezeugt.

Schweigend, dennoch alle Blicke für sich gewinnend, ragt die Vollkommenheit auf. Im Norden tobt der Krieg; englische

Flotten belauern die Küsten; englische Truppen wagen es sogar, auf spanischem Grund zu landen; im Innern droht der wirtschaftliche Zusammenbruch. Aber an jenem Septembermorgen des Jahres 1598 gelten alle diese Gefahren nicht. Vor dem steinernen, mit vier Türmen bewehrten Geviert, an dem man ein Fenster über dem Garten frühzeitig öffnete, liegt die Landschaft, die der König durchfuhr: noch löst sich die Ebene kaum aus der Unendlichkeit des Himmels. Die Bäume, Ortschaften und sonderbaren Felsengruppen treiben in einem frühen Nebel; dann wirft das Licht seine erzene Klarheit von den Bergen herab.

Das Gras ist verbrannt; kein Halm steht mehr auf den Feldern; kein Büschel weht zwischen den Steinen: alles ist Umriß und Bedeutung. Der auf dieser Fläche geformt wurde und sie endlich mit seinem Haus und Bekenntnis überbaute, hat alles verwirklicht, was in ihr war. Es ist geschehen; einmal haben die dringendsten Sorgen kein Recht zu stören. Wenn die Sonne nur dreimal, nur einmal vorübergezogen ist, so werden die Städte der Ebene in Aufruhr sein, wird es auf langen, weißen Straßen von Boten wimmeln, wird das ganze Reich erschreckt den Verlust des unbegreiflichen, fast schon sagenhaften Mannes empfinden: jetzt ist es noch still. In der Luft spielt, rätselhaft herabgekommen, hoch über der Kuppel des Klosters, die goldene Kugel der Vollendung. Das seltenste Gestirn, dessen Erscheinen ein Volk bezahlt mit seiner Geltung, steht am spanischen Himmel. Niemand kennt seine Bahn; nach unerhörten Leiden, Verbrechen, Opfern zeigt es sich einmal, um zu krönen, ob auch untergehen wird, was es krönte.

Denn es bleibt keine Forderung mehr. Der äußere Ring ist zertrümmert, aber auch im Innern erlosch das Ziel. Es gibt Forderungen, die sich nicht erfüllen lassen und dennoch nicht aufgegeben werden: vielleicht sind sie das Geheimnis des Nordens, der sich in allen Niederlagen nie völlig überwinden, aber auch nicht beruhigen ließ. Seine Höhepunkte sind nur

Versuche der Gipfelung. Spanien und Portugal vollendeten und erschöpften sich in einem Jahrhundert. Mit dem Werk des Dichters und Phantasten taten die Phantasten ihre letzte Tat; in dem Bau Philipps findet der Ansturm der Eroberer seine Ruhe. Nachdem alles gewonnen war, was der Traum verhieß, wurde der König Mönch, um als Heiliger zu sterben. So, nicht anders, mußte das Reich der Kreuzesstreiter enden: der Glaube, der zum Siege verhalf, verlangte die Zeichen der Macht zurück, um allein zu herrschen. Es ist das Verhängnis des außerordentlichen Menschen, daß er eine Lücke lassen muß, die niemand füllen kann; da er sterblich ist, so ist er notwendig der Gefährder seines Werkes. Vierzig Jahre hielt der Eine die Gewalt in seinen Händen und wieder vierzig Jahre lang vor ihm gleichfalls ein einzelner: sein Vater. In dieser doppelten Spanne war der Mechanismus der Regierung zum Werkzeug eines einzigen, übermächtigen und eigensinnigen Willens geworden: er konnte für keine geringere Kraft tauglich sein. Die große, die endgültige Machtform wird vom Einzelnen aus dem Ganzen geschaffen und gehalten: ihr Fall ist gewiß, weil der Tod des Schöpfers gewiß ist. Dem höchsten Werk bleibt nur der zeitlose Augenblick. Die Dauer ist nichts, alles die Tat: die Errichtung des Symbols.–

Nach der Eröffnung des Testamentes, in dem der Verstorbene nach dem Vorbild seines Vaters die kostbarsten Werte seiner Erfahrung dem Sohn übergab, schloß sich Philipp III. mit dem Marques von Denia in seinem Zimmer ein. Wenige Stunden darauf erfuhren die erprobten Räte des großen Königs, daß sie ihres Einflusses beraubt waren und Denia an ihre Stelle trat. Dieser, der bald von der Gnade seines beherrschten Herrn mit dem Titel des Herzogs von Lerma bedacht wurde, regierte von nun an Spanien. Auch zu ihm drängten sich wieder andere, von denen er abhängig wurde: sie alle stümperten an den Geschäften, die der König in unbesieglicher Trägheit beharrlich von sich wies.

Habsburg war sterbensmüde. Nach einem Jahrhundert angespannten Wirkens, in dem sich Projekte und Taten ballten wie Stürme, Sonnenglut und Wetterstürze in einem bewegten Sommer, war ein Jahrhundert zum Schlafen, Trauern und Abschiednehmen kaum Zeit genug: so gewinnt sich ein von seinem Werk Besessener gierig die Minuten ab, um nach der Ernüchterung der Vollendung zu schlafen oder zu klagen. Dieselben Stunden, die bis zum Rand gefüllt in der Vergangenheit versanken, trieben nun leer und nutzlos hin. Die Könige hatten für alles Zeit: so mußte doch endlich diese heimliche, furchtbare Angst vor Geschäften und Pflichten zum Schweigen gebracht werden.

Für den Günstling ist es die wichtigste Kunst, den König zu unterhalten und fernzuhalten; der König geht gerne auf alles ein, aber er ist rasch gelangweilt, enttäuscht, unbefriedigt. Philipp III., Philipp IV., Carlos II., diese letzten Habsburger, alle leiden ja namenlos unter der Schwermut ihres Geschlechtes; da sie den Mut nicht mehr aufbringen, sie handelnd zu überwinden, so sind sie ihr bedingungslos ausgeliefert. Blasse, lange Gesichter, denen man das Lippenrot nicht mehr glaubt, sehen träge den Spielen des Hofes zu; fromm und frivol, stolz und eigensinnig, geblendet und sich doch des großen Bruchs bewußt, reiten diese Herrscher auf goldgezäumten Pferden mit wehendem Mantel in trügerisch schimmernder Rüstung dem Abgrund zu. Ihre Pracht wird um so reicher, je nichtiger ihre Herrschaft wird; ihre Herrlichkeit ist erborgt.

1600, zwei Jahre nach Philipps II. Tod, läßt sich sein Sohn eine Zahlung von 16 Millionen Reales von den Cortes gewähren; schon 1604 nimmt er eine neue Anleihe auf, obwohl die alte Schuld noch nicht bezahlt ist. Die Silberflotten retten nicht, auch die Umwertung des Geldes ruft nur neue Mißstände hervor. 1609 schließen der Erzherzog Albert und Isabella Clara Eugenia, nachdem die Erschöpfung ihrer Mittel die Fortführung des Krieges nicht mehr erlaubte,

Waffenstillstand mit den Nordstaaten. Im gleichen Jahre bringt der spanische Idealismus sein letztes Opfer: ein fast tausendjähriger Krieg endet mit der Austreibung der Mauren aus Spanien. Valencia allein gehen damit 150 000 der tüchtigsten und arbeitsamsten Kaufleute und Landarbeiter verloren. Das Land ist wieder rein; die Rassen stießen sich ab. Im Sterbehaus soll kein Fremder wohnen.

Noch sind die Traumgebilde des Kaisers und seines schweigsamen Sohnes nicht ganz verblaßt. Zwei Flotten werden gegen England geschickt; beide verfallen wie die Armada Philipps dem scheinbaren Zufall der Unwetter und kehren tatenlos zurück. Auch das Projekt der englischen Heirat spukt wieder in den Köpfen, seit die Stuarts regieren. Aber wie Heinrich VIII. sich von Catharina von Aragon scheiden ließ, wie Mary ohne Erben starb, Elisabeth zurückwies, so gelingt auch jetzt die Verbindung nicht: ein halbes Jahr verweilt der englische Kronprinz in Madrid, ohne daß die Verhandlungen zum Abschluß kommen; bald darauf, 1625, ist er König und schickt seine Flotte gegen Cadiz.

Im Dreißigjährigen Krieg, bei Höchst am Main gegen Mansfeld und Christian von Halberstadt, bei Nördlingen gegen Horn und Bernhard von Weimar siegen die spanischen Truppen; sie streiten ohne Reserven an Geld und Menschen für den katholischen Glauben, für Habsburg. Madrid hilft Wien; noch dauert die Einheit der Familie, die Philipp unermüdlich verfocht. Aber die Zeichen fallen. Im Ärmelkanal und an der Küste Brasiliens unterliegen die Spanier den Holländern; bald wird auch das Ansehen der spanischen Infanterie, die sich im Andenken an den Kaiser unbesieglich nannte, im Krieg mit Frankreich zerschlagen.

1640 zerfällt das Reich. Katalonien empört sich mit französischer Hilfe und kann erst nach einem Krieg von 12 Jahren wieder unterworfen werden; Andalusien will ein selbständiges Königreich werden; zugleich lehnt sich Portugal auf und geht für immer verloren. Neapel rebelliert. Während die Zersetzung begonnen hat, siegt Ludwig XIV.: Rosillon und Cerdana, Artois, Gravelingen, Teile des Hainault und Luxemburgs, die Franche Comté fallen an Frankreich. Im Atlantik herrschen die Schiffe der neuen Seemächte, die alle als Piraten begannen: von den kleinen Antillen ausgehend, die Spanien zuerst räumte, setzen sich französische Seeräuber auf Martinique und Guadalupe, englische auf Barbados, den Bermudas und Bahamas, holländische auf Curaçao und Tabago fest.

Philipp IV., der sich nicht satt sehen konnte an Tänzen, Jagden, Schauspielen, wird ernst. Nach einem mehr als zwanzigjährigen Krieg mit Portugal erleidet ein mit müden Kräften gesammeltes neues Heer die entscheidende Niederlage; der König überlebt sie nicht lange. Habsburg hat nur einen einzigen Erben: Carlos, den kranken Spätling im fließenden blonden Haar. Er trägt den Namen des Kaisers; schwach, hilflos, unfähig zu zeugen wie zu befehlen, lebt er in dumpfem Traum. Zuletzt herrschen Frauen. Mit dem Jahrhundert ist alles zu Ende: Habsburgs Name und die Erinnerung an den Namen, Habsburgs Ideal und das Ansehen des Ideals.

Während die Machtform vermorscht, der Staat verfault, triumphiert die Kunst. Die Ruhmlosen finden die kühnsten Meister für ihre Bildnisse. In der Mitte dieses Jahrhunderts der Schmach erreicht der größte Verherrlicher seine Höhe: Calderon.

Vom Cid bis zu Philipp IV., von den Kämpfen in den asturischen Bergen über die Eroberung von Granada bis zum Sieg von Lepanto hat dieser eine die ganze spanische Geschichte zur Voraussetzung. Sein harter, eisiger Blick sieht die Fehler; aber er ist nicht gekommen, zu richten: dazu ist es zu spät. Hinter den Fehlern steht das Verhängnis, das Gesetz. Er ist gekommen, um zu bestätigen und zu retten. Am Ende der Bahn, nachdem die ganze umschriebene Fläche zum Trümmerfeld geworden ist, die Hekatomben nutzlos verrauchten und der Name, der mit solcher Leidenschaft erhöht werden sollte, geschändet wurde, erhebt sich der Dichter, und aus dem Streit seiner Gestalten, dem Fall, der Glorie seiner Helden tönt das eine, unerschütterte Wort: »Es ist recht. Ihr habt getan, was ihr mußtet. So für den Glauben zu fallen wie ihr, so zu opfern wie ihr, nichts, aber auch nichts zurückzubehalten und die ganze Feindlichkeit von Gottes Reich auf Erden zu vertreten, ohne Krone, Glück und Besitz zu achten: das ist die Aufgabe, die euch gestellt war. Sie wurde euch vorausgelebt von den Vätern; sie kam an euch; ihr habt sie verstanden, und deshalb wird euer Ruhm nicht vergehen, was auch immer euch selbst widerfahren mag. Was jetzt geschieht, ist unwesentlich: entscheidend ist, daß kein Heide mehr auf euerm Boden lebt; daß ihr es wart, die den Propheten aus Europa vertrieben und ihr den Ketzern euch entgegenstelltet und den Glauben rettetet, als alle untreu wurden. Das ist euer Werk; kein Volk hat mehr für Christus getan.« Vor Untätigen, in einem Theater, das der Günstling mit erpreßtem Gelde baute, um den König von den Staatsgeschäften abzuziehen, rollen sich die heroischen Szenen des Tragikers ab: Glaubensglut, Märtyrertum werden zum Schauspiel, nicht mehr, um anzutreiben, zu wecken, sondern um das Schicksal zu beschwören, das mit Recht alle Opfer empfing. Das Leiden, der Tod für Christus ist der unsterbliche Teil, der aus der Sterblichkeit reißt. – Für immer unbesiegbar offenbart sich das Mysterium, ohne sich zu entkleiden: in dem tiefen Dunkel des geistlichen Stücks, das ein ähnlicher Schauer durchweht wie die Handlung am Altar, leuchtet die Entsühnung für die Verfehlungen auf dem Wege, glimmt der Lohn. Für das Opfer des Herrn ist kein Opfer zu groß. Wieder und immer wieder wird das Unaussprechliche vergegenwärtigt, dem geopfert wurde und noch geopfert werden muß. Das Blut der Kämpfer auf allen Schlachtfeldern der Welt und die andern, die im Meer versanken, fordern diese Verheißung.

Der Fürst, der bis zum Tode im Glauben beharrt, tut recht, in

Ewigkeit tut er recht. Nicht einen Augenblick darf er schwanken: Kirchen für Christus vor der Entweihung zu bewahren, ist kein Einsatz zu hoch. Nun erst wird diese Unerschütterlichkeit zur ewigen Gestaltung erhoben; nun erst, da sie ihre Gewalt verlieren, erfahren die altspanischen Ideale ihre kühnste und nicht mehr verwischbare Prägung. Das Rittertum, dessen Kampfeswille endlich eine nicht mehr niederzuwerfende Gegnerschaft entzündete, findet zu seinen Taten das leuchtende, dauernde Wort; die Forderung, die allein in den Namen spanisch und kastilisch liegt, wird rechtfertigend erklärt und überliefert. Diesen Auserwählten konnte kein anderes Schicksal bereitet sein. Jetzt ist es Zeit, die Garben der Triumphe zu binden.

Auch dieses Ja an die eigenste Art weicht keiner Folge aus. Der König von Polen ließ Sigismund, seinen einzigen Sohn, in einem Turme einschließen, da selbst der Himmel ihn vor dem Prinzen warnte: er wurde unter so unglücklichen Zeichen geboren, daß schlimmste Tyrannei, unerhörte Verbrechen von ihm zu befürchten waren. Wie der König nun seine Vasallen frägt, ob sie trotz dieser Voraussage den Prinzen zum Herrscher wollen, ist die Antwort einstimmig und kurz:

Dânos al principe nuestro
Que ya por rey lo pedímos.
Gib uns unsern Prinzen,
Wir fordern ihn zum König.

Selbst der unfähige, der verhängnisvolle König wird bejaht. In der Erbfolge wirkt der Wille Gottes; »wer der Gefahr zu entfliehen denkt, kommt ihr entgegen«. Vor Philipp III. bewies Spanien die größte Dienstbereitschaft; die Städte, die Karl V. die Gelder verweigerten, Segovia, Avila, dessen gelbe Mauerkrone im großen Sturz zerbrach, gaben sie dem Enkel zuerst.

Mit einer ungeheuern Pracht der Mittel erfolgt die Bestätigung. Die breiten Strahlensonnen des Barock stehen über den Gestalten, blitzen im Aufgang, zerbrechen im Sinken; Sterne ziehen; das kosmische Gleichnis wird fast in jeder Szene erneuert. Alle diese Frauen sind Sonnen oder Sterne; ihr Erscheinen bedeutet Morgenröte; ihr Schwinden Abend. Unter dem Geleucht der Sphären, in unzerreißbarer Wechselwirkung mit allen Tiefen und Körpern des Raums entwickelt sich die Handlung. Berge sind die Schallmuscheln der Schmerzen; das Meer rauscht neben dem südlichen Garten, an dessen vergänglicher Farbenfülle sich die Wehmut eines von Ahnungen getrübten Herzens genügen will. Die Bilder treiben ins Maßlose; tausend Tragödien geschehen; tausend Jahrhunderte soll der König leben. Die ganze Macht der Sprache wird aufgeboten für die letzte entscheidende Erklärung, den spätesten unirdischen Sieg. Es kann, es soll keine Steigerung mehr möglich sein: aus den Juwelen, die Generationen in den fremdesten Breiten des Erlebnisses sammelten, wird das eine, unvergleichliche Diadem gefügt.

So schwingt in jeder Zeile der Triumph und der Abschied der Kunst. Dieser gigantisch erweiterte Raum des Gefühls kann keine Bewohner mehr finden, niemanden, der ihm nachbauen wird. Nur Menschen, die wie Planeten ihre Bahnen ziehen, wird er beherbergen. Wie die Bildung des Reiches, die Errichtung des Hauses, die Verdichtung des Glaubens tritt auch das späteste spanische Ereignis, die Vollendung des Gedichts, aus dem Zwang der Fortentwicklung heraus: der Epilog zur Tragödie der Religion wird auf einem Gipfel gehalten, den nur wieder ein Volk mit ebensolchen Opfern an Geschlechtern, Besitztümern, Kronen und Hoheitszeichen erstiege. Kein einzelner wird ihn erzwingen; die machtvoll ergriffene Geschichte des Volkes und Glaubens trugen hinauf.

Aber der Schmerz dessen, der notwendig zu spät kommen mußte, durchdringt das Gefüge der Dramen wie ein Riß. Die herrlichste Spannung des Gefühls wird geknickt; auf die schimmernde Pracht eines Verses schlägt der nächste, wie eine kühl und boshaft prüfende Hand an eine silberne Vase pocht: nun klingen die Worte hohl, das Empfinden wird verdächtig. In die Qual der Verzweifelten, von der Liebe Gemarterten, in die heroischen Fanfaren des Schlachtfeldes, in den bittern Todesgesang der Märtyrer stiehlt die Ironie sich ein; vor die erzenen Gesichter der Helden hält ein erschöpftes und skeptisches Jahrhundet seinen Spiegel, um sie, wenn auch nicht zu entwaffnen, so doch fragwürdig zu machen.

Unberührt jedoch bleibt die letzte Aussage von der Wahrheit, ihrer Dauer und Herrschaft über Welt und Geschichte. Der Schmerz ist die Brücke zum Symbol. Wenn die Bestätigung geschehen, das Schicksal noch einmal und für immer angenommen ist, so daß keine Epoche mehr darüber im Zweifel sein kann, wie die Entscheidung Spanien traf, so ist dem am Ende Stehenden noch ein tiefer Trost erlaubt: die Überzeugung von der Unwirklichkeit der Welt. Was sind die Dinge der Erde? Berge werden von ihrer Stelle bewegt für eine Seele, und doch hat die geheimste Wissenschaft des Abgrundes keine Gewalt über diese. Von dem Göttlichen, das im Menschen gefangen ist, wird der Stoff durchglüht bis in die verborgenste Substanz; nur in der Berührung mit der Seele erreicht er Bedeutung, aber wahr ist sie allein. Die Flamme des Gleichnisses zerstört die gehäufte Pracht der Reiche. Noch ist der Besitz groß genug, daß er mit Hoheit abgelegt werden kann, noch findet das Wort der Verachtung eine mächtige Resonanz. Wenn Länder erobert, Kronen erstritten wurden, so geschah es im Auftrag Gottes, allein des inneren Gesetzes wegen: das Jenseitige entscheidet mitten im Tag. Die Handlungen des Menschen haben nur einen inneren Wert.

Bis auf ihr kostbarstes Kleinod wird die äußere Welt verneint. Von dem spät Gekommenen, der einen leidenschaftlichen Ehrgeiz, einen glühenden Stolz in sich niederkämpfen und der Schmach trotz seiner leichten Verwundbarkeit offen entgegensehen mußte, wird jede Verlockung entlarvt: auch der Ruhm, das ist die bitterste Wahrheit, gilt nichts; denn der wahre unterscheidet sich nicht vom falschen. Was immer dem Fleisch sich bietet, ist Trug.

Sigismund, der Prinz, der einen kurzen Tag lang überschwenglich herrschte, kommt zurück in seinen Turm, in Elend, Gefangenschaft, Finsterkeit, um zu erwachen. Ein Adler, der Vogel des Kaisers, flog vorüber, als er einschlief; Reiche sind seine Träume gewesen. Blieb nichts von allem? Sonderbar: in dieser Stunde tödlichen Absturzes findet der Dichter das innigste, ergreifendste Wort: über alle war Sigismund Herr; an allen rächte er sich; nur eine Frau liebte er, und dies war Wahrheit. Ob auch alles endete, dieses eine endete nicht. – Tief, unlösbar ist der Traum. Auch im Wachen sind wir nicht wach; wir greifen, ohne zu fassen; selbst die Dinge sind nur geträumt. Diese Flüchtigkeit offenbarte das Geheimnis, von dem wir uns nicht mehr befreien können. Wozu herrschen, begehren? Die Erfüllung kann nur traumhaft sein; uns, die wir Schatten sind, kann auch nur der Schatten der Güter streifen. Jetzt verliert das Reich seinen Zauber; Unwirkliches wurde erstrebt. Träume im Traum sind die großen Pläne: war, was Habsburg wollte, mehr als ein Traumbild, das den Schlafenden zu einer heftigen Geste erregt? Er greift, vielleicht glaubt er wirklich zu halten, indessen seine Hand sich im Dunkeln ballt.

Wie ein Zauberschiff, das in der Dämmerung spurlos und ohne Wellen zu werfen den Horizont durchmißt, erscheint in dieser spätesten Perspektive die spanische Macht. Unwirklich sind ja selbst die Schmerzen, die Opfer: was ein Träumender leidet, ist nur scheinbar wahr. Die Zeit, die so tödlich verwundete, ist nun bereit, zu heilen: der Widersacher wurde zum Freund. Denn schon ist der Trost deutlich vernehmbar im Kerker des Wahns; auf die beängstigenden Bilderfolgen fällt das Licht der Wahrheit und durchleuchtet sie.

Diese Könige, die nicht Könige sind; diese scheinbar Armen und scheinbar Reichen; diese Begehrenden, deren Hände doch nicht gefüllt werden können; diese Sterbenden, die nicht wirklich sterben; diese Toten, die nicht tot sein können, mühen sich in einem zähen Kampf mit der Morgendämmerung, die in den Schlafraum dringt. Sie leiden und leiden doch nicht; oft sind sie schon nahe daran, zu vergehen und zu verfließen; hinter ihnen, hinter den übertriebenen Gebärden ihrer Furcht und ihrer Schmerzen, geschieht das Entscheidende, dem sie verfallen sind. Alle Szenen ihres Dramas begleitet die erschreckende, beglückende Musik unsichtbarer Musikanten. Plötzlich erreicht sie der Ton; sie lauschen, sie können nicht begreifen. Wieder verfolgen sie die Schatten der Güter, sonderbarer Preise, die ausgesetzt sind für ihr Spiel. Wie ihre Erscheinung ein Traumgewebe ist, so sind auch alle Gegenstände, die in dem Reigen der Schatten wirken und locken: die Banner und Kronen nebelhaft; die Bedeutung herrscht; es gibt neben ihr keine Wirklichkeit. Unsicherer werden die Umrisse der Gestalten, furchtsamer, rascher oder zögernder ihre Bewegungen; dann erstarren sie im grausamen Lichte des Herrn, und die Wirklichkeit, die sie nicht verstanden, fordert sie zum Gericht. – Es besteht dennoch eine Möglichkeit, zu handeln mit dieser Wissenschaft vom Traum. Als einer, der nicht besitzen kann, ein Verwalter und Weiser mit unbefleckbaren Händen, nimmt der zurückgerufene Prinz die Krone an. So herrschte Philipp, vor Gott, im Bewußtsein des Gerichts. Dem Dichter aber, dem der Untergang die Ewigkeit erschloß, verweigert seine Zeit das Beispiel. Um das Geschlecht, unter das er verbannt war, zog der tatlose Traum seine Fäden, und kein Befehl, keine Mahnung drang in den Schlaf der für immer Gestürzten ein. Er aber feierte um so glühender die Wahrheit mit der ganzen Macht und Demut seiner Kunst.

Nachwort

Noch steht der Escorial zwischen den Trümmern europäischer Denkmale, eins mit dem Felsengebirge; die eherne Monotonie der Fronten und Türme, die Wucht der Kuppel in ihrer Mitte sind noch unversehrt. Wohl ist es zu verstehen, daß die Form sich gegen jede Baulust der Nachfahren behauptet hat; es kann ihr nichts hinzugefügt werden, ohne daß sie zerstört wird, wie einer Pyramide nichts hinzugefügt werden kann. Und doch ist der Bau, unter den Schatten der Zeit, unwirkliches Bild: Zeichen einer Lebensform, die sich fast gleichzeitig schloß und zerstörte; Symbol einer Herrschaft, deren Mitte das sakrale Geheimnis war. Die Alleen und Trakte von Versailles sind auf das Schlafzimmer des Königs gerichtet; die zwei Räume Philipps sind nur Zellen; ein anderer ist König: das ist es, was der Erbauer des Escorial zu sagen hatte. Die Macht als Macht gilt hier nichts; aber sie gilt unermeßlich viel als geschichtliche Gestalt des Glaubens und Auftrags.

Der Escorial ist ein Ärgernis. Schon der erste Chronist, José de Siguenza, der die Baugeschichte erlebte, mußte den Bauplatz nachdrücklich verteidigen. Doch wie hätte das gelingen sollen? Nur wenige haben es verstanden, daß der König an diese kahle Einsamkeit die Kraft und Schätze seines Reiches verschwendete; der Winter ist hart und Philipp selbst mußte die Kleriker und Bauleute, als sie am Andreastage des Jahres 1561 zur Besichtigung den Hang hinaufgestiegen waren und vom eisigen Sturm gepeinigt wurden, trösten; nur die Steine und das Wasser sprachen für diese Stelle, wo niemand bisher freien Willens gewohnt hatte. Aber auch Kunsthistoriker und Kunstfreunde nahmen vielfaches und begründetes Ärgernis am Escorial; wer das Wort vom Königtum, Philipps II. Vorstellung von Macht und Staat, von Geschichte nicht über alles setzt, wird sich abwenden. Und doch ist es wahr, daß die Aussage des Königs vollendete Form geworden ist.

Dieses Buch ging aus einer Erfahrung hervor, derengleichen sich in einem Leben vielleicht nur einmal ereignen kann: sie war eine Art von Generalüberwältigung, die vom Arbeits- und Sterbezimmer Philipps ausging und durch das ganze Leben fortwirkte; sie führte den Verfasser, der zugleich Philipp und Oranien in der Seele trug, dorthin, wohin er nicht gewollt hatte und wohin er doch aus seinem Innersten gerichtet war. Das Buch wurde wenige Jahre* vor dem Sturz des spanischen Königtums und in Erwartung des Sturzes geschrieben, um das Ärgernis des Escorial zu feiern. Ursprünglich war es als Protest gemeint; aber der Protest erfolgte als Vergegenwärtigung der von Philipp II. geprägten spanischen Macht. Die Prägung ist noch nicht das Wesen. In dem von Philipp II. verwalteten Raum erhoben sich die ignatianische Mystik – denn von der Mystik schritt Ignatius zur Tat – und die des Karmel; das ist das Einzigartige: der König und die Heiligen begegneten sich, gerufen von der Zeit und ihr antwortend; wie der König am Rande irdischer Möglichkeit, siegend unter den Zeichen des Untergangs, so rangen die Heiligen am Saume des Abgrunds, hinsterbend in das Opfer, ausgeliefert den Gewalten, der letzten, der metaphysischen Verlassenheit und gerade von ihr begnadet. Im Grunde geht es um die Vollendung in der Agonie, die eben das Vermächtnis Spaniens an die Welt ist. Es hat sich bewährt von Jahrhundert zu Jahrhundert, erschütternder aber wohl nie als in den Jahren, die der Niederschrift des Buches folgten. Wer sollte nicht ahnen, daß dieses Wort an die heraufkommende Geschichte gerichtet ist, sofern wir von einer solchen in Europa noch reden können? Es verheißt die Unbesieglichkeit der Besiegten.

Auf dem Sterbebett vollendete Philipp den Escorial als Aus-

* 1929.

druck spanischer Macht: das Unzerstörbare, das in Mauern, Türmen und Gräbern nicht gefangen ist. Da der Sterbende schon die Schmach der Verwesung an sich trug, im Leiden sich den Heiligen näherte und noch immer gefürchteter, gebietender König war, schloß er drei gewaltige Reiche zusammen: die Sphäre der himmlisch Vollendeten, den zerfallenden Kreis irdischer Herrschaft und das Totenreich. Die Erfahrung dieser Gleichzeitigkeit und Gegenwart: das ist Spanien auf seiner Höhe, einer Höhe des Widerspruchs, auf der sich ereignet, was nicht dauern kann.

Es war Philipps II. steinerner Glaube, daß das Reich kommen müsse mit äußeren Gebärden und mit ihnen sich erweise, bezeuge. Um dieser Vorstellung willen widersprach er sich selbst, gleichsam für Christus streitend gegen Christus, tötend im Eifer für die Seelen, aber auch entschlossen, seine Macht zu opfern für die geglaubte Wahrheit. Unter dem Zeichen dieses Zwiespalts ist er eine repräsentative Gestalt höchsten Ranges; religiöse, ethische, politische Kritik, wie berechtigt sie auch sind, können ihn nicht widerlegen; Psychologie erreicht ihn, als beauftragten König, nicht (von Parapsychologie, wie es sich von selbst versteht, zu schweigen); als echter König erleidet er stellvertretend die christliche Problematik der Macht, die im Zeitlichen unlösbar ist und allein getragen werden kann im Opfer.

Philipp II. hat im Persönlichen wie im Überpersönlichen, als Gatte, als seinen Sohn opfernder Vater, aber auch als Verwalter des ihm auf sein Gewissen anvertrauten Erbes dieses Opfer gebracht. Wenn all seine Taten und das unbeirrbare Wort seines Klosterschlosses nicht mehr gelten sollten, so blieben doch sein Leiden, seine Sorge, sein Glaube und seine Verschuldung; es bleibt die Einsamkeit des Wächters, der die gefährdete Stadt verantworten soll und keinen Bundesgenossen hat als Gott den Lebendigen und Gekreuzigten. Da der König der Welt gekreuzigt worden ist, so muß ein jeder König, der an ihn glaubt, gekreuzigt werden.

Diese Kreuzigung ist das eigentliche Geheimnis des Königs: wie sie geschieht, zwischen welchen Notwendigkeiten und Forderungen, Versuchungen und Verzichten, können wir nicht ahnen. Herrschen kann nur der Geopferte. Aber das Kreuz, das der Schuldlose zum Siegel seiner Macht erhob, wird vom Mächtigen auf Erden nur erfahren auf dem Wege der Schuld, die von Menschen weder gerichtet noch verschwiegen werden kann. Je entschiedener der Glaube, je großartiger die Macht, um so furchtbarer wird auch die Kreuzigung des Königs sein.

Hatte er in diesem letzten Sinne recht, so soll doch das Recht seiner Gegner nicht geleugnet werden. Sie hatten echte Sendungen wie er, mochten sie sich an ihnen bewähren oder versündigen. Gott, der in die Geschichte spricht und durch sie, ist verborgen; wenn auch die Wahrheit nur eine ist, so können doch ihre Gegner echte Berufungen haben: im Sinne der Heimsuchung, Läuterung, Einkehr; auch sie stehen in der Ordnung zur Wahrheit. Das Paradox ist nicht umzustoßen, daß der Ruf an die spanische Mystik durch die Feinde der Kirche ergangen ist. Denn die sich wandelnde Stimme Gottes führt den Wandel der Zeiten herauf. Aber die von ihr unmittelbar Getroffenen verstehen sie nur zu einem gewissen Grade, wie sie ja auch in den verschiedensten Graden ihr entsprechen oder sie verfehlen. Wie sollten erst die Nachlebenden oder Forschenden das dunkle Wort des Herrn verstehn; wie dem verschleierten Spiegel der Geschichte Gehorsam oder Ungehorsam ablesen können!

Philipps Werk, die von ihm auf sein Volk übergegangene Form sind defensiver Art. Er steht dort, wo die Hoffnung auf die weltumfassende, vom Glauben ausgehende Ordnung zerbricht. Der Schein des Gestirns gleitet über die Kuppeln und Türme, über das Felsengebirge und die spanische Ebene hinaus in das Ungewisse, Unbegreifliche. Das war die Schickung, in der Philipp stand: die unheilbare Tragik christlicher Herrschaft, des Versuches christlicher Weltbewältigung ist aufs neue unabweisbar geworden auf spanischem Felsengrund, im spanischen Kolorit. Und wenn einmal die Stürme der Guadarrama gesiegt haben werden über das Klosterschloß und von den großen Zeichen, die Philipp errichtet hat, kaum mehr Trümmer aufragen werden, so wird er doch von allen, die um den Sinn der Geschichte ringen, befragt werden müssen. Geschichte: das ist der große Streit der Berufungen, das fragende Erleiden der Wahrheit, das Erscheinen des verhüllten Gottes über versinkenden oder geopferten Völkern, Reichen, Regenten; Gottes, der Könige erhob als seine Zeichen und heute dieses Zeichen seiner Herrschaft nicht mehr setzt. Geschichte kann nur von dem gedeutet werden, dem die Wahrheit im Herzen brennt und der den Widerspruch gelten läßt.

Der Adel der hier dargestellten Ära, der ein ganzes Volk, eine Kultursphäre gestaltenden königlichen Lebensform ist am deutlichsten bezeugt durch das Mißverständnis der Nachwelt. Als Denkmal der Tragik abendländisch-christlicher Geschichte steht der Escorial fremd in Welt und Zeit. Ehre der großen Form, die nicht wiederkehrt! Ehre dem König, der herrschte aus der Kraft des Verzichts und sich zum Kreuz bekannte als dem Siegel aller Macht!

7. 4. 1953

Zeittafel

1469 Ferdinand von Aragon heiratet Isabella von Kastilien.
1492 Eroberung von Granada.
Columbus landet auf Guanahani.
1496 Philipp der Schöne von Habsburg heiratet Johanna, die Tochter der katholischen Könige.
1500 Karl V. geboren.
1504 Tod der Isabella von Kastilien; Philipp der Schöne nennt sich König von Kastilien.
1506 Tod Philipps des Schönen (Philipps I.).
1512 Eroberung von Navarra.
1515 Teresa von Avila geboren.
1516–1556 Karl I. König von Spanien.
1517 Reformation.
1519 Tod Maximilians I.; Karl wird zum Kaiser gewählt.
1519–21 Eroberung von Mexiko.
1519–22 Erdumsegelung des Magalhães; 1521 Entdeckung der Philippinen.
1520 Erstes Edikt Karls V. gegen die niederländischen Ketzer.
1521 Erster Krieg Franz I. von Frankreich gegen Karl V.
Ignatius von Loyola wird bei der Verteidigung von Pamplona verwundet.
1525 Schlacht von Pavia.
1527 Philipp II. geboren.
Plünderung Roms.
1532 Eroberung von Peru.
1533 Oranien in Dillenburg an der Lahn geboren.
1534 Gründung des Jesuitenordens in Paris.
1545 Beginn des Konzils von Trient.
1547 Philipps II. erste Reise nach den Niederlanden.
1550 Elftes und letztes Edikt Karls V. gegen die niederländischen Ketzer.
1551 Rückkehr Philipps II. nach Spanien.
1554 Philipps II. erste Reise nach England.
Der Kaiser überträgt ihm Neapel, Sizilien und Mailand.
Philipps II. Heirat mit Mary Tudor.

1555 Tod Johannas der Wahnsinnigen.
Karl V. verzichtet: am 14. Oktober auf die Großmeisterschaft des goldenen Vließes; am 25. Oktober auf die Niederlande.
Philipp in Brüssel.
1556 Karl V. verzichtet auf Spanien.
Karl V. reist nach Spanien zurück.
Beginn des Krieges mit Frankreich und dem Papst.
Alba vor Rom.
1557 Karl V. in Yuste.
Friede mit dem Papst.
Schlacht von San Quentin.
1558 Karl V. stirbt in Yuste am 21. September.
Tod der Mary Tudor.
Beginn der Friedensverhandlungen.
1558–1603 Elisabeth Königin von England.
1559 Friede mit Frankreich.
Tod Heinrichs II. von Frankreich.
Philipp II. erneuert die Edikte Karls V. gegen die niederländischen Ketzer.
Philipp kehrt nach Spanien zurück.
1560 Hochzeit mit Isabel de la Paz.
1562–1598 Hugenottenkriege in Frankreich.
1562 Teresa von Avila gründet ihr erstes Kloster San José in Avila.
1563 Am 23. April wird der Grundstein des Escorial gelegt.
Abschluß des Konzils von Trient.
1563 17. Oktober Philipps Brief aus Valsaín.
1566 Aufruhr in Flandern.
1567 Albas Ankunft in Flandern.
1568 Hinrichtung Egmonts und Horns.
Oraniens erster Feldzug.
1568–70 Moriskenkrieg.
1568 Tod des Don Carlos.
Tod der Isabel de la Paz.
1570 Hinrichtung Montignys.
Hochzeit mit Anna d'Austria.
1571 Schlacht von Lepanto.
1574 Totenfeier im Escorial.
1578 Tod des Juan d'Austria.

1580 Tod der Anna d'Austria.
Albas portugiesischer Feldzug.
1581 Philipp II. wird als König von Portugal anerkannt.
Die nördlichen niederländischen Provinzen sagen sich unter Oranien von Spanien los.
1582 Teresa von Avila stirbt in Alba de Tormes.
Alba stirbt in Lissabon.
1583 Vollendung des Escorial. Philipps Rückkehr aus Portugal.
1584 Ermordung Oraniens.
1587 Hinrichtung der Maria Stuart.
1588 Untergang der Armada.
1589 Beginn des Krieges mit Heinrich von Navarra.
1593 Heinrich von Navarra konvertiert; der Krieg dauert fort.
1598 Friede mit Frankreich.
13. September Philipps II. Tod.
1600 Calderon wird geboren.
1609 Isabella Clara Eugenia und der Erzherzog Albert schließen Waffenstillstand mit den Nordstaaten.
1648 Anerkennung der Niederlande.

suhrkamp taschenbücher materialien

»Der Suhrkamp Verlag hat der älteren Idee, rund um einen gewichtigen Autor biographische und essayistische Texte zusammenzustellen, mit seiner Reihe ›suhrkamp taschenbücher materialien‹ neuen Schwung verliehen.«
(Frankfurter Allgemeine Zeitung)

Herbert Achternbusch. Hg. J. Drews. st 2015
Samuel Beckett. Hg. H. Engelhardt. st 2044
Thomas Bernhard. Werkgeschichte. Hg. J. Dittmar. st 2002
Brasilianische Literatur. Hg. M. Strausfeld. st 2024
Brechts ›Aufhaltsamer Aufstieg des Arturo Ui‹. Hg. R. Gerz. st 2029
Brechts ›Dreigroschenoper‹. Hg. W. Hecht. st 2056
Brechts ›Gewehre der Frau Carrar‹. Hg. K. Bohnen. st 2017
Brechts ›Guter Mensch von Sezuan‹. Hg. J. Knopf. st 2021
Brechts ›Heilige Johanna der Schlachthöfe‹. Hg. J. Knopf. st 2049
Brechts ›Kaukasischer Kreidekreis‹. Hg. W. Hecht. st 2054
Brechts ›Leben des Galilei‹. Hg. W. Hecht. st 2001
Brechts ›Mann ist Mann‹. Hg. C. Wege. st 2023
Brechts ›Mutter Courage und ihre Kinder‹. Hg. D. Müller. st 2016
Brechts Romane. Hg. W. Jeske. st 2042
Brechts ›Tage der Commune‹. Hg. W. Siegert. st 2031
Brechts Theaterarbeit. Seine Inszenierung des ›Kaukasischen Kreidekreis‹ 1954. Hg. W. Hecht. st 2062
Brechts Theorie des Theaters. Hg. W. Hecht. st 2074
Hermann Broch. Hg. P. M. Lützeler. st 2065
Brochs ›Verzauberung‹. Hg. P. M. Lützeler. st 2039
Die deutsche Kalendergeschichte. Ein Arbeitsbuch von Jan Knopf. st 2030
Hans Magnus Enzensberger. Hg. R. Grimm. st 2040
Frischs ›Andorra‹. Hg. E. Wendt u. W. Schmitz. st 2053
Frischs ›Don Juan oder Die Liebe zur Geometrie‹. Hg. W. Schmitz. st 2046
Frischs ›Homo faber‹. Hg. W. Schmitz. st 2028
Geschichte als Schauspiel. Hg. W. Hinck. st 2006
Peter Handke. Hg. R. Fellinger. st 2004
Ludwig Hohl. Hg. J. Beringer. st 2007
Ödön von Horváth. Hg. T. Krischke. st 2005
Ödön von Horváth. Der Fall E. oder Die Lehrerin von Regensburg. Hg. J. Schröder. st 2014
Horváths ›Geschichten aus dem Wiener Wald‹. Hg. T. Krischke. st 2019
Horváths ›Jugend ohne Gott‹. Hg. T. Krischke. st 2027
Peter Huchel. Hg. A. Vieregg. st 2048

55/1/8.86

Uwe Johnson. Hg. R. Gerlach, M. Richter. st 2061
Johnsons ›Jahrestage‹. Hg. M. Bengel. st 2057
Joyces ›Dubliner‹. Hg. K. Reichert, F. Senn, D. E. Zimmer. st 2052
Juden in der deutschen Literatur. Hg. St. Moses, A. Schöne. st 2063
Kafka: Der Schaffensprozeß. Hg. H. Binder. st 2026
Der junge Kafka. Hg. G. Kurz. st 2035
Marie Luise Kaschnitz. Hg. U. Schweikert. st 2047
Alexander Kluge, Hg. T. Böhm-Christl. st 2033
Franz Xaver Kroetz. Hg. O. Riewoldt. st 2034
Lateinamerikanische Literatur. Hg. M. Strausfeld. st 2041
Literarische Utopie-Entwürfe. Hg. H. Gnüg. st 2012
Karl May. Hg. H. Schmiedt. st 2025
Friedericke Mayröcker. Hg. S. J. Schmidt. st 2043
E. Y. Meyer. Hg. B. von Matt. st 2022
Moderne chinesische Literatur. Hg. W. Kubin. st 2045
Paul Nizon. Hg. M. Kilchmann. st 2058
Die Parabel. Hg. T. Elm, H. H. Hiebel. st 2060
Plenzdorfs ›Die neuen Leiden des jungen W.‹ Hg. P. J. Brenner. st 2013
Rilkes ›Aufzeichnungen des Malte Laurids Brigge‹. Hg. H. Engelhardt. st 2051
Rilkes ›Duineser Elegien‹. Drei Bände. Hg. U. Fülleborn. st 2009/2010/2011
Schillers Briefe über die ästhetische Erziehung. Hg. J. Bolten. st 2037
Karin Struck. Hg. H. Adler, H. J. Schrimpf. st 2038
Martin Walser. Hg. K. Siblewski. st 2003
Weimars Ende. Im Urteil der zeitgenössischen Literatur und Publizistik. Hg. T. Koebner. st 2018
Ernst Weiß. Hg. P. Engel. st 2020
Peter Weiss. Hg. R. Gerlach. st 2036
Peter Weiss: ›Ästhetik des Widerstands‹. Hg. A. Stephan. st 2032

55/2/8.86

suhrkamp taschenbücher
Eine Auswahl

2/1/8.86

2/2/8.86

2/3/8.86

2/4/8.86

2/5/8.86

2/6/8.86

2/7/8.86